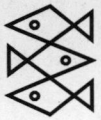

»Jack the Ripper«, der »Würger von Boston«, der »Yorkshire Ripper«: Das sind bekannte Stereotypen für eine Form der Gewalt, die fast ausschließlich von Männern verübt wird. Diese Tatsache wurde bislang ignoriert. Deborah Cameron und Elizabeth Frazer stellen erstmals eine Verbindung her zwischen dem männlichen Geschlecht und der Lust zu töten. Im Mittelpunkt ihrer Analyse steht die männliche Gewalt gegen Frauen. Für die Autorinnen ist Lustmord eine Form des Sexualterrors, der von Männern gegen die Autonomie aller Frauen als potentielle Opfer gerichtet ist.

Entgegen traditionellen Deutungs- und Darstellungsmustern, die davon ausgehen, daß Mörder »irgendwie anders« sind, untersuchen die Autorinnen, inwiefern Sexualmord ein kulturelles Phänomen und der Sexualmörder ein »ganz normaler Mann« ist. Sie durchforsten ein breites Spektrum von Literatur, die sich mit Lustmord befaßt – von Kriminologie und Soziologie bis hin zu Boulevardpresse und Horrorheftchen. Sie erläutern die Grundvorstellungen dieser verschiedenen Darstellungsweisen und belegen, daß sie die Frage der Geschlechtszugehörigkeit unberührt lassen: Das Fehlen von Frauen in den Reihen der Sexualmörder wird für selbstverständlich gehalten und gleichzeitig verschleiert. Cameron und Frazer weisen nach, daß dieses Übergehen der Geschlechtszugehörigkeit kein belangloses Versehen ist.

»Ein längst fälliges Buch.« (Patricia Highsmith)

»Andrea Dworkin beschreibt dieses Buch als äußerst intelligent und sorgfältig recherchiert, von bestechender analytischer Klarheit und Schärfe. Dem habe ich nichts hinzuzufügen.« (Criminal Law Review)

Deborah Cameron ist Dozentin für Englisch am Roehampton Institute of Higher Education und Verfasserin von »Feminism and Linguistic Theory«.

Elizabeth Frazer ist wissenschaftliche Mitarbeiterin am Pembroke College in Oxford.

Deborah Cameron / Elizabeth Frazer

Lust am Töten

Eine feministische Analyse
von Sexualmorden

Fischer Taschenbuch Verlag

Die Frau in der Gesellschaft
Lektorat: Ingeborg Mues

Veröffentlicht im Fischer Taschenbuch Verlag GmbH,
Frankfurt am Main, März 1993
Titel der amerikanischen Originalausgabe:
»The Lust to Kill«
erschienen bei Polity Press / Basil Blackwell 1987
© Deborah Cameron und Elizabeth Frazer 1987
Lizenzausgabe mit freundlicher Genehmigung
des Orlanda Frauenverlages, Berlin
Für die deutschsprachige Ausgabe:
© 1990 Orlanda Frauenverlag GmbH, Berlin
Umschlaggestaltung: Ingrid Hensinger, Hamburg
Gesamtherstellung: Clausen & Bosse, Leck
Printed in Germany
ISBN 3-596-11136-6

Gedruckt auf chlor- und säurefreiem Papier

Inhalt

Lust am Töten hätte nicht ohne die Anregung der Frauenbewegung geschrieben werden können, in der wir beide seit Jahren aktiv sind. Wir widmen unsere Arbeit allen Schwestern im Kampf gegen männliche Gewalt: Wir hoffen, sie sehen sie als nützlichen Beitrag.

Vorwort zur deutschen Ausgabe

Was bewegt einen Verlag wie *Orlanda*, einen Text über Männer, ihre sexuelle Lust und Tötungshandlungen an Frauen herauszugeben? Ein Verlag, der noch vor knapp zwei Jahren ein Stück Geschichte der italienischen Frauenbewegung veröffentlicht hat, einig mit dem erklärten Ziel der Autorinnen, »in die männlich geprägte Gesellschaft symbolisch und faktisch die Existenz des weiblichen Geschlechts in seiner Andersartigkeit einzuschreiben, damit dem weiblichen ›Begehren‹ Sprache zu verleihen und den Frauen die Teilhabe am Weltgeschehen und seiner Steuerung zu ermöglichen«? (Claudia Bernadoni im Vorwort zu *Wie weibliche Freiheit entsteht*, Berlin, 1988, S. 12)

In einem Spannungsbogen gleich dem einer Kriminalstory lassen die beiden Autorinnen von *Lust am Töten* ihrem Erkenntnisinteresse freien Lauf, geben sich der auch von ihnen nicht geleugneten Faszination des Themas hin und thematisieren implizit die patriarchalen Verhinderungen, die Frauen auch daran hindern, »Symbole für ihre Identität und Geschichtlichkeit« zu setzen. (ebd., S. 11)

Hier haben sich zwei Frauen eines Themas angenommen, das bisher als offenbar abstrus und quantitativ unbedeutend für den weiblichen Lebenszusammenhang dem männlichen Spezialistensachverstand überlassen blieb. Schon der Titel erweckt die Abwehrgefühle, die offenbar in der alltäglichen politischen Auseinandersetzung bestimmend für das Tabu des Sprechens über Lustmord unter aufgeklärten Frauen und Männern sind. Zwar teilt auch die kriminologisch bewanderte Frau die Erkenntnis, daß es sie gibt, die Lustmörder – als Ausnahme von der Regel, die alle »normalen« Männer zu potentiellen Vergewaltigern macht –, die, wie wir inzwischen wissen, ja gerade *nicht* aus Lust an der Sexualität vergewaltigen, sondern Selbstaussagen zufolge das Gefühl der Überlegenheit gegenüber Frauen und die Momente eigener Machtausübung genießen. Sie sind eben keine Lust- oder Triebtäter: Nicht nur feministische Wissenschaftlerinnen haben deutlich gemacht, daß »aggressive Tendenzen in Verbindung mit frauenfeindlichen Einstellungen zu sexueller Gewalt gegen Frauen führen. Die Motivation des Vergewaltigers kann danach sowohl im Machtstreben als auch in Ärger, Haß und Verachtung gegenüber Frauen gesehen werden.« (Teubner, 1984, S. 84)

Warum sich nach diesem Erkenntnisstand noch mit *Lust am Töten* beschäftigen? Ich plädiere für eine Lektüre des spannenden Textes, in dem sich zwei Autorinnen das verfügbare Wissen über diese Delikte in zäher interdisziplinärer Arbeit angeeignet und damit für Frauen das Unfaßbare greifbar gemacht haben. Aus einer ganz anderen Perspektive als der einer feministischen Sexualtherapeutin, die ebenfalls für die Entmystifizierung der Täter von Vergewaltigungen eintritt, die ihnen mit Empathie gegenübersteht, um sie mit ihrer verdeckten Schwäche zu konfrontieren (Hauch, 1988), betreiben sie *Männerforschung*, nehmen eine »Haltung jenseits von Mitleid und Wut« ein, präsentieren eine feministische Männerforschung, die als »Erweiterung von Denkspielräumen einen Beitrag zur Theorie der Geschlechter leisten kann«. (Müller, 1989, S. 102 f.)

Wie massiv die Denkhemmungen selbst »aufgeklärter« oder fortschrittlicher Psychotherapeuten gegenüber der simplen Tatsache sind, daß bestimmte Sexualdelikte nicht von Frauen begangen werden, sondern ausschließlich von Männern an Frauen, zeigen auch neueste Publikationen aus der Bundesrepublik: Pfäfflin wirbt darum, Psychotherapie müsse den jeweils »individuellen psychodynamischen Bedeutungsgehalt des generell als kreative Abwehrleistung verstandenen devianten Verhaltens herausarbeiten. Sie darf sich nicht allein... zum Ziel setzen, das sanktionierte Verhalten zum Verschwinden zu bringen.« (1990, S. 20) Er zeigt den Normenwechsel bezüglich der Einstufung von sexuell deviantem Verhalten auf am Beispiel von Autofellatio, Onanie, Ehebruch und dem Transsexuellengesetz von 1980 und erklärt, man könne dessen Bedeutung erst ermessen, wenn man sich ausmalt, es würde für Exhibitionisten, Vergewaltiger oder Pädophile eine rechtlich abgesicherte Möglichkeit geschaffen, sich frei zu entfalten. (ebd., S. 21) Die Ausblendung des Machtverhältnisses zwischen den Geschlechtern *par excellence*! Das Beispiel mag verdeutlichen, daß auch in der bundesrepublikanischen Diskussion der Beitrag der englischen Autorinnen längst überfällig ist, was leider nicht garantiert, daß er von derlei androzentrierten Wissenschaftszweigen rezipiert wird.

Deborah Cameron und Elizabeth Frazer zeigen die Verweigerung moderner Theorien gegenüber Erklärungsansätzen auf, die das Geschlecht berücksichtigen, und entwickeln einen eigenen Ansatz, der Lustmord als letztes Tabu entmystifiziert und die Lücke zu den feministischen Forschungen über Vergewaltigung füllt. *Lust am Töten* bietet nicht nur neues Argumentationsmaterial zum Beispiel im kriminologischen Diskurs, sondern ist auch geeignet, die Denkspielräume von Frauen zu erweitern. Stellvertretend für die LeserInnen eignen sich die Autorinnen ein Phänomen an, das glücklicherweise selten in der Realität von Frauen Bedeutung gewinnt, um so vehementer jedoch Phantasie und Alltagsverhalten der meisten Frauen bestimmt. Ebenso wie die Angst vor Vergewaltigung als Grund für Selbsteinschränkungen in unterschiedlichen Lebensbereichen seit Beginn der Frauenbewegung thematisiert worden ist, bestimmt die Erfahrungsberichte vergewaltigter Frauen (oder auch Frauen, die »nur« Opfer von anderen sexuellen Übergriffen wurden) ein weiterer Topos: die Todesangst. Sie realisiert sich, unabhängig von dem – für sogenannte objektive Beobachter einer Szene – möglicherweise wenig bedrohlich erscheinenden Angriff. Sie aktualisiert sich im Alltagsbewußtsein jeder Frau, auch jeder Prostituierten, die ihr Verhalten auch in dem Wissen bestimmt, daß es Männer gibt, die ausschließlich Prostituierte töten. Ein Tätermythos, der in noch wenig thematisiertem Maße sozial kontrollierend auf Frauen wirkt.

Wie es dem ungebrochenen Tätermythos bis heute gelingt, Faszination und Furcht zu aktualisieren, zeigt das italienische Beispiel des »Monstrums«, das sich in zweifachem Sinne als *unfaßbar* entziehen konnte. Il Mostro – ein Mann, der seit fünfzehn Jahren (mit wenigen Unterbrechungen) im Jahresrhythmus ein Paar tötet (zuletzt 1986); der bis heute nicht identifiziert ist; der die Crème von Kripo und kriminalistischen SpezialistInnen aus aller Welt zu narren scheint; der Spuren legt, als wolle er unverzüglich gefaßt werden; der tötet und seine Macht auch nach dem Delikt noch auszukosten scheint, wenn er das Genital der getöteten Frau der mit dem Fall betrauten Untersuchungsrichterin mit der Post zuschickt. Mochten linke oder liberale StrafverfolgungskritikerInnen auch das entstandene Denunziationsklima im Raum von Florenz beklagen – Tausende von anonymen wie nicht anonymen Anzeigen gingen bei der Kriminalpolizei ein –, so greift derlei Erfassen zu kurz. Viele der anzeigenden Frauen haben ihren Blick auf einen Mann aus ihrer Nähe – z. B. »ihren« behandelnden Gynäkologen – gerichtet, und zeugen damit von der tiefgreifenden Verunsicherung, daß einer sie das Fürchten lehrt, für dessen Identifizierung nur das Merkmal Geschlecht zur Verfügung steht.

Daß es sich bei *Lust am Töten* auch für LeserInnen im deutschen Sprachraum um eine lohnende Lektüre handelt, mag deutlich geworden sein. Bleibt schließlich darauf hinzuweisen, daß die das Strafrecht und Strafprozeßrecht betreffenden Einzelheiten aus dem anglo-amerikanischen Rechtskreis nicht bruchlos auf deutsches Recht übertragbar sind. Zum besseren Verständnis seien hier kurz die wichtigsten Grundlagen erwähnt: Tötungen von Menschen sind im 16. Abschnitt des Strafgesetzbuches (StGB) als »Straftaten gegen das Leben« geregelt und differenzieren zwischen Mord (§ 211 StGB) und Totschlag (§ 212 StGB). Unterschiedliche abschließend aufgeführte »Mordmerkmale« wie z. B. »Heimtücke« und »Habgier« qualifizieren einen Totschlag als Mord. Die rechtliche Unterscheidung hat für den Täter oder die Täterin existentielle Folgen, denn während Totschlag mit einer zeitigen Freiheitsstrafe geahndet werden soll, ist lebenslange Freiheitsstrafe die Rechtsfolge einer Einordnung als Mord. Selbst aus strafrechtsdogmatischer Sicht ist diese Differenzierung nicht erst in jüngster Zeit erheblich kritisiert worden (vgl. Arzt, 1979), wird insbesondere die dogmatische Unschärfe der einzelnen Mordmerkmale und ihre Unbestimmbarkeit für die TäterInnen kritisiert. Aus feministischer Sicht wurde die »geschlechtsspezifische Rechtsprechung beim Mordmerkmal Heimtücke« aufgezeigt (Junger, 1984) und inzwischen in einer neuesten Untersuchung über »geschlechtsspezifische Aspekte der Tötungskriminalität« (Oberlies, 1989) empirisch bestätigt.

Als Mörder wird nach geltendem Recht auch derjenige verurteilt, der »aus Mordlust, zur Befriedigung des Geschlechtstriebes oder sonst aus niedrigen Beweggründen« einen Menschen tötet. In der Rechtsprechung ist eine deutliche Zurückhaltung bei der Einordnung von Tötungen als »Lustmord« zu konstatieren, nicht zuletzt auch deshalb, weil aus psychiatrischer Sicht der Zusammenhang zwischen Tötung und sexueller Erregung bezweifelt bzw. verneint wird.

Psychiatrischen Sachverständigen kommt im deutschen Strafprozeß auch eine entscheidende Rolle bei der Anwendung schuldmildernder oder -ausschließender Gesichtspunkte (Schuldunfähigkeit oder verminderte Schuldfähigkeit, §§ 20, 21 StGB) für die Täter zu. Sie liefern dem entscheidenden Gericht – in diesem Fall meist die Große Strafkammer eines Landgerichts als Schwurgericht – den Sachverstand, um eine »krankhafte seelische Störung … oder eine schwere andere seelische Abartigkeit« festzustellen und gegebenenfalls die Strafe zu mildern. Anders als im englischen Strafprozeß besitzen alle drei BerufsrichterInnen und zwei LaienrichterInnen (Schöffen) dasselbe Stimmrecht und entscheiden gemeinsam über die Schuldfrage und die Höhe der zu verhängenden Strafe.

Den kriminalfilmerprobten LeserInnen scheint meist das anglo-amerikanische Modell vertrauter zu sein, in dem eine Jury von zwölf Geschworenen (Laien) über die Schuldfrage entscheidet, während eine Berufsrichterin bzw. ein Berufsrichter über alle – auch prozessualen – Rechtsfragen sowie über die Straffrage befindet. Eine *Zeugin der Anklage* ist dem deutschen Strafprozeß ebenso fremd wie das englische Kreuzverhör, bei dem BerufsrichterInnen über die Einhaltung strenger Beweisregeln im Kampf zwischen Anklage und Verteidigung wachen. Zur Orientierung für juristische LaiInnen mag vielleicht der Hinweis ausreichen, daß der anglo-amerikanische Strafprozeß eher einem deutschen Zivilverfahren ähnelt.

Claudia Burgsmüller

Literatur

Arzt, Gunther: »Die Einschränkung des Mordtatbestandes«, *Juristische Rundschau*, 1979, S. 7 ff.

Junger, Ilka: »Geschlechtsspezifische Rechtsprechung beim Mordmerkmal der ›Heimtücke‹«, *Streit* 2, 1984, S. 35 ff.

Libreria delle donne di Milano: *Wie weibliche Freiheit entsteht*, Berlin, 1988

Müller, Ursula G. T.: »Neue Männerforschung braucht das Land«, in: Hagemann-White u. Rerrich (Hg.): *FrauenMännerBilder*, Bielefeld, 1988, S. 98 ff.

Oberlies, Dagmar: »Auf der Suche nach dem Frauenbonus: Benachteiligung von Frauen bei der Verurteilung wegen eines Tötungsdeliktes«, *Streit* 4, 1989, S. 135 ff.

Pfäfflin, Friedemann: »Psychotherapie bei Sexualstraftätern«, *Recht und Psychiatrie*, 1990, S. 20 ff.

Teubner, Ulrike, u. a.: *Vergewaltigung als soziales Problem*, Schriftenreihe des BMJFG, Band 141, Stuttgart, 1983

Vorwort der Autorinnen

Wir möchten gerne einige Punkte zu Thema, Zweck und Darstellungsweise dieses Buches erläutern und den vielen Leuten danken, die zu seiner Entstehung beigetragen haben. Es ist uns besonders daran gelegen, Mißverständnisse über unsere Absichten beim Schreiben des Buches zu vermeiden, und da wir im Text selbst nicht immer wieder zu den Methoden Stellung nehmen möchten, wollen wir sie bei dieser Gelegenheit erklären, auch wenn es manchen LeserInnen vielleicht unnötig ausführlich erscheinen mag. Für uns als Autorinnen und Recherchierende war die Methodik äußerst wichtig; wir haben bei der Gliederung immer wieder darüber diskutiert und finden, unsere LeserInnen haben ein Recht zu erfahren, worum es uns geht.

Dies ist ein Buch über männliche Macht und männliche Gewalt, die sich ausdrückt in dem, was wir als »Lust to Kill«, die »Lust am Töten« bezeichnen. Diese Formulierung spielt absichtlich mit der historischen Besonderheit, die das Wort *lust* im Englischen hat: Ursprünglich ein Begehren oder einen Wunsch bezeichnend, wurde der Begriff eingeengt und steht im alltäglichen Sprachgebrauch nur noch für zwei Arten von Begierden – die sexuelle Begierde und das Verlangen nach Blut (»blood-lust«, Blutgier). Wir behaupten, diese zwei Begierden sind systematisch miteinander verbunden.

Unser Interesse am Thema Mord entstand aus unserem Engagement in der politischen Arbeit über Pornographie und Vergewaltigung. Gemeinsam mit unseren Schwestern haben wir in verschiedenen Gruppen eine radikalfeministische Analyse männlicher Gewalt entwickelt, aber noch immer sind uns die ihr zugrundeliegenden brutalen und irrationalen Begierden ein Rätsel. Diese Begierden schienen uns am offensichtlichsten – und gleichzeitig am rätselhaftesten – in einer Form von Gewalt, über die Feministinnen relativ wenig geschrieben hatten: sadistischer Lustmord.

Die Art Mord, die wir meinen, ist überall, und Frauen lernen früh-
zeitig, seinen namenlosen Schrecken zu fürchten. Mädchen werden ermahnt, nicht mit fremden Männern zu sprechen, da sie sonst
womöglich nie wiedergesehen würden. Jungen Frauen wird geraten aufzupassen, wohin sie gehen, damit sie nicht von einem wahnsinnigen Sexbesessenen vergewaltigt und getötet werden. Prostituierte fassen den Freier genau ins Auge, er könnte einen Hammer
oder ein Messer bei sich haben. (Niemand rät Ehefrauen, ihre
Männer im Auge zu behalten, und später tauchen dann ihre ver-
stümmelten Leichen auf.) Während der »Yorkshire Ripper«-
Morde gingen wilde Gerüchte über den Mörder um. Entsetzt über
die Einzelheiten (von denen sich einige später als wahr erwiesen),
fragten viele Frauen: »Warum tut er das? Was hat er davon?« Die
übliche Antwort lautete natürlich: sexuelle Befriedigung; der Ripper und andere Mörder leben Wünsche aus, denen auch in Kulturerzeugnissen wie Filmen, die tatsächliche Frauenmorde darstellen,
entsprochen wird. Aber wir wissen wenig und verstehen noch weniger von dem eigenartigen Zusammenhang zwischen Gewalt und
Sex. Wo kommt er her, was bedeutet er? Dies waren die Rätsel, die
wir lösen wollten.

Wir hatten bald das Gefühl, mit unserer Suche allein dazustehen.
In den vielen Millionen Worten, die über Mord, und den Abermil-
lionen, die über sexuelle Begierde geschrieben wurden, fanden wir
nichts, was unsere Fragen beantwortet hätte. Dies gab uns ein weiteres Rätsel auf: Warum wurde das Problem des sadistischen Lustmords so vernachlässigt beziehungsweise so irreführend dargestellt? Wir mußten den Bereich unserer Untersuchung ausweiten,
so daß nicht nur Mord selbst, sondern auch das Denken unserer
Kultur über Mord für uns Interesse und Bedeutung erlangte.

Das Buch, das aus dieser erweiterten Sichtweise hervorging, ist
weitaus vielfältiger, als wir anfangs gedacht hatten, und hat infolgedessen auch einen viel »akademischeren« Anstrich. Dennoch
haben wir uns bemüht, es allgemein verständlich zu halten, und
unser Vorwort hat unter anderem den Zweck zu erklären, was es
enthält, und ein paar Lesehinweise zu empfehlen.

Wenn eine Forscherin ihre Quellen mit peinlicher Genauigkeit
nennt, alles Beweismaterial erläutert und komplexe Fakten und

Argumente nicht allzusehr vereinfacht, ist ein bestimmtes Quantum an wissenschaftlichem »Drum und Dran« unvermeidlich: Anmerkungen, Verweise, Anhänge und so weiter. In diesem Buch wurde das Drum und Dran so bescheiden wie möglich gehalten. Man kann zum Beispiel den Text lesen und die Anmerkungen auslassen, ohne etwas Wesentliches zu verpassen. Zitate sind im Text kurz bezeichnet, die genauen Quellenangaben sind im Literaturverzeichnis zu finden, das nicht nur die Arbeiten enthält, auf die wir Bezug nehmen, sondern auch andere brauchbare Werke, auf die wir gestoßen sind. So entgehen den LeserInnen, die unsere Anmerkungen ignorieren, keine wichtigen Informationen; wenn sie die Fakten jedoch selbst überprüfen möchten, stehen ihnen die Mittel zur Verfügung.

Ein Stück »Drum und Dran« ist besonders als Hilfe für LeserInnen ohne enzyklopädische Kenntnisse über Morde gedacht. Der Anhang besteht aus einer alphabetischen Liste aller Lustmörder, auf die im Text Bezug genommen wird, nebst kurzen Einzelheiten zu den Fakten ihrer Fälle. Viele LeserInnen werden zu diesen Zusammenfassungen greifen, wenn sie im Text auf unbekannte Namen stoßen. Es ist auch nützlich, sie alle beisammen zu haben, als schreckliche Erinnerung an das Ausmaß von Lustmorden. Denn wenn wir auch nicht beabsichtigen, uns in blutrünstigen Einzelheiten zu ergehen, so sind wir doch der Meinung, Feministinnen sollten sich mehr der erschreckenden Realität von sadistischen Morden bewußt sein – der sadistischen Rituale, Folterungen, Verstümmelungen, Attacken und Vergewaltigungen sowohl vor als auch nach dem Tod, die nicht nur für wohlbekannte *causes célèbres* charakteristisch sind, sondern auch für die weniger spektakulären Mordfälle, die Woche für Woche geschehen.

Alles, was wir bisher gesagt haben, zielt auf die Betonung der feministischen Ausrichtung unserer Arbeit ab. Unser Thema, unsere Gründe, warum wir dies schreiben, unser Bestreben, sowohl zu dokumentieren als auch zu erklären – dies alles sind Anzeichen unseres politischen Engagements, unserer selbstbewußten Position als Feministinnen. Es gibt aber noch weitere mehr oder weniger offenkundige Merkmale für unsere Politik, und zwar besonders die Art und Weise, wie wir an unsere Untersuchung herangegangen sind. Zum Beispiel – und dies wird den meisten LeserInnen bekannt vorkommen – problematisieren wir die Geschlechtszugehörigkeit und das Machtverhältnis zwischen Frauen und Männern. Hierin unterscheiden wir uns von den meisten AutorInnen, die über Lustmord schreiben und (anscheinend) keine Vorstellung davon haben, wie wichtig die Geschlechtszugehörigkeit ist. Indem wir das Thema Geschlechtszugehörigkeit in den Vordergrund rücken, identifizieren wir uns mit der feministischen Perspektive. Weniger offenkundig ist vielleicht die Verbindung zwischen unserem Feminismus und der Art, wie wir die Untersuchung in Begriffe fassen. In Übereinstimmung mit dem neueren Denken über die Natur des Wissens suchen wir nicht nach der objektiven Wahrheit, sondern vielmehr nach einer anderen Interpretation der Welt. Obwohl dieser Gesichtspunkt nicht auf Feministinnen beschränkt ist, wird er wahrscheinlich Feministinnen besonders ansprechen; wir hatten schließlich reichlich Anlaß zu bemerken, wie oft sogenannte objektive Untersuchungen sexistisch sind, angefangen bei parteiischen, maskulinen Annahmen und der Darstellung ihrer ebenso parteiischen Schlußfolgerungen als »die Wahrheit«.

Es lohnt sich, im einzelnen zu betrachten, was diese Ansicht über den Untersuchungsprozeß in der Praxis für uns bedeutet hat. Viele, die früher das Thema Lustmord untersuchten, haben gemutmaßt, irgendwo stecke ein Körnchen Wahrheit in den bisher genannten Tatmotiven; oft haben sie ferner gemutmaßt, bestimmte Methoden, sagen wir Psychoanalyse oder Karyotypie, würden diese Wahrheit automatisch enthüllen. Unsere Mutmaßungen sind ganz anderer Art, und wir werden oft aufgefordert, sie zu rechtfertigen. Eine skeptische Leserin argumentiert vielleicht folgendermaßen: *Lust am Töten* ist ein Text über Mord, und es ist auch ein Text über Texte über Mord. Auf einer gewissen Ebene muß allein dies unsere Arbeit wertlos machen, weil wir, statt direkt zum Kern der Sache zu kommen, nur einen Kommentar über Sekundärmaterial verfaßt haben; meistenteils haben wir in der einen oder anderen Form gelesen, was alle lesen, und was läßt sich nach alledem aus einem so indirekten, parasitären Vorgang lernen?

Doch dem ließe sich entgegenhalten, es gibt keine Alternative.

Denn worin würde der »Kern der Sache« bestehen? Vielleicht in Interviews mit Lustmördern? Einem Zerpflücken der faktischen Einzelheiten, die den Berichten von Psychiatern und Polizei entnommen wurden? Selbst wenn solche Erkundungen möglich wären, würden sie unserer Meinung nach grundsätzliche Untersuchungen erfordern. Die Berichte, die Polizisten und Psychiater von Mördern liefern, ganz zu schweigen von den Schilderungen, die Mörder von sich selbst liefern, sind nicht »die Wahrheit«; sie sind erstellte Texte und als solche, wie Biographien und Nachrichten, auf die gesellschaftlichen Bedeutungszusammenhänge angewiesen, um sie mit Sinn zu füllen. Wenn der Mörder ein Geständnis, eine Lebensgeschichte niederschreibt, ist das nur möglich innerhalb der Grenzen seines Verständnisses dessen, was er getan hat und wie andere dies sehen. Überdies wird dieses Verständnis nicht auf wundersame Weise als unverfälschter, einmaliger Einblick in den Verstand des Mörders vermittelt; der Mörder, der uns sagt: »Ich weiß nicht, was über mich gekommen ist« oder: »Ich habe sie wirklich geliebt« oder: »Ich habe die Straßen gesäubert« benutzt eine Phrase, eine allgemeine Formulierung, die er in der Gesellschaft erlernt hat und die er und andere als »die Art Bericht, den man über einen solchen Vorfall erstellt« erkennen. Diese kulturellen Muster sind es, die uns interessieren; wir haben beschlossen, sie gesondert zu untersuchen. Die Betrachtungsweise, die uns Lustmord begreiflich macht, ob sie nun vom Mörder, von einem Psychiater oder *The Sun* (ein englisches Boulevardblatt; Anm. d. Übers.) kommt, nährt sich nicht von einer höheren Wahrheit; sie ist der Kern der Sache, und der Rest ist Schweigen.

Es gibt zahlreiche Beispiele und Fallgeschichten, die auf die enge Beziehung zwischen Mord und Beschreibungen von Mord hinweisen, die sogar für dieses angeblich »irrationale« Wesen, den Mörder selbst, offensichtlich ist. Ein berühmtes Beispiel, das durch Michel Foucault weithin bekannt wurde, ist der Fall des Bauern Pierre Rivière aus der Normandie, der 1836 des dreifachen Mordes für schuldig befunden wurde. Seine von Foucault herausgegebenen Erinnerungen sind überschrieben: »*Ich, Pierre Rivière, der ich meine Mutter, meine Schwester und meinen Bruder niedergemetzelt habe ...*« Obwohl es ein nach den Morden geschriebenes Geständnis ist, behauptete Rivière, es sei vor der Tat »in meinem Kopf« geschrieben gewesen. Hierzu hat ein Autor bemerkt:

> Der Text hat keinen Wunsch *ausgedrückt*, der sodann durch die Tat *ausgedrückt* wurde. Wunsch, Text und Tat waren unlösbar miteinander verknüpft, weil sie geprägt, ermöglicht und daher in gewissem Sinne *erzeugt* waren durch eine »diskursive Praxis«, die sich aus Bibelgeschichten und Geschichtsunterricht, aus Erinnerungen an berühmte Morde, wie sie auf Flugblättern und -schriften dargestellt wurden, und nicht zuletzt dem autobiographischen Geständnis zusammensetzte. (Sheridan, 1980, S. 133 f.)

Mit anderen Worten, Rivière konnte seine Metzelei für bedeutsam und entschuldbar halten, weil er vertraut war mit den verschiedenen Betrachtungsweisen, etwa Flugschriften und wahren Bekenntnissen, die im 19. Jahrhundert populär waren. Seine Lektüre lieferte ihm einen Kontext für seine Taten, eine Tradition, in die er sich stellen konnte, sogar Konventionen für die spätere Abfassung seines Geständnisses. Wir behaupten nicht, die Literatur habe Rivière zum Töten *veranlaßt*, wir glauben jedoch, die Kultur bringt wesentliche Prozesse der Darstellung mit sich, und die Darstellungen, die für Rivière verfügbar waren, prägten die Form seines Mordens und die Art und Weise, wie er es verstand. Das Gefühl, Teil einer fortlaufenden Tradition zu sein und die Rolle des Mörders als Identität angenommen zu haben, ist unter den von uns betrachteten Massenmördern sehr verbreitet und scheint von demselben Drang begleitet, wie ihn Rivière empfand, dem Drang, Handeln in Darstellung zu verwandeln (und umgekehrt). Wir denken dabei an Dennis Nilsen mit seinen besessenen Schilderungen und Zeichnungen von Themen wie »Zerstückelung einer Leiche«, oder an den Absender des »Yorkshire Ripper«-Tonbandes, dessen Identität bis heute unbekannt ist, der aber den Fall Jack the Ripper, der sich ein Jahrhundert früher ereignete, hinreichend kannte und so bewußt die Tradition fortführen und in moderner Form die Briefe an die Polizei nachahmen konnte, wie sie »Jack«

ursprünglich schrieb. Und es gibt viele weniger bekannte Beispiele, die denselben Aspekt anschaulich illustrieren.

Da ist beispielsweise der Fall des Ronald Frank Cooper, eines weißen Südafrikaners, der 1976 folgenden Passus in eines der zahlreichen Tagebücher, die er damals führte, schrieb:

> Ich habe beschlossen, ein homosexueller Mörder zu werden, und ich werde mich an kleine Jungen heranmachen und sie hierherbringen, wo ich wohne, und ich werde sie vergewaltigen und töten [es folgt eine sehr detaillierte Liste der Methoden]... Dies gilt nicht für die vier Jungen, die ich als mögliche Menschenopfer ausersehen habe. Sie werden durch Erdrosseln getötet, danach werde ich ihnen die Kehle durchschneiden und ihr Blut trinken, dann schneide ich ihnen die Geschlechtsteile ab und schlitze sie auf... Ich werde nicht aufhören, bevor ich mindestens 30 Jungen getötet habe. Die meisten werden vergewaltigt. Es spielt keine Rolle, ob ich sie vergewaltige, bevor oder nachdem sie tot sind... Wenn ich diese 30 Jungen getötet habe, werde ich eine Mordkampagne gegen Frauen starten. (*True Detective*, Jan. 1979)

Vieles an diesem Passus ist verblüffend (und auch für andere Mörder typisch): die außerordentliche Detailgenauigkeit, die den Schreiber vermutlich überaus erregte, die bedachte Wahl einer Persona (»Ich habe beschlossen, ein homosexueller Mörder zu werden«).

Besonders interessant an diesem Fall ist, daß, als Cooper schließlich einen Mord beging, das wirkliche Erlebnis nicht an diese sorgsam dokumentierten Phantasiemorde heranreichte. Cooper führte mehrere Tagebücher, und der Mordfall ist in allen verzeichnet. Jeder Bericht gibt eine noch minuziösere Beschreibung derselben Ereignisse als der vorige; es ist, als hätte der Schreiber versucht, die Wirklichkeit zu bannen und wieder in das Phantasiebild zu verwandeln. Der kürzeste Eintrag dieser Serie lautet: »Heute habe ich einen 12 Jahre alten Jungen erwürgt... Als er tot war, versuchte ich ihn zu vergewaltigen, aber ich konnte es einfach nicht. Ich bedaure wirklich, ihn ermordet zu haben.« (*True Detective*, Jan. 1979)

Hier gibt Cooper wieder eine neue Schilderung von sich selbst, die sich radikal von der zuvor zitierten unterscheidet. Eine konventionelle Betrachtungsweise dieses Unterschieds wäre es, zu sagen, die zwei Textstellen entsprechen jeweils »Phantasie« und »Realität«, oder, mit anderen Worten, eine sei »wahrer« als die andere. Wir stimmen nicht mit dieser konventionellen Ansicht überein. Zwar gibt es Beschreibungen eines Phantasie- und eines wirklichen Vorfalls, dennoch sind beides Beschreibungen, d. h. konstruierte Berichte, Darstellungen, die durch das Vorhandensein kultureller Muster ermöglicht wurden. Es ist müßig zu fragen, welcher Tagebucheintrag »die Wahrheit« ist; es gibt keine Wahrheit, es gibt nur diese Berichte, und deswegen gehen wir so, wie wir es hier tun, an das Phänomen des Mordes heran: mittels Betrachtungen und Wiedergaben.

Nun behaupten wir nicht, in diesem Buch die einzig wahre Erklärung für Lustmord geliefert zu haben. Vielmehr haben wir eine andere Betrachtung erstellt, die gängige Erklärungen kritisch beleuchtet. Wir bewerten unsere Darstellung – und erwarten, daß auch andere dies tun – nicht nach dem Grad der Übereinstimmung mit »objektiven Fakten«, da wir diesen Ausdruck immer in Frage stellen müssen, sondern nach dem Nutzen der von uns vorgeschlagenen Begriffe und Kategorien für feministische Politik.

Weitere Anzeichen für unser feministisches Engagement sind die bewußt interdisziplinäre Konzentration auf die Lust am Töten sowie die Tatsache, daß wir imstande waren, uns auf akademisches Territorium zu wagen, auf dem wir nicht behaupten können, Expertinnen zu sein. Feministinnen sind dafür bekannt, die »korrekten« Grenzen akademischer Disziplinen nicht zu achten. Das ist unserer Meinung nach nur von Vorteil. Frauen, die etwas zu analysieren und zu verändern versuchen, dürfen sich nicht durch ihre scheinbare Ignoranz abschrecken lassen; wir müssen unserer Fähigkeit zu lesen und zu interpretieren vertrauen. Statt »Experten« zu glauben, die vorgeben, alles zu wissen, müssen wir nach Lücken und verborgenen Bedeutungen suchen. Wenn Wissen und Macht Hand in Hand gehen, liegt es in der Verantwortung von Feministinnen, Wissen zu erwerben und zu transformieren.

Durch die ständige Hilfe und Ermutigung, die uns von anderen

Menschen zuteil wurde, wurde es uns unendlich erleichtert, unser Verlangen nach Wissen zu stillen. Einige waren Fachleute oder »Insider«, die wir über unbekannte und spezielle Gebiete befragten oder um Beschaffung von Informationen baten, an die sonst nicht heranzukommen gewesen wäre. Unser besonderer Dank gebührt Richard Dawkins, Gwen Hewitt, Nicola Lacey und Rachel Perkins für ihre Informationen über die Gebiete Biologie, Strafrecht und klinische Psychologie, sowie den RechtsanwältInnen und KriminologInnen, die 1986 auf der European Critical Legal Studies Conference an einem Workshop über Lustmord teilgenommen haben. Wir danken außerdem für die freundliche Unterstützung von Dave Edwards und seinen Kollegen bei *True Detective* sowie Julia Reddaway, ehemals bei Argus Publications Ltd. Ms. Flavell von der John-Johnson-Sammlung der Bodleian Library half uns beim Auffinden von Flugschriftenmaterial, Jennifer Chibnall und Caroline Henton unternahmen ungeheure Anstrengungen, obskuren Hinweisen beiderseits des Atlantiks nachzugehen. Patricia Duncker (der wir für eine sehr detaillierte Diskussion über das 2. Kapitel zu Dank verpflichtet sind), Jo Garcia und Jocey Quinn empfahlen uns wichtigen Lesestoff. Schließlich danken wir noch allen, die das Manuskript in den verschiedenen Entstehungsstadien lasen und kommentierten: Jill Bourne, Deborah Georgiou, Maree Gladwin, Emma Letley, Buffy Mullet, Zbigniew Pelszynski, Nicole Polonsky, Elizabeth Powell-Jones, Irene Ray-Crosby und Jenefer Sargent.

Die Suche nach dem Mörder

Es überkommt mich einfach.

Peter Sutcliffe auf die Frage, warum er
eines seiner Opfer in die Brust stach.

Dieses Buch entstand durch eine simple Beobachtung: Einen weiblichen Peter Sutcliffe hat es nie gegeben. Frauen haben sehr brutale Morde begangen; sie haben wiederholt getötet, sie haben willkürlich getötet. Aber in sämtlichen Aufzeichnungen und Berichten von Verbrechen hat keine Frau getan, was Peter Sutcliffe (oder Jack the Ripper, Christie oder der Würger von Boston) getan hat. Nur Männer, so scheint es, sind zwanghafte Einzeljäger, getrieben von der Lust am Töten – einem sexuellen Begehren, das sich in Mord entlädt.

Wenn diese Beobachtung richtig ist, ergeben sich sogleich eine Menge Fragen. Warum finden manche Männer Töten erotisch? Warum nie Frauen, nur Männer? Auf der Suche nach Antworten wandten wir uns der umfangreichen Literatur über moderne Kriminologie zu. Aber unsere Fragen waren anscheinend nicht aktuell. Von *True Detective* bis zu wissenschaftlichen Zeitschriften, von populären Biographien bis zu Krankengeschichten wurde das Nichtvorhandensein von Frauen in der Reihe der Lustmörder gleichzeitig *vorausgesetzt* und *verschwiegen*.

In den folgenden Kapiteln untersuchen wir die gesamte einschlägige Literatur und bemühen uns zu erklären, warum das Verschweigen des Geschlechts nicht als banales Übersehen abgetan werden kann. Eine Abhandlung über Lustmord, die das Geschlecht unberücksichtigt läßt, ist nicht nur unvollständig, sondern systematisch irreführend.

Aber bevor wir eine detaillierte Kritik der verschiedenen Abhandlungen über Lustmorde vornehmen können, müssen wir unsere Begriffe definieren, unsere Fakten darlegen und genauer untersuchen, wo das Problem liegt. In dieser Einführung möchten wir mit der Diskussion der Verbindung zwischen Geschlecht und Mord im allgemeinen beginnen. Erst dann wird es möglich sein zu erläutern, warum Lustmord, wie wir ihn definieren, als Sonderfall betrachtet werden muß.

Untersuchung von Mord: Probleme und Quellen

Bestimmte Fakten über Mordfälle sind öffentliches Eigentum und Allgemeinwissen. Die anhaltende Faszination, die Tod durch Gewaltanwendung in unserer Kultur ausübt, gewährleistet einen unaufhörlichen Materialausstoß: Enzyklopädien von Fallgeschichten, Bücher über berühmte Prozesse, Biographien von berühmt-berüchtigten Mördern, Memoiren von Detektiven und Pathologen. Dazu kommt ein Berg von kurzlebigen Einzelveröffentlichungen, von gedruckten Beschimpfungen und Hinrichtungspredigten bis hin zu Nachrichten und Reportagen.

Aber obgleich diese Quellen viel Interessantes enthalten, bieten sie kaum eine Basis für eine Verallgemeinerung. Sie sind immer selektiv und bruchstückhaft, und was sie enthüllen, sind eher Anliegen und Interessen denn die wichtigsten sozialen Trends einer bestimmten Zeit. Für uns ist es zum Beispiel hochinteressant, daß sich so viel historisches und zeitgenössisches Material mit Mörderinnen befaßt. Einiges davon sind ernstzunehmende Untersuchungen über den gesellschaftlichen Druck, der bei Frauen zum Töten führt;[1] vieles sind bloße Sensationsberichte, die aus der Berühmtheit von Fällen, in die Frauen verwickelt sind, Kapital schlagen. Es wäre falsch, aus der Fülle von Dokumentationen zu schließen, daß von Frauen begangene Morde häufig oder typisch seien; sie waren vermutlich gerade deshalb bemerkenswert, weil sie keines von beidem waren und (nach den zahlreichen populären Berichten über die in akribischen Einzelheiten beschriebenen Hinrichtungen von Frauen zu urteilen) ein eher lüsternes Interesse weckten.

Berichte über Mord im allgemeinen sind irreführend, weil sie sich nur auf Sensationsfälle konzentrieren. Eine Menge Morde sind äußerst banal; doch wie Terence Morris und Louis Blom-Cooper in ihrer Einführung zu *A Calendar of Murder* (1964) betonen, einem aufschlußreichen Buch, das in knappen Umrissen sämtliche Mordprozesse in England und Wales zwischen 1957 und 1962 beschreibt, »muß jede Diskussion über die Natur des Mordes oder den Charakter von Mördern, wenn sie zu etwas führen soll, sämtliche Einzelheiten des Verbrechens berücksichtigen, von denen viele jeglicher berichtenswerten Qualität entbehren«. (S. vii) Wenn wir allgemeingültige Aussagen über Mord machen wollen, können wir uns nicht auf einige wenige gut dokumentierte, schauerliche Fälle beschränken: Wir müssen die vollständigen Fakten von Mordfällen aus systematischen, zuverlässigen Quellen heraussuchen – eine Aufgabe, die sich als erstaunlich schwierig erweisen kann.

Für diesen Abschnitt des Buches beschlossen wir, uns auf unsere Zeit und Kultur als zweckdienliche Fallstudie zu konzentrieren (doch an späterer Stelle in diesem Kapitel werden wir betrachten, wie weit unsere Beobachtungen für verschiedene Kulturen, insbesondere in den USA, Gültigkeit haben). Die nächstliegende Quelle für Informationen über Morde im England des 20. Jahrhunderts ist das Innenministerium, in dessen Zuständigkeitsbereich Verbrechen und Bestrafung fallen. Die Einzelheiten, die das Ministerium veröffentlicht, sind spärlich: eine Reihe jährlicher Verbrechensstatistiken, auf denen gelegentliche Übersichten oder Berichte basieren.[2] Für gewöhnliche, nicht privilegierte ForscherInnen sind detailliertere Informationen kaum zugänglich. Sie müssen sich daher an Gerichtsprotokolle oder, was üblicher ist, an Berichte über Gerichtsverhandlungen halten. Morris und Blom-Cooper beschäftigten drei Personen, um die Zeitungen durchzukämmen (»oft heimlich und ... überaus eingeschränkt«). Die Kooperation des Innenministeriums beschränkte sich darauf, eine Liste von angeklagten Personen zur Verfügung zu stellen, was den Forschern ermöglichte, sich jeden einzelnen Fall vorzunehmen, sie jedoch mit den Stellungnahmen und der Voreingenommenheit von Journalisten konfrontierte. Wir haben ausgiebig von *A Calendar of*

Murder Gebrauch gemacht, weil er sich um erschöpfende Behandlung bemühte; aber wir waren auch genötigt, zufälligere Quellen zu benutzen, etwa Bücher über bekannte Fälle, Zeitungsausschnitte und gelegentliche vom Staat herausgegebene Untersuchungsberichte.[3]

Natürlich haben wir auch Kriminalstatistiken benutzt. Diese stellen uns vor ganz eigene Probleme. Wir finden es durchaus normal, Zahlen im wesentlichen für neutral und unvoreingenommen zu halten, aber eine kurze Betrachtung zeigt, daß das naiv ist – die Erstellung von Statistiken beinhaltet Beurteilungen und Interpretationen, die nicht über Kritik erhaben sind. Jemand muß zum Beispiel entscheiden, welche Fälle vergleichbar und welches die sachdienlichen Kriterien sind. Mit dem Treffen dieser Entscheidungen werden hintergründige Theorien wirksam, womit die Voraussetzungen höchst zweifelhaft werden. Im Falle von Statistiken über Mordfälle hängt die Entscheidung, was aufgelistet werden soll und in welcher Form, in hohem Maße von gesetzlichen Bestimmungen, insbesondere vom Homicide Act (Gesetz über Tötungsdelikte) von 1957 ab. Bevor eine Forscherin die vom Home Office herausgegebenen Zahlen interpretieren kann, muß sie mit dem Funktionieren des Gesetzes vertraut sein.

Töten und Gesetz: Ein Leitfaden für AnfängerInnen*

Die in Gesetzestexten festgelegte Definition von Mord stammt aus dem 17. Jahrhundert: »Wer als Person von geistiger Zurechnungsfähigkeit und im strafmündigen Alter unrechtmäßig ein vernunftbegabtes Lebewesen ... in vermuteter oder vom Gesetz vermuteter böser Absicht tötet, dessen Tod soll binnen Jahr und Tag erfolgen.«

Der wichtige Passus hierbei ist »böse Absicht«, das heißt, der Vorsatz zu töten (oder schwere Körperverletzung zu begehen). Wenn jemand aus Zufall oder Nachlässigkeit tötet, ist er des minderen Vergehens des Totschlags schuldig. Auch besteht die Möglichkeit,

* Zur deutschen Gesetzeslage siehe Anhang 2.

den Straftatbestand auf Totschlag zu reduzieren, wenn das Gericht eine Provokation annimmt. Der Ausdruck Tötung umfaßt sowohl Mord als auch Totschlag.

Wie steht es mit geisteskranken Mördern? Mildernde Umstände wegen Geisteskrankheit können geltend gemacht werden, wenn der Fall unter die sogenannten McNaghten Rules von 1843 fällt: Wenn »der Angeklagte unter solcher Geistesschwäche handelte, daß er die Natur der von ihm begangenen Tat nicht erkannte, oder, falls er sie erkannte ... nicht wußte, daß das, was er tat, unrecht war«. Mörder, auf deren Fall diese Definition zutrifft, werden »in Haft behalten, solange es Ihrer Majestät gefällt«, das heißt, sie werden in ein Sonderkrankenhaus für kriminelle Geisteskranke geschickt.

Weil die meisten Delinquenten es lieber vermeiden, zu einer unbefristeten Haftstrafe verurteilt zu werden, und auch, weil die McNaghten-Kriterien so streng sind, wird heutzutage nur selten auf mildernde Umstände wegen Geisteskrankheit plädiert. Für die meisten geistig abnormalen Mörder findet Absatz zwei des Homicide Act von 1957 Anwendung, der die Möglichkeit der *verminderten Zurechnungsfähigkeit* vorsieht. Absatz zwei lautet:

> Wer eine andere Person tötet oder sich an deren Tötung beteiligt, wird nicht wegen Mordes verurteilt, wenn er derart unter einer geistigen Anomalität leidet (entweder infolge stehengebliebener oder verzögerter Entwicklung, oder angeboren, oder durch Krankheit oder Verletzung erworben), daß sie seine geistige Verantwortung für seine Handlungen und Unterlassungen bei Begehung der oder Beteiligung an der Tötung erheblich beeinträchtigt.

Diese Einschränkung erlaubt dem Gericht, eine weitergefaßte Skala von Umständen in Betracht zu ziehen, als es die McNaghten Rules vorsehen. (Zum Beispiel kann ein »unwiderstehlicher Drang« als verminderte Zurechnungsfähigkeit zählen, hingegen würde er nicht als eine Form von Geisteskrankheit beurteilt.) Auch wird hierdurch die eigentliche Straftat statt als Mord als Totschlag (nach Absatz zwei) eingeordnet.

Die Umwertung einer Straftat in eine andere hat mehr mit der Bestrafung als mit dem Verbrechen zu tun. Auf einen von einem Erwachsenen begangenen Mord steht eine gesetzlich vorgeschriebene Strafe, die ein Richter nicht variieren kann, nämlich lebenslängliche Freiheitsstrafe (seit 1965). Doch ist ein Mörder geisteskrank, kann von Abschreckung und sollte von Vergeltung nicht die Rede sein; eine automatische Verurteilung zu lebenslänglich wäre zu streng. Der Mörder kann womöglich erfolgreich behandelt werden, und in diesem Fall wäre eine weitere Inhaftierung unnötig. Die Umwertung der Straftat von Mord in Totschlag gestattet es dem Richter, die Strafe zu variieren. Richter können aufgrund des Mental Health Act (Gesetz über geistige Gesundheit) die Einweisung in eine Klinik anordnen, mit oder ohne Einschränkung und für eine beliebige Frist. Sie können einer Person, die getötet hat, Bewährung einräumen oder auch eine strenge Freiheitsstrafe über sie verhängen.

Es gibt zwei mildernde Umstände, bei deren Vorliegen die Straftat statt als Mord als Totschlag eingestuft wird: verminderte Zurechnungsfähigkeit und Provokation (ein dritter, seltener mildernder Umstand ist, wenn ein Mord infolge eines Selbstmordpaktes begangen wird). Das Funktionieren dieser mildernden Umstände ist von Interesse, da hier oft eine verschleierte doppelte Moral vorliegt. Was fällt zum Beispiel unter Provokation? In der ersten Hälfte der 1980er Jahre gab es in England und Wales mehrere Fälle, in denen Ehemänner erfolgreich Provokation geltend machten, nachdem sie ihre Frauen getötet hatten, die angeblich genörgelt hatten oder untreu oder sexuell »abartig« waren.[4]

Eine weitere wesentliche Frage in bezug auf mildernde Umstände gemäß Absatz zwei lautet: Wer entscheidet, ob ein Mörder abnormal ist? Es ist einigermaßen erstaunlich, daß diese Entscheidung selten in einer öffentlichen Gerichtsverhandlung von den Geschworenen getroffen wird. Gewöhnlich ist die Anerkennung einer Geisteskrankheit ausschließlich Sache der Experten. Wenn die Psychiater der Anklage und der Verteidigung übereinstimmen, daß ein Angeklagter abnormal ist, akzeptiert das Gericht, daß auf Totschlag gemäß Absatz zwei plädiert wird. Somit besteht keine Notwendigkeit zu einem Schwurgerichtsverfahren. Laut einem kürzlich erschienenen Bericht wird in 80 % der Fälle, bei denen es um geistige Anomalität geht, so verfahren (Dell, 1984). Zu Verhandlungen, in denen die Geschworenen über psychiatrische Gutachten befinden, kommt es normalerweise nur, wenn beide Seiten sich *nicht* einig sind – allerdings wurde der berühmteste neuere derartige Prozeß, der Fall Peter Sutcliffe, deswegen angestrengt, weil der Richter befand, ein Schwurgerichtsverfahren liege im öffentlichen Interesse. Die Vertreter beider Seiten kamen überein, daß Sutcliffe abnormal war: Als aber die Beweise vorgebracht wurden, verneinten die Geschworenen die Anomalität. Normalerweise wird bei einem Fall jedoch die ganze Angelegenheit zwischen Anwälten und Psychiatern durchgesprochen – welche, das muß gesagt werden, zwei überwältigend patriarchalischen und überwiegend von Männern ausgeübten Berufszweigen angehören.

Kategorien der Tötungsdelikte

Aus den Bestimmungen des Homicide Act von 1957 ergeben sich sieben Kategorien von Tötungsdelikten, die für die Erstellung der Verbrechensstatistiken verwendet werden. Die sieben offiziell anerkannten Typen sind normaler Mord, von Geisteskranken verübter Mord, Selbstmord nach Mord, Totschlag nach Absatz zwei, gewöhnlicher Totschlag anstelle von Mord, gewöhnlicher Totschlag und Kindestötung. Von Geisteskranken verübter Mord, Selbstmord nach Mord sowie Totschlag nach Absatz zwei werden manchmal zu der allgemeineren Kategorie »abnormale Tötung« (d. h. von einem geistig abnormalen Täter verübte Tötung) zusammengefaßt.

Bevor wir diese Kategorien kurz definieren, ist unbedingt darauf hinzuweisen, daß die Einordnung eines bestimmten Vorfalls in eine bestimmte Kategorie nicht auf der Natur des Vorfalls selbst basiert, sondern auf dem Ausgang der Gerichtsverhandlung, der in mancher Hinsicht sehr willkürlich sein kann. So können etwa drei identische Fälle, in denen eine Ehefrau erwürgt wurde, als normaler Mord, als abnormaler Mord beziehungsweise als Totschlag nach Absatz zwei erscheinen. Der Unterschied besteht nicht darin, wer wem was angetan hat, sondern darin, wofür ein Anwalt plädiert und ob das Gericht dies akzeptiert. Daher gibt in vielen Fällen die Kategorie, in die eine Tötung eingeordnet wurde, wenig Aufschluß über den Fall. Die abscheulichen Taten eines Peter Sutcliffe können als »normaler Mord« (da das Gericht seinen Antrag auf verminderte Zurechnungsfähigkeit abwies) klassifiziert werden, während andererseits jeder, der nach einem Mord Selbstmord verübt, automatisch als abnormaler Mörder klassifiziert wird, ob er nun durch Geisteskrankheit, unerträgliche Reue oder nur, um dem Gefängnis zu entgehen, dazu getrieben wurde.

Auch wenn die Aussagekraft dieser Einordnung nicht überbewertet werden darf, geben wir im Interesse der Klarheit kurze Definitionen.

Normaler Mord: Jede in böser Absicht begangene Tötung, verübt durch eine Person, die danach nicht aufgrund von Geisteskrankheit, verminderter Zurechnungsfähigkeit oder Selbstmord für geistig abnormal erklärt wurde. Hierfür gibt es eine gesetzlich festgelegte Strafe: Lebenslänglich.

Abnormaler Mord: Tötung, begangen von Menschen, die unter die McNaghten Rules fallen, d. h. die Natur ihres Tuns nicht erkennen bzw. nicht wissen, daß es unrecht war. Geisteskranke Mörder werden in einer Spezialklinik verwahrt, solange es Ihrer Majestät gefällt.

Selbstmord nach Mord: Tötung, der ein gelungener Selbstmord folgt. Mißglückt der versuchte Selbstmord eines Mörders, wird der Fall wie gewöhnlich nach seinem Ausgang eingestuft.*

Totschlag nach Absatz zwei: Tötung, begangen durch jemanden, der erfolgreich auf verminderte Zurechnungsfähigkeit gemäß Absatz zwei des Homicide Act plädiert. Die Strafe variiert, besteht aber oft in der Einweisung in eine Klinik zwecks psychiatrischer Behandlung gemäß dem Mental Health Act. Diese kann begrenzt werden (d. h. unwiderruflich ohne Bezugnahme auf den Innenminister). Gewöhnliche Freiheitsstrafen sind ebenfalls üblich.

---

* Selbstmordversuche sind nach dem deutschen Strafgesetzbuch nicht strafbar. (Anm. des Verlages)

Gewöhnlicher Totschlag (anstelle von Mord u. a.): Tötung, begangen ohne böse Absicht (zum Beispiel durch Unfall oder Fahrlässigkeit), oder wenn der Mörder auf Provokation reagierte. Die Strafe variiert je nach den Umständen.

Kindestötung: Wenn eine Frau ihr noch nicht ein Jahr altes Kind tötet, weil sie unter den Nachwirkungen der Schwangerschaft oder Milchabsonderung leidet. Dies ist eine Straftat, die Männer nicht begehen können (wenngleich sie Säuglinge töten können und es oft tun). Die Strafe ist meistens gering, da diese Frauen als Opfer ihrer biologischen Beschaffenheit angesehen werden.

Die Deutung von Zahlen, die auf diesen Kategorien basieren, ist heikel, weil verschiedene Faktoren zusammenfließen. Auf der einen Seite steht das, was die Menschen hinsichtlich ihrer Motive und geistigen Verfassung glauben, während diese auf der anderen Seite im Gesetz verankert sind. Noch komplizierter ist die Art und Weise, wie die Menschen ihre Handlungen im Lichte der von ihnen vermuteten Ansicht des Gerichts darstellen.

Ein Beispiel mag das erläutern. Nehmen wir das Verbrechen der Kindestötung, das nach Meinung des Gesetzes durch eine vorübergehende, in der weiblichen Biologie wurzelnde geistige Störung verursacht wird. Vermutlich gibt es Kindesmörderinnen, deren Motiv ein ganz anderes ist: Zum Beispiel haben sie das Kind nie gewollt und hatten keine Möglichkeit, es zu unterhalten, und haben es deshalb bei der Geburt getötet. Trotzdem werden sie wahrscheinlich der Meinung des Gerichts hinsichtlich ihres Tatmotivs beipflichten; ihre Anwälte werden sie dazu ermutigen, weil es eine milde Strafe bedeutet. Folglich können wir nicht annehmen, daß, wenn jährlich zehn Frauen Kindestötung begehen, sie alle dasselbe und aus demselben Grund getan haben.

Andere Probleme ähnlicher Art ergeben sich in bezug auf Geschlechtsunterschiede. Nehmen wir zum Beispiel an, wir stellen fest, daß Mörderinnen öfter in der Kategorie »abnormaler Mord« als in der Kategorie »normaler Mord« zu finden sind. Bedeutet dies, die einzelnen Mörder sind abnormal, oder bedeutet es, daß sexuelle Eifersucht in unserem Kulturkreis als eine Art Wahnsinn angesehen wird, für den ein Mann nicht verantwortlich ist? Oder ist das Ganze nur ein Deckmantel für den in der Gesellschaft weitverbreiteten Glauben, untreue Ehefrauen verdienen Strafe, während ihre mörderischen Ehemänner mit Nachsicht behandelt werden sollen? Diese verschiedenen Probleme im Kopf, wenden wir uns nun den Statistiken zu.

Tötungsstatistiken für England und Wales

Statistiken über Tötungen sagen nie soviel aus, wie man denkt, als Informationsquellen sind sie von stark eingeschränktem Wert. Wir möchten diese Erläuterung mit den schmerzlichen Vorbehalten beginnen, die uns nach Stunden enttäuschender Nachforschungen klargeworden sind.

Alle Kriminalstatistiken unterschätzen vermutlich die Häufigkeit des betreffenden Verbrechens, und das ist ihr auffallendster Nachteil. Kriminologen glauben, Tötung sei keine Ausnahme und veröffentlichte Zahlen verbergen eine »Dunkelziffer« von Fällen, die der Obrigkeit entgangen sind, entweder, weil sie als natürlicher Tod deklariert wurden, oder weil keine Leiche entdeckt wurde (so wird eine kleine, aber ins Gewicht fallende Anzahl Menschen – insbesondere Frauen und Kinder –, die verschwanden und vermutlich ermordet wurden, nicht unter Tötungsfällen registriert, wie es eigentlich zutreffend wäre).

Andere Einschränkungen haben mehr damit zu tun, wie das Innenministerium und die Polizei die Fälle klassifizieren. Aus unserer Sicht ist es besonders ärgerlich, daß so viele der in Tötungsstatistiken verwendeten Kategorien systematisch Geschlechtsunterschiede verschweigen. Es gibt Zahlen über »Geschlecht des Täters« und »Geschlecht des Opfers«, so daß man die Zahlen von männlichen und weiblichen Mördern oder Opfern vergleichen kann; aber wo es um die Beziehung zwischen Tötenden und Getöteten geht – zum Beispiel, wie viele Frauen von Männern getötet wurden und umgekehrt –, liegen überhaupt keine Informationen vor. Sogar bei Gatten- und Angehörigenmorden wird der Geschlechtsunterschied durch neutrale Bezeichnungen wie etwa *spouse* (im Engl. für Gattin und Gatte; Anm. d. Übers.) oder »Elternteil« verschleiert. Informationen über Motive, die womöglich etwas Licht auf Geschlechterbeziehungen werfen könnten, sind sehr spärlich. Die für uns so wichtige Kategorie des Lustmordes fehlt in veröffentlichten Statistiken ganz, selbst in seiner am wenigsten kontroversen und höchst mechanischen Definition als Tötung im Verlauf einer Vergewaltigung. Der Grund, den das Innenministerium (in einer unauffälligen, aber aufschlußreichen Fußnote) für diese Unterlassung nennt, lautet: »Die verfügbaren Informationen reichen oft nicht aus, um zu bestimmen, ob der Geschlechtsverkehr mit oder ohne Einverständnis des Opfers erfolgte«!

Was ist angesichts dieser Einschränkungen aus den veröffentlichten Tötungsstatistiken zu lernen? Bestimmt lassen sich einige allgemeine Schlußfolgerungen ziehen, und in Sekundärquellen (etwa Morris und Blom-Coopers *Calendar of Murder* und gelegentlichen Untersuchungsberichten von Statistikern des Innenministeriums über Langzeit-Trends bei Verbrechen) sind einige detaillierte Analysen verfügbar.

Erstens wird häufig festgestellt, daß die Zahlen der Tötungen in England und Wales ziemlich konstant sind. Von 1900 bis 1960 hielt sich die Zahl der Tötungen pro Million EinwohnerInnen zwischen 3,7 und 4,4 im Gegensatz zu anderen Gewaltverbrechen, die in demselben Zeitraum eine ständige Zunahme aufwiesen. Die Jahre ab 1960 verzeichnen ein leichtes Ansteigen, aber nicht genug, um fundierte Schlußfolgerungen zuzulassen.

An dieser Stelle muß darauf hingewiesen werden, daß Verbrechensmuster kulturspezifisch sind; es besteht kein Grund zu der Annahme, jede Gesellschaft bringe dieselbe Menge oder Art von Tötungen hervor. So weist zum Beispiel eine Kultur, in der es eine Tradition des Rachemordes gibt, oder eine Gesellschaft, in der es üblich ist, Handfeuerwaffen zu tragen, andere Verhaltensmuster auf als England und Wales. Die in einer Gesellschaft am häufigsten vorkommende Tötungsart reflektiert ihre Traditionen und führt zu merklichen regionalen Unterschieden. Der Anthropologe Henry Lundsgaarde stellte zum Beispiel Untersuchungen in Houston, Texas, an, wo die Tötungsraten extrem hoch sind und ein bedeutender Anteil mit Freispruch endet. Lundsgaarde erklärt dies im Hinblick auf den lokalen Begriff »Grenzjustiz«, *frontier justice*, ein historisches Überbleibsel aus der Zeit, als von den Männern erwartet wurde, Heim und Familie zu schützen, indem sie zuerst schossen und später Fragen stellten (Lundsgaarde, 1977).

Verglichen mit Houston und mit den USA im allgemeinen, haben England und Wales eine niedrige Tötungsrate. Kommentatoren haben sowohl die Geringfügigkeit als auch die Stabilität der Tötungsraten mit dem besonderen Charakter der Tötungen in England erklärt: In diesem Land, sagen Morris und Blom-Cooper, »ist Mord überwiegend ein häusliches Verbrechen. Männer töten ihre Frauen, Geliebten und Kinder, und Frauen töten ihre Kinder«. (a.a.O., S. 280) Mit anderen Worten, die englische Gesellschaft unterscheidet sich insofern von jener der USA, als Tötungsgewalt nicht in erster Linie mit dem stetig zunehmenden organisierten Verbrechen und (bislang) auch nicht mit den Brutalitäten des Großstadtlebens zusammenhängt; sie ist vielmehr mit grundlegenden, unveränderten Einrichtungen verknüpft, mit Heterosexualität und der Kleinfamilie.

Diese Beobachtung gibt uns einen unmittelbaren Hinweis auf die Geschlechtsspezifität bei den englischen Tötungsziffern. Wenn Mord eine Sache von geschlechtlichen und familiären Beziehungen ist, dann läßt sich, das Machtgefälle zwischen den Geschlechtern vorausgesetzt, als Konsequenz voraussagen, daß der sogenannte »häusliche« Mord meistenteils bedeutet, Männer töten Frauen. Die Bemerkungen von Morris und Blom-Cooper lassen genau dies vermuten. Zum Thema häuslicher Mord schreiben sie:

> Von den Mordopfern über 16 Jahre sind 70% weiblichen Geschlechts, und von diesen wird etwa die Hälfte von ihren Ehemännern und ein Viertel von anderen Verwandten oder Liebhabern umgebracht... Am häufigsten geschehen Morde an der Ehefrau durch ihren Mann, eines Kindes durch ein Elternteil oder einer Frau durch ihren Geliebten. (ebd.)

Diese Aussagen wurden Anfang der 1960er Jahre gemacht; detailliertere Informationen über das gesamte Jahrzehnt bieten zwei von den Statistikern des Innenministeriums erstellte Untersuchungsberichte. Sowohl der Bericht von Gibson und Klein, *Murder 1957 to 1968*, als auch Gibsons späterer Bericht, *Homicide in England and Wales*, der die Jahre 1967 bis 1971 umfaßt, zeigen den merklichen, beständigen Umstand auf, daß Mörder männlich und Opfer weiblich sind. Um eine Vorstellung von der Bedeutung dieses Musters zu vermitteln, stellen wir in den Tabellen 1 und 2 einige Zahlen von Gibson und Klein über das Geschlecht von Täter und Opfer dar. (Wir haben uns auf normalen Mord und die Kategorien abnormale Tötung beschränkt, da Totschlag, der nicht Totschlag nach Absatz zwei ist, viele Tötungen durch Unfälle einschließt und weil Kindestötung *per definitionem* ein nur von Frauen zu begehendes Delikt ist, das keinen Vergleich zwischen den zwei Geschlechtern zuläßt.)

Die Aufschlüsselung in Tabelle 1 nach dem Tätergeschlecht ist besonders verblüffend: Nur sehr wenige Tötende sind weiblich. Die Männer überwiegen in jeder Kategorie und jedem Jahr, und das Ungleichgewicht ist in der Kategorie normaler Mord am größten. Die Darstellung des Geschlechts des Opfers ist ebenfalls ziemlich klar umrissen und führt Gibson und Klein zu folgender Zusammenfassung:

> Der Anteil von Frauen unter den Opfern über 16 Jahre betrug... weit über 80 % bei Mord nach Selbstmord und über 70 % bei abnormalen Morden und Totschlag nach Absatz zwei. Bei allen abnormalen Morden in diesem Zeitraum waren etwa Dreiviertel der erwachsenen Opfer Frauen, im Gegensatz zu »normalem« Mord, wo männliche und weibliche Opfer zahlenmäßig etwa gleich waren. (1969, S. 61)

Tatsächlich zeigt Tabelle 2, daß es zwischen 1957 und 1968 nur drei Jahre gab, in denen die Zahl der männlichen Opfer die der weiblichen auch in der Kategorie normaler Mord überwog.

Gelten diese Verallgemeinerungen auch für die 1970er und 1980er Jahre? Leider hat das Innenministerium keine mit Gibson und Klein vergleichbaren Berichte über die Jahre seit 1971 herausgegeben; entsprechend weniger umfassend sind unsere Informationen über diesen Zeitraum. Dennoch geht aus den jährlichen Stati-

Tabelle 1: Männliche und weibliche Mörder in vier Tötungskategorien

	Normaler Mord		Abnormaler Mord		Mord nach Selbstmord		Totschlag nach Absatz 2	
	M	W	M	W	M	W	M	W
1957	34	2	14	6	26	14	15	4
1958	23	2	16	3	22	16	25	3
1959	44	–	22	3	25	10	16	4
1960	49	–	17	5	28	11	23	7
1961	38	2	15	5	25	9	18	10
1962	42	2	13	2	28	18	28	10
1963	35	1	10	2	22	14	45	7
1964	52	–	6	4	18	13	28	7
1965	49	2	7	1	29	11	38	8
1966	68	1	5	–	20	5	52	8
1967	64	1	8	1	26	9	33	14
1968	75	2	4	1	30	8	38	11

Quelle: Gibson und Klein (1969)

Tabelle 2: Erwachsene männliche und weibliche Opfer in vier Tötungskategorien

	Normaler Mord		Abnormaler Mord		Mord nach Selbstmord		Totschlag nach Absatz 2	
	M	W	M	W	M	W	M	W
1957	21	23	2	10	3	20	1	10
1958	18	19	3	13	6	18	7	17
1959	19	27	4	19	1	17	3	13
1960	21	20	8	11	6	21	1	17
1961	18	24	7	11	4	18	6	14
1962	23	25	–	13	5	24	13	14
1963	11	29	3	10	5	15	13	20
1964	29	30	3	6	7	19	7	18
1965	26	35	3	4	6	23	11	25
1966	42	32	4	1	1	18	12	35
1967	37	35	3	4	6	25	8	28
1968	34	40	1	2	6	25	14	26

Quelle: Gibson und Klein (1969)

stiken deutlich hervor, daß etwas geschehen ist, das das Muster der 1960er Jahre modifiziert hat. Obgleich die Zahl der männlichen Mörder die der weiblichen nach wie vor weit übersteigt – genau wie in Tabelle 1 –, stellen Frauen nicht mehr die Mehrzahl der Opfer. In jedem Jahr seit Mitte der 1970er Jahre wurden insgesamt mehr Männer als Frauen getötet. 1984 waren es beispielsweise 319 Männer und 244 Frauen.

Interessanterweise wurde diese Veränderung kürzlich von Feministinnen für politische Zwecke benutzt. 1986 wurde eine junge Grundstücksmaklerin in London von einem Kunden entführt, und dies löste eine Welle öffentlicher Angst in bezug auf die Sicherheit von Frauen am Arbeitsplatz aus; es wurde sogar vorgeschlagen, sie sollten nicht allein zu geschäftlichen Verabredungen gehen. Es ist nicht verwunderlich, daß viele Feministinnen dies als reaktionären Angriff auf ihr Recht auf Arbeit betrachteten. In einem Aufsatz in der Zeitschrift *Cosmopolitan* vom Oktober 1986 behauptete Anne Karpf, die Angst sei fehl am Platze, da die Gruppe, die am meisten Gefahr liefe, ermordet zu werden, *Männer* seien, und zum Beweis zitierte sie die Tötungszahlen von 1984. Sie erwähnte jedoch nicht, daß dies eine ziemlich neue Entwicklung ist und die Frauen während des größten Teils des Jahrhunderts stärker gefährdet waren (wenngleich eher durch ihre Ehemänner und Liebhaber als durch Geschäftskunden).

Wie ist nun diese Veränderung zu bewerten? Sind Frauen wirklich weniger gefährdet als früher? Schlagen Ehefrauen und Geliebte zurück? Begrenzte Informationen erschweren eine sichere Aussage, aber wir möchten behaupten, die gegenwärtigen Vorgänge sind weniger eine Verschiebung weg von häuslichen Morden und Lustmorden als vielmehr eine Zunahme der von Männern an Männern begangenen Morde. Insbesondere drei Faktoren stützen diese Erkenntnis.

Erstens und am auffälligsten, es gab keinen nennenswerten Rückgang der Zahlen jährlich getöteter Frauen. Vielmehr ist die Anzahl der Männer schneller gestiegen. Dies führt zum zweiten, mehr allgemeinen und theoretischen Punkt: Von Kriminologen wurde allgemein beobachtet, daß steigende Tötungsziffern eindeutig mit der steigenden Zahl männlicher Opfer einhergehen und umge-

kehrt. Das heißt, statt einer Umverteilung der Opferrollen innerhalb einer konstanten Anzahl Tötungen sind die Veränderungen
in der geschlechtlichen Zusammensetzung von Mordopfern eine
Folge der Zunahme von Tötungsdelikten. Wie wir bereits gesehen
haben, sind die Tötungsziffern seit den 1960er Jahren leicht ange-
stiegen. Drittens, die Zunahme von Tötungen scheint eher ein Anwachsen normaler Morde als abnormaler Tötungen (insbesondere
Totschlag nach Absatz zwei) zu sein. Wie wir bereits an früherer
Stelle bemerkt haben, überwiegen weibliche Opfer in den abnormalen Kategorien, und wir dürfen annehmen, sie tun dies auch
weiterhin; sie sind einfach von den steigenden Zahlen meist männlicher Opfer von normalen Morden überholt worden. (An dieser
Stelle wäre es natürlich nützlich, über detailliertere Informationen
zu verfügen, da theoretisch gesehen das Anwachsen normaler
Morde nichts weiter darstellen könnte als eine Verschärfung der
Gerichtspraktiken, um weniger Anträgen auf Anerkennung verminderter Zurechnungsfähigkeit stattgeben zu müssen. Es wurde
jedoch behauptet, daß, während häusliche und Sexualverbrechen
als abnormal klassifiziert werden können, typische »Männer-
morde«, zum Beispiel im Streit oder in Bandenkriegen, wenig
Aussicht haben, unter den Schutz der Geisteskrankheit oder verminderten Zurechnungsfähigkeit zu fallen.)
Alles in allem möchten wir daher behaupten, daß, auch wenn Tötung in England nicht mehr überwiegend in der Familie stattfindet
wie einst, genauso viele Frauen ermordet werden wie zu der Zeit,
als dies sich so frappant in den Zahlen äußerte. Nichtsdestoweniger enthält das Quantitätsbild viele entscheidende Lücken, weshalb zahlreiche Fragen unbeantwortet bleiben. An dieser Stelle ist
es nützlich, sich mehr den qualitativen Quellen zuzuwenden und
sich bestimmte Mordtypen genauer anzusehen, in der Hoffnung,
auf Muster zu stoßen, die nicht von Verbrechensstatistiken aufgedeckt werden.

Gattinnenmord

Die Ermordung von Ehefrauen und Geliebten muß als eigene Kategorie dargestellt werden, wenn Tötung und Geschlechtsunterschiede im Brennpunkt des Interesses stehen. Die Daten zu diesem Thema sind besonders zahlreich, da dies in England und Wales bis vor kurzem der häufigste Typ von Tötungen war. Ganz eindeutig ist die statistische Häufigkeit größer als bei Gattenmord, und dies gilt für die gesamte moderne Zeit. Der Kriminalhistoriker J. S. Cockburn untersuchte Berichte über Gerichtsverfahren aus drei Bezirken von 1559 bis 1625 und stellte fest: »Ehefrauen waren in fast dreiviertel der Fälle von Eheleutemord die Opfer.« (Cockburn, 1977, S. 57) Doch abgesehen von dieser zahlenmäßigen geschlechtlichen Asymmetrie kann anhand von Gerichtsprotokollen auch aufgezeigt werden, daß weibliche und männliche »Ehegattenmörder« verschiedene Motive haben und ganz verschieden behandelt werden.

Die Behandlung von Gattenmorden fußte lange Zeit auf Doppelmoral. Jahrhundertelang war diese gesetzlich festgeschrieben; noch bis 1789 war die Tötung eines Ehemannes nicht Mord, sondern »gemeiner Verrat«, worauf als Strafe Verbrennung auf dem Scheiterhaufen stand. Häusliche Gewalt gegen Frauen dagegen war üblicher und wurde milder behandelt. Bedauerlicherweise ist dies noch heute der Fall, wenn auch eher aus Gewohnheit denn durch gesetzliche Bestimmung. Das englische Gesetz erlaubt einem Ehemann nicht, seine Frau und ihren Geliebten zu töten, wenn er sie zusammen findet – wie es in Italien noch bis vor kurzem legal war und nach dem texanischen Strafgesetz noch heute ist –, aber *falls* ein Ehemann eine widerspenstige oder ehebrecherische Gattin tötet, wird er oft mit großem Mitgefühl behandelt. Wie die amerikanischen Anwälte Schneider und Jordan schrieben, sind »die Taten von Männern und Frauen Gegenstand verschiedener gesetzlicher Erwartungen und Normen. Die Tat des Mannes wird, wenn auch nicht immer vom Gesetz verziehen, mitfühlend betrachtet. Ihm wird nicht vergeben, aber seine Beweggründe finden Verständnis bei denen, die über seine Tat zu Gericht sitzen«. (Jones, 1980, S. 311)

Doch was genau *sind* eigentlich diese »Taten von Männern und Frauen«? Um die Erforschung einer angemessen typischen Auswahl von EhegattInnenmorden zu gewährleisten, haben wir ein Jahr aus dem *Calendar of Murder* ausgewählt und jede Verhandlung untersucht, an der ein Ehemann, Lebensgefährte oder Geliebter bzw. eine Ehefrau, Lebensgefährtin oder Geliebte beteiligt war. Das von uns ausgewählte Jahr 1961 enthielt 46 Beispiele für diesen Typ von Prozeß, in 41 Fällen war das Opfer weiblich und nur in fünf Fällen männlich.

Der erste Grund, warum Männer Ehefrauen und Geliebte ermordeten, war schlicht Streit um Geld, Kinder und Scheidung. Dies traf allerdings nur auf acht Fälle zu – weniger als 20 % aller Gattinnenmorde. In zehn Fällen war das Motiv eindeutig Eifersucht, weil die Frau sich mit einem anderen Mann eingelassen hatte; in zehn weiteren Fällen war nicht Ehebruch im Spiel, sondern der Mann war von der Frau zurückgewiesen worden und hatte sie deswegen getötet. Es scheint, Männer lehnen unabhängige Frauen ebenso ab wie untreue oder promiskuitive. John Airey, der seine Frau Patricia erstach, erklärte: »Ich dachte, wenn sie wegginge und allein lebte, wäre das Leben nicht mehr lebenswert, deshalb dachte ich, ich bringe sie um und werde gehängt, und dann sterben wir beide zusammen.«

Aireys Vorstellung von seiner Frau als Erweiterung seiner selbst – »Wenn ich sterbe, stirbt sie auch« – ist bei von Ehemännern begangenen Morden ein sehr häufiges Motiv, insbesondere bei Morden, denen ein Selbstmord folgt. Da in letzterem Fall der Mörder tot und eine Gerichtsverhandlung nicht möglich ist, enthält der *Calendar of Murder* keine Beispiele. Aber in den Zeitungen wird oft darüber berichtet; sie sprechen dann euphemistisch von »Familientragödien«. In manchen Fällen überlebt ein Selbstmordkandidat, und die anschließenden Verhandlungen sind durchaus untersuchenswert, da sie außergewöhnliche richterliche Einstellungen gegenüber dem Mann enthüllen, dessen Wunsch, sich umzubringen, sich »natürlich« auf seine Frau und die Familie erstreckt. Nehmen wir folgenden Fall, über den 1981 berichtet wurde:

Ein Rentner, der irrtümlich annahm, er hätte Krebs, tötete seine 71jährige Frau und versuchte dann Selbstmord zu begehen, indem er vor einen Lastwagen lief. Mr. G. erklärte sich der Ermordung seiner Frau Agnes für nicht schuldig, gestand jedoch Totschlag aufgrund verminderter Zurechnungsfähigkeit. Richter Woolf sagte: »Ich betrachte dies als einen traurigen Fall. Ich bin überzeugt, Sie haben sehr an Ihrer Frau gehangen.« Die Verhandlung ergab, daß Mr. G. an einer ernsten depressiven Krankheit litt und im Oktober 1980 beschlossen hatte, sich umzubringen. Aber er war sehr besorgt, was aus seiner Frau würde, wenn er starb. Am 12. Januar schlug er seiner Frau mit einem Hammer auf Kopf und Genick, dann rannte er hinaus und lief unter einen vorbeifahrenden Lastwagen. Er war schwer verletzt, starb aber nicht. Mr. G.s Verteidiger sagte: »Es war eine lange, glückliche und gefestigte Ehe.« (*The Guardian*, 27. Juni 1981)

Es erscheint uns fast unglaublich, daß jemand eine solche Aussage ohne Ironie machen konnte, und die Annahme des Gerichts, das Ehepaar habe sehr »aneinander gehangen«, ist wohl noch außergewöhnlicher als Mr. G.s Tat. Psychiater glauben, Selbstmörder, die sich nach begangenem Mord umbringen, sehen ihre Opfer tatsächlich als Erweiterung ihrer selbst – mit anderen Worten, ihre Taten sind im wesentlichen *selbst*zerstörerisch. Sollte dies wirklich der Fall sein, so bleibt zu erklären, warum Männer ihre Ehefrauen in diesem Lichte betrachten, wogegen Frauen, die sich nach vollbrachtem Mord umbringen, ausschließlich ihre Kinder töten. Es scheint eine plausible Vermutung, daß dieses Muster eine Machtdimension hat: Familienmitglieder fühlen sich berechtigt, nur diejenigen zu töten, die sie beherrschen.

In dreizehn Fällen von Gattinnenmord, die 1961 vor Gericht kamen, fehlte verblüffenderweise jegliches Motiv. Die Mörder fanden ihre Taten selbst unerklärlich: Frederick York, der seine Frau mit einer Axt erschlagen hatte, sagte der Polizei: »Mich überkam so ein Gefühl.« Etwas »überkam« auch Arthur Weston, der seine Frau mit einer Waschmaschinentrommel erschlug (die Geschworenen lehnten mildernde Umstände wegen Schlafwandelns ab).

Robert James erwürgte seine unheilbar kranke Frau, nicht, um ihr Elend zu beenden, sondern »in einem Anfall von Raserei«, während Geoffrey Gooch, mit Florence »glücklich verheiratet«, eines Tages ohne ersichtlichen Grund mit einem Stemmeisen auf sie einschlug und sie anschließend erwürgte. Richard Bryant erdrosselte seine Frau Mary mit einem Bademantelgürtel, während Albert Hall (vergeblich) versuchte, sich mit Gas umzubringen, nachdem er seine Frau Mabel auf diese Weise getötet hatte. Mit Ausnahme der Yorks wurden all diese Ehepaare in Berichten als »glücklich« und »liebevoll« beschrieben.

Die Frage ist sicher nicht, ob alle diese Männer unzurechnungsfähig waren, sondern warum der Wahnsinn so vieler Männer diese spezielle Form annimmt. Denn dies ist ein Zustand, der vor allem bei Männern auftritt; abgesehen von Irene Duke, die ihren Mann erschoß, nachdem sie »Geräusche im Kopf« gehört hatte, und für schuldig, jedoch unzurechnungsfähig gemäß den McNaghten Rules befunden wurde, waren die Frauen, die 1961 ihre Ehemänner umbrachten (außer Mrs. Duke waren es vier), geschlagene Frauen, die jahrelang so entsetzliche Mißhandlungen erlitten hatten, daß in einem Fall der Richter der Mörderin tatsächlich gratulierte.

Gattinnenmord läßt anscheinend eine ganze Reihe Begründungen zu, von der Eskalation gewohnheitsmäßiger häuslicher Gewalt bis zum Ausdruck pathologischer Besitzgier oder Eifersucht. Manche Fälle scheinen willkürliche Brutalität zu sein, die dem äußeren Anschein nach vollkommen unerklärlich ist. Frauen werden offenbar in plötzlichem Impuls von bis dahin zärtlichen und »liebevollen« Männern gemetzelt. Gattenmord ist viel seltener und geschieht fast immer aus Notwehr.

Aber bei Gericht und in der kriminologischen Literatur wird EhegattInnenmord damit erklärt, daß er sich aus den individuellen Umständen des Ehepaares ergibt: den Spannungen und Problemen des Zusammenlebens und der sexuellen Leidenschaft. Doch wenn GattInnenmord durch diese rein »persönlichen« Faktoren verursacht wird, warum dann der krasse Unterschied zwischen Männern und Frauen? Beide EhepartnerInnen können Anspannung und Frustration empfinden, aber anscheinend sind es eher die Ehemänner, die ihre Frauen ermorden. Eine naheliegende Erklärung ist, Männer sind einfach gewalttätiger und neigen mehr dazu, persönliche Probleme mit Gewalt zu lösen. Aber die von uns zitierten Fallgeschichten sind komplexer. Viele Gattinnenmörder haben ein anderes *Motiv* als Gattenmörderinnen – der Unterschied liegt eher in der Art als im Ausmaß. Bei den meisten der von Frauen begangenen Morde fehlt verblüffenderweise eine enge Verbindung zwischen Gewalt und sexueller Begierde, die Vorstellung, »den Menschen zu verletzen, den sie lieben«. Diese Vorstellung hat etwas Mysteriöses, und sie scheint mit einem anderen Phänomen zusammenzuhängen, das Experten wie auch Laien noch rätselhafter finden. Wir meinen das Phänomen »Lustmord«, bei dem der Drang zu töten zwanghaft und entpersönlicht ist, aber die Motive – Begehren und Irrationalität – in sowohl mysteriöser als auch grotesker Form zum Ausdruck kommen. Noch offensichtlicher als Eheleutemord ist Lustmord eine männliche Domäne: Und hiermit werden wir uns im folgenden befassen.

Lustmord

»Lustmord« (oder »Sexualmord«) ist viel schwieriger zu definieren als GattInnenmord. Obwohl der Begriff in der Spezialliteratur oft verwendet wird (manchmal zusammen mit »Serienmord«), ist sein Bedeutungsfeld nicht immer klar. Die engste und daher simpelste Definition ist Mord nach Vergewaltigung. Trotz ihrer Eindeutigkeit finden wir diese Definition problematisch, weil sie so viele Verbrechen ausschließt, die wir intuitiv als »sexuell« bezeichnen würden. Unter den berüchtigten Massenmördern war zum Beispiel Christie eher ein Nekrophiler als ein Vergewaltiger; Sutcliffe hat ein einziges seiner 13 Opfer vergewaltigt, aber seine Gewohnheit, auf ihre Geschlechtsteile und Brüste einzustechen, wie auch die Tatsache, daß er es auf Prostituierte abgesehen hatte, läßt kaum Zweifel an seinen sexuellen Motiven.
Eine andere Definition wird von einigen Autoren vorgeschlagen, die behaupten, für bestimmte Männer sei das Töten *an sich ein*

sexueller Akt. Morris und Blom-Cooper erklären dies folgendermaßen:

> Bei Mord nach Vergewaltigung wird allgemein angenommen,
> der Mord werde begangen, um jeden Beweis für die Vergewalti-
> gung zu beseitigen... Untersuchungen der Psychopathologie
> sexueller Gewalt lassen jedoch vermuten, daß sowohl der Co-
> itus als auch der Tötungsakt eine psychische Einheit darstellen
> und der Vergewaltiger tatsächlich nur beim Tötungsakt selbst
> zum Orgasmus kommt. (a. a. O., S. 333)

Der Fall Peter Sutcliffe zeigt, Beischlaf muß nicht unbedingt sein;
wie die Verfasser der *Encyclopaedia of Modern Murder* bemerken,
gab »Sutcliffe nie zu, einen Orgasmus gehabt zu haben, als er seine
Opfer erstach; aber jeder, der mit der Psychologie von Sexualver-
brechern vertraut ist, würde selbstverständlich annehmen, daß er
einen hatte«. (S. 217)
Nicht allein Kriminologen und andere »Experten« sind auf die bizarre und widerwärtige Idee verfallen, Tötungs- und Verstümme-
lungsakte könnten sexuelle Befriedigung erzeugen. Im Gegenteil,
die Mörder haben selbst regelmäßig in Geständnissen und anderen
Aussagen darauf hingewiesen. Richard von Krafft-Ebing, der Se-
xologe des 19. Jahrhunderts, zitiert einen Fallbericht des großen
italienischen Kriminologen Lombroso aus dem Jahre 1873, wo-
nach ein Mann namens Vincent Verzeni mehrere Frauen erdrosselte, dann verstümmelte, ihnen den Bauch aufschlitzte und möglicherweise sogar von ihrem Fleisch aß. In seinem Geständnis sagte
Verzeni aus, »seine Befriedigung bei diesen Garottirungen sei größer gewesen, als wenn er onanierte«. (Krafft-Ebing, 1901, S. 72)
Ähnliche unzweideutige Aussagen wurden von anderen Mördern
gemacht, insbesondere von Peter Kürten, dem »Unhold von Düsseldorf«.
Anscheinend sind Vergewaltigung und andere sexuelle Verbrechen weder notwendig noch ausreichend, um einen Mord als »sexuell« zu deklarieren. Wichtig ist die Erotisierung des Tötungsak-
tes an und für sich. Deshalb werden wir Lustmord dahingehend
definieren, daß alle Fälle inbegriffen sind, bei denen der Mörder

von sadistischen sexuellen Impulsen motiviert war – der »Lust am Töten«. Natürlich läßt dies die Frage offen, welches diese Impulse sind und was an ihnen sexuell oder erotisch ist. Das ist eines der Probleme, die wir untersuchen, und in diesem Stadium ist eine einfache Antwort nicht möglich.

Wir dürfen wohl behaupten, Lustmord ist eine *verschwommene* Kategorie ohne klare Grenzen. Ob der eine oder andere Mörder durch einen besonderen Tötungsakt sexuelle Befriedigung erfuhr, ist offensichtlich keine direkt zu beantwortende Frage, es sei denn, wir operieren mit einer rein mechanischen Definition von sexueller Befriedigung. Wer kann zum Beispiel sagen, ob die Form der häuslichen Tötung, die wir in unserer Erläuterung des Eheleutemordes anführten, nie sexuellen Impulsen entspringt, nie einen sexuellen *Schauder* verursacht? Es wurde auch behauptet, Tötungen, die innerhalb religiöser oder okkulter Rituale oder unter extremen sozialen Verhältnissen (wie in Nazi-Konzentrationslagern oder in Folterkammern) erfolgen, hätten eine unterschwellige sexuelle Bedeutung. Im Laufe unserer Analyse werden wir die Zusammenhänge, die zwischen Sexualität, Macht und Läuterung zu bestehen scheinen, näher untersuchen müssen.

Zunächst wollen wir mit »eindeutigen Fällen« beginnen, solchen, die von allen als Lustmorde angesehen würden, weil sie, was immer ihr Status in Wissenschaft oder Gesetz sein mag, eine kulturelle Kategorie oder einen Typus darstellen, den Typus »Sexungeheuer« oder »Satan«. (Wir erläutern diese Figur im 2. Kapitel, »Der Mörder als Held«.) Die eindeutigen Fälle betreffen typischerweise Einzelpersonen (keine Beteiligten an Massenritualen und keine ausführenden Organe des Staatsapparates), die zwanghaft töten und keinen besonderen Groll gegen ihre Opfer hegen. Diese werden oft ausgesucht, weil sie zu einer bestimmten Gruppe gehören: Prostituierte, junge Mädchen oder Knaben, ältere Leute, »Blondinen«. Aber die Morde werden nicht aus Gewinnsucht, Eifersucht oder Rache verübt, sondern angeregt durch die Begierde nach diesem bestimmten Sexualobjekt. Für uns gehören eine Reihe dokumentierter Massenmorde auf die Liste der eindeutigen Fälle: die von Jack the Ripper, Kürten, dem Würger von Boston, Christie, Sutcliffe und Dennis Nilsen (dessen Opfer freilich Männer waren; wir behaupten nicht, das Töten von *Frauen* definiert Lustmord, sondern vielmehr, das Opfer ist für den Mörder ein Sexualobjekt). Zwei Dinge sind an dieser Liste besonders auffällig. Erstens enthält sie nicht eine einzige Frau, und zweitens ereignete sich keiner der verzeichneten Fälle vor 1888. Kurzum, sie läßt den Schluß zu, daß unsere Kategorie »Lustmord« sowohl ausgesprochen modern wie auch ausschließlich männlich ist. Beide Annahmen bedürfen der näheren Erläuterung.

Die Geschichte des Lustmords: Ein modernes Phänomen?

Wenngleich verschiedene Autoren nebenbei auf historische Zusammenhänge hinweisen, gibt es nur wenige Arbeiten, die eine detaillierte historische Darstellung von Sexualverbrechen im allgemeinen und Lustmord im besonderen liefern. Die Ausnahme von dieser Regel sind Colin Wilsons Aufsätze – insbesondere sein Vorwort zur *Encyclopaedia of Modern Murder* – und ein bekanntes Werk der amerikanischen Autoren Masters und Lea, das vergriffen und daher schwer zu bekommen ist. Dieses Buch mit dem vielversprechenden Titel *Sex Crimes in History: Evolving Concepts of Sadism, Lust Murder and Necrophilia from Ancient to Modern Times* (Geschichte der Sexualverbrechen, die Entstehung der Begriffe Sadismus, Lustmord und Nekrophilie von der Antike bis heute) erschien 1963. Es ist in vieler Hinsicht unbefriedigend, da es rassistisch, sexistisch und außerordentlich leichtgläubig ist (zum Beispiel stellt es Details aus dubiosen Quellen, wie etwa unter Folter erzwungene Geständnisse, als »Fakten« hin), aber es ist der ausführlichste Versuch einer historischen Darstellung, den wir finden konnten. Wir nehmen es als geeigneten Ausgangspunkt und als Beispiel für die Art von historischer Interpretation, die wir in unserer Analyse zu vermeiden suchten.
Für Masters und Lea sind Sadismus, Lustmord und Nekrophilie Verirrungen der menschlichen Natur und Sexualität, die es immer gegeben hat und immer geben wird – weil sie, so wird uns erläutert, von organischen psychosexuellen Störungen herrühren. Dies wurde Ende des 19. Jahrhunderts allmählich erkannt und mit kli-

nischen oder wissenschaftlichen Termini belegt; vorher standen solche Termini nicht zur Verfügung, weswegen andere, irrige Erklärungen von Sadismus vorherrschten (zum Beispiel hielt man sadistische Akte für Anzeichen von dämonischer Besessenheit oder Hexerei). Für Masters und Lea jedoch ist es eine unumstößliche Wahrheit, daß die vielen Mörder und Mörderinnen, die beschuldigt wurden, Hexen, Satanisten, Vampire oder Werwölfe zu sein, in Wirklichkeit sexuell Abartige waren in dem Sinne, wie wir den Begriff verstehen und den das Zeitalter, in dem sie lebten, nicht kannte. Wir modernen Menschen sind zum Glück aufgeklärter; der wissenschaftliche Fortschritt ermöglicht uns, das »richtige« Muster in der Geschichte zu erkennen. Masters und Lea präsentieren eine ununterbrochene chronologische Aufstellung von Sexualverbrechen und sadistischen Morden. Von den Cäsaren geht es zu dem französischen Massenmörder Gilles de Rais (15. Jahrhundert), der Ungarin Elizabeth Bathory (16. Jahrhundert), die junge Frauen offensichtlich in okkulten und magischen Riten ermorden ließ, dann zu den verschiedenen Werwölfen, die im 16. Jahrhundert in Europa ihr Unwesen trieben, zu den Schlitz- und Stechmördern der 1880er Jahre, und endet 1930 mit Peter Kürten. Trotz der großen Verschiedenheit von Zeit, Ort und Ausführung dieser Fallgeschichten (denn gewiß besteht kaum eine Ähnlichkeit zwischen Kaiser Tiberius, einem Werwolf und Jack the Ripper) illustrieren sie angeblich eine einzige Kategorie von Geistesgestörtheit, die sich in dem manifestiert, was wir heute als »Sadismus« bezeichnen.

Aus unserer Sicht fordert diese Art der Darstellung zu kritischen Fragen heraus. Selbst wenn wir annähmen, alle aufgeführten Fallgeschichten würden einen gewissen Gehalt an »Sadismus« offenbaren, stellt sich unweigerlich die Frage, warum dieser in verschiedenen Zeiten und an verschiedenen Orten so verschiedene Formen annahm. Warum, zum Beispiel, war das 16. Jahrhundert mit Werwölfen überlaufen, die offenbar seitdem ausgestorben sind? Warum gab es in den 1880er Jahren eine Schlitzmörder-Plage? Die plausibelste Antwort dürfte sein, die verschiedenen Formen von sexueller Begierde und Praxis, ebenso wie die unterschiedlichen Formen von Gewalt und Verbrechen, hängen eng mit den Formen der gesamten Kultur zusammen – mit dem, was die Gesellschaften glauben, wie sie Dinge definieren, was sie damit anfangen. So gesehen ist das Verschwinden der Werwölfe nicht verwunderlich; wir haben nicht mehr das Glaubenssystem, das die Vorstellung von der Verwandlung in einen Wolf stützt (auch nicht in Wahnvorstellungen; es muß unbedingt vermerkt werden, daß die Wahnvorstellungen von Geisteskranken, wenn auch verzerrt, das kulturell Relevante reflektieren, weshalb Psychoten sich zwar nach wie vor einbilden, Gott oder der Teufel zu sein, aber beileibe nicht, in Wölfe verwandelt zu werden).

Wir wollen hier folgendes herausstellen: Gesellschaften und Kulturen ändern sich im Laufe ihrer Geschichte ganz radikal, und das spricht gegen die Existenz von unveränderlichen Eigenschaften wie Masters' und Leas »Sadismus« allein auf der Grundlage der stetigen Wiederkehr von bestimmten Verhaltensweisen (beispielsweise »Massenmord«). Wir müssen nicht nur wissen, was getan wurde, sondern was es *bedeutete*; dieselbe Handlung hat nicht immer dieselbe Bedeutung, und die Ereignisse der Vergangenheit mittels Kategorien der Gegenwart zu interpretieren, heißt den Irrtum des historischen Anachronismus zu begehen. Lustmorde illustrieren dieses Argument durchaus, denn wenn wir zeitgenössische Berichte über, sagen wir, Werwölfe lesen, fällt uns auf, daß weder sie noch die Gemeinschaften, die sie terrorisierten, ihre Verbrechen als speziell »sexuell« betrachteten. Tatsächlich stieß die Vorstellung, ein Mörder sei von abartigem sexuellen Verlangen motiviert, so bekannt und selbstverständlich sie uns scheinen mag, bei vielen Menschen bis ins späte 19. Jahrhundert auf Verwunderung, Widerwillen und oft schlichtweg Unglauben. Colin Wilson sieht in dem Fall Jack the Ripper das, was uns heute als Übergang scheinen will. Die Morde des Rippers wurden von einigen Kommentatoren als Werk eines »Sexbesessenen« erklärt, was beweist, diese Kategorie hat schon damals existiert; aber diese Erklärung wurde nicht allgemein akzeptiert, und es wurden viele andere ernsthafte Hypothesen aufgestellt.[5] Heutzutage dagegen ist eine Deutung der wiederholten Ermordung und Verstümmelung von Prostituierten als etwas anderes denn als Sexualverbrechen sehr unwahrscheinlich.

Dies illustriert die enorme Verschiebung, die in unserer Definition des Sexuellen an sich stattgefunden hat: Wir sind imstande, Taten und Vorgängen sexuelle Bedeutungen zuzuschreiben, die sie für die Beteiligten und damaligen Kommentatoren nicht hatten. Folglich muß man sich vor dieser Tendenz hüten, denn sie führt zu ungerechtfertigten, anachronistischen Interpretationen. Nehmen wir zum Beispiel einen Fall, den der Historiker J. C. Cockburn in seiner Studie über Geschworenengerichte in drei englischen Bezirken anführt: »1589 überfielen in Penshurst zwei Arbeiter eine Frau, erstachen sie und schlitzten ihr den Bauch auf, dem sie ein ungeborenes Kind entnahmen.« (a. a. O., S. 56) Heutzutage würden wir dahinter ein sexuelles Motiv vermuten. Aber Cockburn nennt es vorsichtiger »unerklärliche Brutalität«, womit er stillschweigend ausdrückt, wir wüßten nicht, wie 1589 darüber gedacht wurde. Hätte es einen Sinn, diesen Vorfall als »Lustmord« zu bezeichnen? Wir meinen, *nein.* Von den Elisabethanern bis heute ist eine Reihe von höchst einflußreichen Abhandlungen entstanden – über Psychiatrie, Sexologie, Kriminologie und so weiter –, die unsere Begriffe Sexualität und Verbrechen neu definiert haben. Diese Art des Redens und der Begriffsbildung ermöglicht es uns, von Morden als »sexuell« zu sprechen; 1589 standen den Menschen diese Begriffe nicht zur Verfügung.

Besonders interessant erscheint uns, daß die meisten Abhandlungen, die wir als wichtige Faktoren bei der Schaffung der Kategorie »Lustmord« erwähnt haben, von Mitte des 19. bis Anfang des 20. Jahrhunderts datieren – also aus der Zeit, die die Erkennung von Sexualtötungen und den Beginn ihrer speziellen Liste von Fallgeschichten markierte. Wir könnten sagen, die Existenz eines bestimmten theoretischen Rahmens, einer bestimmten Reihe von richtungweisenden Abhandlungen ermöglichte die Entstehung der neuen Kategorie. Und erst, nachdem diese Kategorie entstanden war, konnten frühere Mörder wie Gilles de Rais und die Werwölfe als Musterbeispiele für ein und dasselbe Phänomen gesehen werden. Solche Fälle wurden der Liste nachträglich (um nicht zu sagen irreführenderweise) beigefügt und somit benutzt, etwas zu veranschaulichen, das zu der Zeit, als sie ursprünglich dokumentiert wurden, nicht existierte. Der Fall Gilles de Rais ist ein besonders augenfälliges Beispiel: Nachdem er jahrhundertelang als rätselhafte Anomalität begraben war, scheint er im 19. Jahrhundert plötzlich wieder aufgelebt zu sein – d. h. exakt zu der Zeit, als er in eine neue Verbrechenskategorie eingefügt werden konnte, gut 400 Jahre nach Gilles' Hinrichtung.

Ebenso wie die Konstruktion einer Lebensgeschichte verhalf die Entstehung einer anerkannten Kategorie von Sexualtötung Individuen zu einer selbstbewußten Identität oder Rolle, mittels derer sie ihre Taten ausführen und definieren konnten. Zur Zeit der Jahrhundertwende konnte ein Mann als »Sexbesessener« auftreten oder gesehen werden, wie es 50 Jahre früher unmöglich gewesen wäre. Das Aufkommen einer neuen Kategorie brachte die Möglichkeit mit sich, eine Tradition zu begründen, die sich praktisch etablierte, indem sie die Mörder der Vergangenheit einbezog und (wie wir im Vorwort dargelegt haben) eine Bezeichnung für die zukünftigen zur Verfügung stellte.

Obgleich Töten zur sexuellen Befriedigung lange vor Jack the Ripper als Verhaltensform existierte und durch sporadische Berichte belegt ist, die wenigstens bis ins 15. Jahrhundert zurückreichen, ist Lustmord als eigene Kategorie, die für Experten wie Laienmitglieder der Gesellschaft von Bedeutung ist, ein Produkt des mittleren bis späten 19. Jahrhunderts. In ihrer gegenwärtigen Form wurde diese Kategorie erst zu Anfang dieses Jahrhunderts definiert. Wir werden später erläutern, daß diese Chronologie nicht nur wissenschaftliche Fortschritte und Veränderungen in der klinischen Praxis reflektiert, sondern auch philosophische und ästhetische Entwicklungen, die mit der Struktur der »modernen« Sensibilität verbunden sind. Insofern ist Lustmord ein »modernes« Phänomen.

Töten aus Lust: Eine Domäne der Männer?

Wir begannen dieses Buch mit der Behauptung, Lustmord, wie wir ihn definieren, werde stets nur von Männern verübt und nicht von Frauen. Unser Beweis für diese Behauptung ist völlig negativ: Wir konnten einfach keine Frau finden, die unserem Begriff von einer aus Lust tötenden Person entsprach, obwohl, wie wir an früherer Stelle vermerkten, verhältnismäßig viel Material über im Laufe der Jahrhunderte von Frauen verübte Morde existiert.

Die Literatur über Mörderinnen behandelt in endlosen Erläuterungen sogenannte »Sadistinnen«. Die Gesamtheit dieser Sadistinnen kann in zwei Gruppen unterteilt werden, von denen keine unseren diesbezüglichen Begriffen entspricht. Erstens sind da die berühmten, mächtigen Frauen der Geschichte oder Legende, denen ein unersättlicher Appetit auf Sex sowie Grausamkeit nachgesagt wird: Kleopatra, Messalina, Zingua von Angola, Katharina die Große u. a., Anhängerinnen der Hexerei wie die Gräfin Bathory, die im Blut ihrer gut 80 Mädchenopfer badete, und Hohepriesterinnen von sadistischen Kulten, zu denen bizarre sexuelle Rituale und (manchmal) Menschenopfer gehörten. Diese Frauen verübten gewiß entsetzliche Bluttaten oder nahmen daran teil, aber in keinem Fall dürfte dies ohne den Anachronismus, vor dem wir bereits gewarnt haben, als Lustmord bezeichnet werden.

Die zweite Gruppe dagegen besteht aus ganz gewöhnlichen Mörderinnen, die anscheinend schlicht deswegen Sadistinnen genannt wurden, weil sie Frauen waren – eine Frau, die tötet, und seien ihre Methoden, verglichen mit männlicher Brutalität, auch noch so gelinde, ist in den Augen vieler Autoren von vornherein sadistisch. So stoßen wir auf Aufzählungen männlicher Gewalt, die einem das Blut gerinnen lassen, in denen das Wort »Sadismus« nicht einmal erwähnt wird; doch viele Frauen werden als sadistisch eingestuft, weil sie ihren Männern Arsen in den Kaffee getan haben. Wir sind zu dem Schluß gezwungen, daß »Sadistinnen« Projektionen einer doppelten Moral sind, die Frauen nicht nach »objektiven« Kriterien beurteilt, sondern nach einem idealisierten Stereotyp von weiblicher Sanftheit.

Das soll natürlich nicht heißen, Frauen wären *nie* sadistisch in dem Sinne, daß sie Freude daran haben, anderen Schmerzen zuzufügen. Es gibt jede Menge Berichte über Fälle, wo Frauen an sadistischen Ritualen und diversen Formen von Quälerei teilnahmen – an ihren Kindern, Dienstboten, Lehrlingen und Gefangenen, von denen viele zweifellos an den Folgen des Sadismus von Frauen gestorben sind. Und gerade in den Fällen, auf die wir an früherer Stelle angespielt haben, im Fall der KZ-Wächterin oder der Orgiastin, ist es nicht unmöglich, daß Frauen in dieser Art Sadismus sexuelle Befriedigung fanden. Doch läßt sich nicht leugnen, daß die Lustmörderliste allerhöchstens eine Frau enthält – Myra Hindley, und selbst sie handelte nicht allein, sondern als Komplizin ihres Freundes, was ihre Motive viel weniger klar macht. In der großen Tradition sadistischer Lustmorde scheinen Frauen buchstäblich nicht existent zu sein. Und dies fordert unverzüglich die Frage heraus: *Warum?*

Manche Leute haben uns gegenüber die Ansicht geäußert, das Nichtvorhandensein von Lustmörderinnen sei künstlich erzeugt: Wir wollten nicht glauben, daß Frauen ähnliche gewalttätige sexuelle Neigungen haben wie Männer, deshalb würden, wenn sie etwas ähnlich Gewaltsames tun, ihre Handlungen vorsätzlich als gänzlich anders geartet interpretiert als die Taten männlicher Sadisten. Diese Analyse, das Verhalten der zwei Geschlechter werde mit zweierlei Maß gemessen, hat in vielen Fällen durchaus etwas für sich. (Wie wir zum Beispiel bereits erörtert haben, werden Frauen viel bereitwilliger als »sadistisch« bezeichnet als Männer.) Dennoch scheint sie in den Streitpunkten, mit denen wir uns hier befassen, nicht zuzutreffen. Beispielsweise haben wir Fälle untersucht, in denen Frauen Männer angegriffen und ihre Geschlechtsteile verstümmelt haben. Waren sie weibliche Versionen des klassischen »Rippers«? Wir mußten zu dem Schluß kommen, sie waren völlig anders, denn ihr Motiv war niemals sexuelle Befriedigung. In allen Fällen richteten sich die Angriffe gegen eine bestimmte Person und waren von Eifersucht oder dem Wunsch nach Rache (einschließlich Rache an gewalttätigen Männern, wie in den gelegentlichen Fällen von Kastration durch feministische Selbstschützerinnen) motiviert. Wie wir bereits sagten, überfallen »echte« Lustmörder Objekte und nicht bestimmte Personen.

Allerdings trifft es ganz sicher zu, daß, wenn Frauen die Geschlechtsteile von Männern verstümmeln, dieser Tat von der Gesellschaft eine ganz andere Bedeutung beigemessen wird als der Verstümmelung von Frauen durch Männer. Ein verblüffendes Beispiel hierfür fanden wir bei unserer Lektüre von Flugschriften des 19. Jahrhunderts über Verbrechen (Flugschriften waren damals eine populäre Form des Schrifttums). Ein Text, auf den wir stießen, betraf den Fall Ann Crampton im Jahre 1814. Sie war die langjährige Freundin eines gewissen Robert Jordon und reagierte fürchterlich auf die Nachricht, er beabsichtige, eine andere zu heiraten: »Entschlossen, seine Auserwählte sollte nicht die bessere für ihn sein... zog sie ein großes Messer hervor... stach auf ihn ein und verstümmelte ihn auf eine Weise, zu entsetzlich, um es zu beschreiben.« Was uns an dieser Flugschrift interessierte, war die Art und Weise, wie sie von den damals üblichen Formulierungen bei der Schilderung von Gewaltverbrechen abwich. Über männliche Sexungeheuer wurde im 19. Jahrhundert mit sensationellen, moralistischen Ausdrücken berichtet; Ann Crampton wird gleichsam als Witz behandelt. Mit ihrer Geschichte ist ein anzüglicher Knittelvers verbunden:

> Frau Schwanzschnitt ward ins Loch gesteckt
> Laßt sie drin bis sie verreckt
> Bei Brot und Wasser soll sie schmachten
> Schon ihre Mutter war zu verachten [usw.]

Es hat offenbar etwas Lächerliches, wenn eine Frau einem Mann die Genitalien abschneidet: Es ist lediglich abartig und nicht wirklich bedrohlich.

Die Kehrseite dieser besonderen Medaille jedoch ist die hysterische Schmähung von Frauen, die in sadistische Verbrechen verwickelt sind. Sofern sie nicht lächerlich gemacht werden, werden sie als viel boshafter dargestellt als irgendein Mann. Ein treffendes zeitgenössisches Beispiel ist die Moormörderin Myra Hindley, die gemeinsam mit ihrem Geliebten Ian Brady verurteilt wurde. Sie wird zunehmend als die Erz-Sadistin herausgestellt, sogar von Autoren, die bezweifeln, daß sie die Opfer persönlich getötet hat. Wie ein weitverbreiteter Bericht es ausdrückt, »bleibt es der Vermutung überlassen, ob Hindleys perverse Befriedigung in der Beobachtung von Bradys verqueren homosexuellen Handlungen lag... oder im Zuschauen bei der Mordtat selbst«. (Wilson und Seaman, S. 31) Wenige Lustmörder – deren Befriedigung nicht im Zuschauen, sondern im Handeln liegt – ziehen einen so giftigen Haß auf sich, wie ihn Myra Hindley erregt (nicht einmal Brady wird so gehässig beschimpft). Welche sonstige Verbrechen sie auch begangen haben mag, Myra Hindley verstieß gegen die Klischeevorstellungen von Weiblichkeit und wurde dementsprechend bestraft. Wir werden im 4. Kapitel näher auf den Fall eingehen.

Falls Frauen im Töten sexuelle Befriedigung finden, manifestiert sich dies nicht in der Wahl ihrer Opfer oder der zugefügten Todesart. Während männliche Mörder Prostituierte oder junge Mädchen zwanghaft töten können, liegen uns keine Berichte über eine ähnliche Zwanghaftigkeit bei Frauen vor, und während Vergewaltigung, Nekrophilie, Brust- und Genitalverstümmelung bei von Männern verübten Lustmorden an der Tagesordnung sind, sind vergleichbare Praktiken Frauen meistenteils fremd. Die »Psychologie der Sexualverbrecher«, die einem Peter Sutcliffe während des Erstechens einen Orgasmus verschafft, ist offenbar typisch maskulin: Lustmord ist ein spezifisch männliches Verbrechen.

Wir finden dies erneut bestätigt, wenn wir die Mordprozesse aus dem Jahr 1961 untersuchen. Der *Calendar of Murder* führt elf Morde auf, die wir als Lustmorde klassifizieren würden, alle von Männern begangen. In zwei Fällen wurden junge Männer von Homosexuellen getötet, die übrigen waren heterosexuell motiviert. Zwei der weiblichen Opfer waren Prostituierte, und zwei waren Mädchen von sechs bzw. zwölf Jahren. Ein Fall war ein Doppelmord, bei dem ein junges Paar getötet und zerstückelt wurde. Teile ihrer Leichen wurden später verwendet, um die so geheimnisvoll umschriebenen »perversen Instinkte« des Mörders Edwin Sims zu befriedigen.

Sims wurde wegen Totschlags nach Absatz zwei verurteilt, ebenso Charles Kinley, ein »Psychopath«, der eine Lehrerin entkleidete und erwürgte, und Anthony Collop, der einen 13jährigen Jungen tötete. Andere Lustmörder wurden nicht für abnormal befunden – oder sie kamen mit ihrem Antrag auf verminderte Zurechnungsfähigkeit nicht durch, weil der von ihren Taten erzeugte Abscheu zu groß war. Arthur Jones, der eine Pfadfinderin vergewaltigte, bevor er eine zweite entführte, überfiel und erwürgte, stellte gar nicht erst den Antrag auf mildernde Umstände nach Absatz zwei. Der andere Kindermörder, dem 1961 der Prozeß gemacht wurde, Alan

Wills, versuchte auf schwachsinnig nach Absatz zwei zu plädieren, wurde aber trotzdem wegen Mordes verurteilt. George Sutton, den der Richter als einen »Jack-the-Ripper-Mörder« bezeichnete, nachdem er eine Prostituierte niedergestochen und erwürgt hatte, wurde des Mordes für schuldig befunden, obwohl auch er ein »Psychopath« war. Der andere Prostituiertenmord jenes Jahres wurde von der Polizei als Tat eines »Sexbesessenen« beschrieben, weil die Leiche mit einer Pflanzkelle verstümmelt worden war. Ein Mann wurde vor Gericht gestellt, aber sein Geständnis war erzwungen worden, und er wurde freigesprochen. Weniger verständlich ist der Freispruch von Willis Borshears, der nicht leugnete, eine Frau gewürgt zu haben, nachdem er Verkehr mit ihr hatte, jedoch behauptete, zu der Zeit geschlafen zu haben. Es ist unfaßbar, aber die Geschworenen glaubten ihm.

Lustmord: Ein universelles Phänomen?

Wie wir bereits beobachtet haben, reflektieren Tötungsmuster die Kultur bzw. Gesellschaft, in denen sie auftreten, und diese Reflexionen sind ziemlich komplex (vgl. Lundsgaardes Bericht über »Grenzjustiz« in Houston). Die Frage ist daher erlaubt, ob Lustmord, wie wir ihn beschrieben haben, eine Widerspiegelung einer bestimmten Kultur oder Kulturform ist, oder ob er überall anzutreffen ist.

Es ist sicher wahr, daß Lustmord in der allgemeinen Vorstellung mit bestimmten Gesellschaftsformen assoziiert wird – insbesondere mit angelsächsischer und protestantischer Lebensart, in der Sexualität angeblich besonders streng unterdrückt wird. (Wie wir später erläutern werden, ist dies unerheblich, da Unterdrückung *an sich* nicht der wichtigste Faktor bei Lustmord ist.) Dieser weitverbreitete Mythos vom calvinistischen Lustmörder ist nicht mit historischen Fakten belegt; Lustmord kommt in England und Westdeutschland ziemlich häufig vor, oft aber auch in Frankreich, Italien, der Sowjetunion und Polen – lauter verschiedenen Gesellschaften, und keine davon protestantisch.

Sobald wir Europa verlassen, sind Informationen schwerer zu erhalten – selbst in Europa sind wir auf Fallgeschichten angewiesen, um Mord als sexuell zu kategorisieren, da Lustmord nirgendwo in der Sammlung von Kriminalstatistiken eine offizielle Kategorie darstellt und brauchbare Quellen vornehmlich auf Westeuropa beschränkt sind. Auch über Australien, Südafrika und die USA, in denen es etliche Fälle von Lustmord gibt, stehen ausreichend Informationen zur Verfügung. Besonders Nordamerika hat viele *causes célèbres* hervorgebracht, und diese bestätigen, daß Lustmörder stets Männer sind. In Ann Jones' Geschichte von Mörderinnen in den USA kommt kein einziger Lustmord vor, und in einem Artikel über sogenannte »Serienmorde« – das (bislang) amerikanische Phänomen, wo Mörder kreuz und quer durch das Land reisen und Dutzende, ja Hunderte von Opfern fordern – schreibt der Journalist Philip Jacobson: »Soweit bekannt, waren alle Serienmörder männlich, fast alle weiß, oft ungewöhnlich intelligent oder extrem gerissen… Die meisten Opfer sind weiblich, zumeist junge Frauen, deren Tod häufig mit sexueller Gewalt, zuweilen mit Quälerei und Verstümmelung einhergeht. Einige… betrafen Homosexuelle.« (»Rise of the Random Killers«, *Sunday Times*, 2. Sept. 1985) Wahrscheinlich gleicht Lustmord in den USA dem englischen und europäischen Phänomen mehr, als Tötungszahlen aus Nordamerika im allgemeinen denen in Großbritannien oder dem übrigen Europa gleichen.

Unser Wissen über Tötungsmuster in Ländern der »Dritten Welt« ist ziemlich spärlich und stammt leider zum großen Teil aus unzuverlässigen und rassistischen Quellen wie etwa Masters' und Leas Untersuchung, die einen Aufsatz über »Sexuelle Grausamkeit im Osten« enthält. Obwohl er offenbar ausdrücklich geschrieben wurde, um zu zeigen, »wie bösartig« die östlichen Völker (insbesondere Araber) seien, fehlt darin jegliche Aufführung von Greueltaten, die unserer Definition von Lustmord entsprechen. Wir haben von einem Fall in Bombay gehört, bei dem es sich anscheinend um Lustmord handelt (er war dort Gegenstand feministischer Proteste, und es wurde behauptet, er sei durch einen Filmthriller westlichen Stils inspiriert worden).[6] Doch im allgemeinen scheint Lustmord (bislang) mit Europäern und ihren Nachfahren in den USA assoziiert zu sein.

Auf den vorangehenden Seiten haben wir, wie wir glauben, einige bedeutende Muster in bezug auf Lustmord aufgedeckt. Er kommt in vielen Kulturen (aber anscheinend nicht allen) vor; er kam in einer bestimmten historischen Periode auf und vor allem, er wird ausschließlich von Männern begangen. Aber vorerst haben wir nur empirische Erkenntnisse aufgrund von Beobachtungen und Datenanalysen. Was wir brauchen, ist eine weitergefaßte, erklärende *Theorie*, die das Muster in eine Perspektive einfügt. Ohne eine solche Theorie können wir zwar behaupten, Geschlecht und Mord sind aufeinander bezogen, aber nicht präzise sagen, *warum*. Deswegen müssen wir uns an dieser Stelle dem entscheidenden Problem zuwenden: erklären, was Mord ist.

Traditionelle Erklärungen für Mord

Das soziale Verhalten in »entwickelten« Gesellschaften ist Gegenstand sowohl akademischer wie allgemeiner Diskussionen. Letztere gelten als »gesunder Menschenverstand«, während die akademischen Erklärungen den Status »Theorie« oder »Wissenschaft« besitzen. Tatsächlich sind beide voneinander abhängig; einerseits werden Theorien allgemeinverständlich dargestellt und gehen in unsere Alltagssprache ein, während andererseits Akademiker stark von dem jeweiligen Stand des Allgemeinwissens beeinflußt werden. (Die Feministin Christine Delphy rät, wir sollten uns nicht von akademischem Schrifttum verwirren lassen, denn meist »tut es nichts anders, als die vorherrschende Ideologie zu interpretieren und zu wiederholen«. [1984, S. 152] Wir fanden ihre Bemerkung leider zutreffend, als wir die Literatur über moderne Kriminologie untersuchten.) Es gibt sowohl allgemeinverständliche als auch wissenschaftliche Erklärungen für Mord, und es ist nicht verwunderlich, daß sie vieles gemeinsam haben.

Viele allgemeinverständliche Berichte über Morde sind journalistisch gefärbt; sie konzentrieren sich darauf, *was* Mörder tun, und haben oft wenig zu dem *Warum* zu sagen. In ihrer Besprechung einer Peter-Sutcliffe-Biographie, die ein Bestseller wurde, sagte Patricia Highsmith über den Autor Gordon Burn: »Er liefert keinen eigenen Kommentar zu der Geschichte, die er erzählt, nur die Fakten; keine Überlegung, warum Peter Sutcliffe sich so verhalten hat, nur die Vorgänge, das Familienleben, Anekdoten, die sachbezogen sein mögen oder auch nicht, die Pubs und ihre Atmosphäre.« (»Fallen Women«, *London Review of Books*, 21. Juni 1984) Diese Beschreibung illustriert ein weiteres Charakteristikum von allgemeinverständlichen Berichten: Wenn überhaupt eine Erklärung versucht wird, beginnt und endet sie mit dem individuellen Mörder, seiner Herkunft, seinen Verhältnissen und seiner Persönlichkeit. Soziologische Fakten werden ad hoc eingebracht, um einen im wesentlichen biographischen Bericht zu untermauern.

Aber diese Betonung des Individuellen ist nicht auf Populär-Journalismus beschränkt. Sie ist auch typisch für sachkundige Erörterungen und ganz besonders für die Kriminologie. Obwohl es viele verschiedene »Schulen« der Kriminologie gibt, einschließlich feministischer und marxistischer, wurden die meisten Arbeiten über Lustmord in einem Rahmen verfaßt, der gesellschaftliche Gegebenheiten völlig unberücksichtigt läßt. Soziologische Studien über Tötungsdelikte in bestimmten Gegenden (etwa Wolfgangs Buch über Philadelphia und Lundsgaardes über Houston) befassen sich eingehend mit Ethnie, Gesellschaftsklasse und Kultur, klammern aber typischerweise das ganze Thema Geschlecht aus; die feministische Kriminologie andererseits konzentriert sich auf die Kriminalisierung von Frauen, das heißt, hier wird Mord gerade deshalb ausgeklammert, weil Frauen so selten Morde verüben.[7] Alles in allem wurde da, wo es um Mord, insbesondere Lustmord oder abnormalen Mord geht, das Feld den Traditionalisten mit ihrem individualistischen, oftmals klinischen Ansatz überlassen. Wir werden später noch auf diese Arbeiten zurückkommen, aber es ist angezeigt, jetzt schon auf einige ihrer wesentlichen Merkmale einzugehen.

In den Hauptwerken der Kriminologie überwiegt traditionsgemäß die Erklärung des Verbrechens durch die Person des Täters. Diese schließt oft die Untersuchung meßbarer persönlicher Charakteristika mit ein. In hundert Jahren sind die Kriminologen von der Berechnung der Schädelgröße von Tätern zur Untersuchung ihrer Chromosomen, Hormone und Hirnströme oder zur Erstellung soziologischer Tabellen fortgeschritten (die Ann Jones bemerkenswerterweise als »Hinwendung von den Augenbrauen des Täters zu seiner Nachbarschaft« abtut; a. a. O., S. 11). Die all diesen Verfahrensweisen zugrundeliegende Theorie lautet, Kriminelle seien irgendwie ganz anders als Nichtkriminelle und beginnen ihre Verbrechen wegen angeborener Defekte oder zumindest individueller Pathologien. Im Falle von Gewaltverbrechen wie Mord ist diese Vorstellung auch Allgemeingut. Sie drückt sich in einem Wust von bekannten Stereotypen aus: das »Sexungeheuer«, Liebling der Sensationspresse, die »gespaltene Persönlichkeit« und der »Psychopath«.

In jüngster Zeit wird die bis dahin ausschließliche Konzentration auf die Verbrecher durch ein neues Interesse für die Opfer ergänzt. Wie dieses Teilgebiet der Kriminologie, die sogenannte »Viktimologie«, betont, besteht in vielen Fällen eine Beziehung zwischen Täter und Opfer, und durch die Dynamik dieser Beziehung kann erklärt werden, warum es zur Tötung kommt. Viktimologen empfehlen, genau auf das Verhalten der Opfer bei ihrer letzten Begegnung zu achten: Die Tötung könne »vom Opfer herbeigeführt«, d. h. direkt durch das Verhalten des Opfers provoziert worden sein.

Diesen Auffassungen ist ein in hohem Maße individualistischer Standpunkt gemeinsam. Das Verhalten von Tätern wie Opfern wird aus ihren individuellen Umständen erklärt: Spannungen in der Familie, seelische Labilität, sexuelle Eifersucht, der Wunsch nach Rache. (Gleichzeitig werden Emotionen wie Eifersucht und Zorn der allgemein »menschlichen Natur« zugerechnet.) Unserer Meinung nach ist dies ganz unerheblich, da es etwas unterstellt, das, wie wir wissen, keineswegs zutrifft, nämlich daß die Positionen »Mörder« und »Opfer« gleichgewichtig von jedem Individuum eingenommen werden können. Tatsächlich gibt es verschiedene soziale Voraussetzungen für die Rollen des Mörders und des Opfers. Eine ist schlicht und einfach das Geschlecht: Tötende sind meistens männlich, Opfer meistens weiblich.

Die Kriminologie kann hierfür innerhalb ihres Rahmens des radikalen Individualismus keine Erklärung finden; denn in einer Welt voll autonomer Subjekte mit individuellen Leidenschaften und persönlichen Beziehungen gibt es überhaupt keinen Grund, weshalb eine soziale Gruppe sich aus prototypischen Mördern zusammensetzen sollte, während andere soziale Gruppen deren Opfer bilden. Die Kriminologie versucht zu erklären, warum *dieses* Individuum *jenes* tötet; doch aus den Fakten ergibt sich die vorrangige Frage, warum Angehörige mancher *Gruppen* Angehörige von anderen töten. Um diese Frage zu beantworten, ist es unumgänglich, Tötungsakte (und ihre Motive) mit sozialen Strukturen und Machtunterschieden zu verknüpfen. Aber hierzu scheinen die meisten Kriminologen außerstande oder nicht gewillt, zumindest, wo die Machthierarchie zwischen den Geschlechtern betroffen ist. Wie wir an früherer Stelle bemerkten, wird in der Literatur über Mord der Geschlechtsunterschied oft sowohl vorausgesetzt als auch verschwiegen.

Das selektive Übersehen der Geschlechtszugehörigkeit macht sich sogar in der Sprache der Kriminologie auffällig bemerkbar. So wird die am häufigsten vorkommende Form von Mord, nämlich die Ermordung von Ehefrauen durch ihre Männer, zum »häuslichen Verbrechen«; an Frauen verübte Lustmorde werden zuweilen als »willkürliche Tötungen« bezeichnet, und auf Mord folgende Selbstmorde, in mehr als zwei Drittel der Fälle von Männern begangen, heißen euphemistisch »Familientragödien«. Andere Geschlechtsunterschiede werden übergangen oder verschleiert. Die Tatsache, daß Lustmörder ausnahmslos männlichen Geschlechts sind, hat unseres Wissens keine nennenswerte Diskussion ausgelöst. Manchen Autoren gelingt es, diesen Umstand ganz wegzulassen, während andere, die ihn stillschweigend anerkennen, ihn dennoch als ganz natürlich und unproblematisch hinstellen. Für eine Feministin ist er jedoch weder das eine noch das andere. Er ist ein Faktum in unserer Gesellschaft, das nach einer Erklärung verlangt.

Warum sind es in dem Sumpf konfuser Emotionen, die familiäre und Geschlechterbeziehungen kennzeichnen, meistens Männer, die dazu getrieben werden, Frauen zu töten? Warum gibt es keine weiblichen sadistischen Lustmörder, und warum gibt es so viele

Männer dieses Typs? Was ist der Zusammenhang zwischen Mord und Erotik? Was ist der Unterschied zwischen »normalen« Männern und Mördern? Diese Fragen zu stellen heißt, Fragen über Männer zu stellen – genauer gesagt, über die Beschaffenheit der maskulinen Sexualität in unserer Gesellschaft. Doch in der gesamten Literatur wird dieser Fragenkomplex auf den Kopf gestellt. Nicht genug damit, daß sie die Frage unterlassen, warum Lustmörder Männer sind, gehen manche Autoren noch einen Schritt weiter und versuchen, die Männer insgesamt auszuklammern. Infolgedessen konzentrieren sie sich unvermeidlich auf die *Frauen*: Was tun Frauen, um ermordet zu werden? Wie provozieren wir die Mordlust?

Die Antwort lautet natürlich, Frauen verkörpern Sexualität; in dem Maße, wie wir sie zur Schau stellen, fordern wir sie heraus. Die gefühllose Einstellung zu ermordeten Prostituierten, die männlichen Sadismus entschuldigt – oder vielmehr *auslöscht* –, trat in fast jeder Quelle hervor, die wir durchforschten. Am grausamsten ist sie in der allgemeinverständlichen Literatur, wie zum Beispiel in folgender Anekdote aus den Erinnerungen eines führenden Pathologen: »Wenn ich in Guy oder Oxford vor Medizinstudenten las, habe ich ihre Aufmerksamkeit oft gefesselt, indem ich lässig sagte: ›Also, ich hatte im Laufe der Jahre eine ganze Reihe Prostituierte.‹ Gejohle bei den Studenten, worauf ich mit einem leisen Lächeln zum Thema kam.« (Simpson, 1978, S. 203) Sein Thema war selbstverständlich der sadistische Mißbrauch, dem »diese elenden Mädchen« häufig anheimfallen, ein Sadismus, der in dem billigen Scherz des Mannes und dem Gejohle der Studenten seine Entsprechung findet.

Aber (und damit bestätigt sich Christine Delphys Standpunkt erneut) in akademischen Diskussionen finden wir eine ähnliche Einstellung. Morris und Blom-Cooper stimmen mit unserem Pathologen in der Behauptung überein, Prostituierte »kennen die Risiken«. Ihre Bemerkungen zu dem Thema sind es wert, ausführlicher zitiert zu werden, da sie ein besonders deutliches Beispiel dafür bieten, wie bei Mord die männliche Verantwortung ausgelöscht wird.

Manche Frauen können *selbst zu ihrem Tod beitragen*, indem sie die *mit Prostitution verbundenen* Gefahren auf sich nehmen, von denen der Tod *ein Berufsrisiko* ist... Die Prostituierte, die ihren Freier nicht kennt, kann *schlicht und einfach* deshalb ermordet werden, weil sie für ihren Mörder, für den Anonymität seitens seines Opfers wichtig sein mag, ein leicht zugängliches Lustobjekt darstellt. Allgemeiner ausgedrückt, Prostituierte sind die einzigen Frauen, die *bereitwillig kooperieren* mit den sado-masochistischen Perversionen, die für den Mörder einen integralen Bestandteil des Tötungstriebes bilden. [unsere Hervorh., d. Aut.] (a. a. O., S. 276, 323)

Wir wissen kaum, wo wir hier ansetzen sollen, so geschickt wird der Sadismus mittels der Sprache unsichtbar gemacht. Es ist hier nicht nur kein Zeichen von männlicher Begierde vorhanden, auch männliche Macht ist auf unerklärliche Weise abwesend. Wer dies liest, könnte daraus schließen, Prostituierte übten ihr Gewerbe aus freien Stücken aus und womöglich sogar um der sexuellen Erregung willen (»bereitwillig kooperieren«). Dabei erklärt sich die Existenz ihres riskanten Gewerbes allein aus der Machthierarchie zwischen den Geschlechtern.

Morris und Blom-Cooper zeigen, wie leicht sich die Viktimologie in Beschuldigung des Opfers umkehren kann, zumal wenn das betreffende Opfer eine Frau ist. Ihren Bemerkungen zufolge scheinen Frauen an den meisten schrecklichen Schicksalen, die sie ereilen, selbst schuld zu sein: Frauen, die trampen und vergewaltigt werden, Frauen, die sich gegen Vergewaltigung wehren und damit den Vergewaltiger noch mehr provozieren, Frauen, die in Panik geraten und Einbrecher zwingen, sie zu schlagen, »masochistische« Frauen, die Sadisten auflesen und ermordet werden. Sogar kleine Mädchen sind ausschließlich selbst schuld, wenn sie ermordet werden, denn Morris und Blom-Cooper zufolge »können die kindlichen Opfer von Lustmorden Kinder in einem Stadium der psychosexuellen Entwicklung sein, in welchem sie sich vorsätzlich in einer quasi-verführerischen Rolle mit Männern einlassen«. (a. a. O., S. 276)

Doch diese Argumentation läßt eine wesentliche Frage außer acht, nämlich, *warum* wollen Männer die Objekte ihrer Begierde verletzen und töten? Alle eingegangenen Risiken, aller Masochismus, alles verführerische Verhalten der Welt könnte nicht eine einzige Frau und kein einziges Kind gefährden, gäbe es keine gewalttätigen oder sadistischen Männer.

Die Tatsache, daß männliche Gewalt in unserer Gesellschaft verbreitet *ist*, ist in feministischen Analysen längst erkannt worden. Wie viele Feministinnen dargelegt haben, ist Gewalt gegen Frauen, wie sie etwa durch Vergewaltigung oder Inzest verübt wird, nicht einfach eine Anhäufung willkürlicher Racheakte, sondern eine entscheidende, in der Gesellschaft verankerte Praxis, in der männliche Macht immer wieder erzeugt wird, indem die Frauen in einem Zustand der Angst und Unfreiheit gehalten werden. Diese Ansicht gewinnt an Glaubwürdigkeit, wenn wir betrachten, wie Gewalt gegen Frauen insgeheim entschuldigt wird: Opfer von Vergewaltigungen werden vor Gericht moralisch verurteilt, geschlagene Frauen können sich nicht auf den Schutz der Polizei verlassen, Sozialarbeiter reagieren auf Inzest, indem sie sich für die »Familie« einsetzen, was dazu führen kann, daß ein Mädchen Gefahr läuft, weiterhin innerhalb dieser Familie mißbraucht zu werden; Männer, die ihre Frauen totschlagen, werden für ihre »liebevolle Art« gelobt... Ist die Gewalt wirklich abnormal, oder steht sie irgendwie in Einklang mit dem Funktionieren unserer Gesellschaft?

Und wie sieht es bei Lustmord aus? Kann diese Analyse im Fall eines Sutcliffe oder Würgers von Boston zutreffen? Der Gattinnenmörder wird leicht als Gattinnenschläger angesehen, der bis zum Äußersten gegangen ist, aber der Massen-Lustmörder ist radikal »anders« und wird von der zivilisierten Gesellschaft als unbegreiflich entartetes Monstrum betrachtet. Dennoch waren während Peter Sutcliffes lang anhaltender Schreckensherrschaft feministische Stimmen zu hören, die behaupteten, das Ripper-Phänomen sei keine Anomalität. Es wurde zum Beispiel darauf hingewiesen, daß Polizei und Mörder dieselbe Unterscheidung zwischen »ehrbaren« Frauen und Prostituierten trafen. Es gab auch Proteste gegen die Haltung der Polizei, Frauen sollten sich an andere Männer wenden, um Schutz zu suchen (ein Argument, das unterstellt, ein Sexungeheuer sei auf Anhieb zu erkennen). Viele Frauen gaben lässige Bemerkungen von Männern wieder, denen zu entnehmen war, daß diese das Vergnügen des Rippers an weiblicher Angst teilten. In Leeds feierten Fußballfans »Jack« als Volkshelden und sangen auf einer Tribüne »Ripper gegen Polizei, elf zu null«. Hunderte von Frauen beteiligten sich an den Ermittlungen, indem sie ihre Ehemänner, Freunde und Brüder anzeigten. Dadurch bekundeten sie, daß er nicht unbedingt »anders« sein mußte; jeder konnte es, einer mußte es gewesen sein. Wie Gordon Burn es später formulierte, war er »jemandes Ehemann, jemandes Sohn«. (Burn, 1984)

Der Fall Sutcliffe machte feministischen Analysen sexueller Gewalt in einem nie dagewesenen Maße bekannt; nie wieder konnte es – im Einklang mit der vorherrschenden kriminologischen Betonung des Individuellen zur Erklärung des Tuns von Lustmördern – genügen zu sagen, Lustmörder seien »Verrückte« oder »Psychopathen«. Vonnöten war – und ist – die Erkenntnis, daß der Mörder, obgleich keineswegs typisch, ein Produkt seiner Gesellschaft ist; obwohl wenige Männer tun könnten, was Sutcliffe tat, teilen viele Männer einige von Sutcliffes Begierden. (In diesem Zusammenhang ist eine Analyse der Gewalt gegen Frauen unerläßlich; zudem ist es wichtig, auch den Begriff der *Spezifität* des Lustmordes, sowohl als Mordtypus als auch als Typus männlicher Gewalt, im Auge zu behalten.)

Letztlich ist es hier unser Ziel, eine gesellschaftlich und politisch fundierte Darstellung dieses speziellen Typs von Mord zu liefern, die die Fakten erhellt, die wir in diesem Einführungskapitel aufgedeckt haben. Zumindest bieten wir versuchsweise einen Rahmen, um das Lustmord-Phänomen verständlich zu machen und frühere Erkenntnisse in eine Perspektive zu bringen. Der Mittelteil dieses Buchs ist deshalb einer kritischen Betrachtung der Abhandlungen über Mord gewidmet.

Wir haben diese Betrachtung in drei Hauptkapitel unterteilt, »Der Mörder als Held«, »Der Mörder als Abweichung« und »Der personifizierte Mörder«. Von diesen Kapiteln befassen sich das erste und dritte mit den unseres Erachtens zwei wichtigsten Themen im Umgang unserer Kultur mit Lustmord. Das »Helden«-Thema –

wo der Mörder der Protagonist in einem literarischen Werk ist und die Dimensionen eines mythischen Urbildes annimmt – kann sowohl in der hohen Kunst als auch in der populären Kultur ausgemacht werden: in Gassenhauern, Sensationspresse, Schauerromanen und so weiter. Diese Genres stellen Mörder als unter- oder übermenschlich dar: monströse Individuen, die eine entsetzliche Faszination ausüben. Das andere Hauptthema ist der »Deviante«, die leidenschaftslose, objektive Untersuchung des kranken Individuums, des Menschen mit »abweichendem« Verhalten, durch die Wissenschaft. Dieses Thema zieht sich durch die Erläuterungen von »Experten«, die den Lustmörder zu erforschen und zu erklären behaupten: Kriminologen, Psychiater, Psychoanalytiker, Gesellschaftstheoretiker und Gesellschaftsanthropologen. In unserem vierten Hauptkapitel, »Der personifizierte Mörder«, erörtern wir im einzelnen eine Anzahl spezifischer Fälle und zeigen auf, wie sie sowohl für den »Helden« als auch für den »Abartigen« als Beispiel dienen.

In jedem Kapitel gilt unser Hauptinteresse der Art und Weise, wie Morde und Mörder erklärt werden. Es ist unser Anliegen, bestimmte versteckte Annahmen über die Natur von Geschlecht, Sexualität und Macht aufzudecken. Im letzten Abschnitt, »Der Mörder als Frauenfeind?«, versuchen wir anhand der Begriffe und Debatten des modernen Feminismus unseren eigenen Standpunkt zu definieren.

Ein geflügeltes Wort der Kriminologie lautet: »Die Gesellschaft hat die Verbrechen, die sie verdient.« Wir glauben, Lustmord ist keine Ausnahme; er ist tief in der modernen patriarchalischen Gesellschaft verwurzelt, und diese Wurzeln sind es, die wir aufzudecken beabsichtigen.

Der Mörder als Held

*Ich hatte ihn mir als einen häßlichen Bucklichen mit einem von Furunkeln
übersäten Gesicht vorgestellt, der keine Frauen bekommen konnte und sie
deswegen verachtete. Einen, der nichts Anziehendes an sich hatte.*

Carl Sutcliffe, nachdem ihm eröffnet wurde,
daß sein Bruder der Yorkshire Ripper war.

Carl Sutcliffes unzutreffende Charakterisierung des Mannes, der
zwischen 1975 und 1980 dreizehn Frauen tötete und verstümmelte, ist insofern bezeichnend, als sie ein weitverbreitetes Klischee beschwört. Dieses entspricht der Tradition, die Sexualmord
als die Tat von »Besessenen«, »Bestien«, »Unholden« und »Monstren« erklärt. Das Sexungeheuer ist entweder äußerlich abstoßend (in der Vorstellung von Carl Sutcliffe wurde die herkömm-
liche Bedeutung körperlicher Mißgestaltung als sichtbares Zeichen innerlicher und geistiger Bösartigkeit von einer Schicht Popu-
lärpsychologie überdeckt. Die Häßlichen »können keine Frauen
bekommen«, und ihre Enttäuschung führt zu Gewaltanwendung)
oder es ist ein neuzeitlicher Jekyll und Hyde, der seine Abartigkeit
unter einer Fassade von Rechtschaffenheit und sogar Charme verbirgt. (Wir werden bei Gelegenheit auf die Geschichte von Jekyll
und Hyde zurückkommen, die zufällig im selben Herbst, als der
ursprüngliche Jack the Ripper Whitechapel terrorisierte, auf einer
Londoner Bühne ein Bombenerfolg war.)
In diesem Kapitel wollen wir den verbreiteten Mythos vom mordenden Sexungeheuer untersuchen und belegen, daß er nach wie
vor ein wichtiges Mittel ist, um die abartigen Taten von Sexualmördern in unseren kulturellen Rahmen einfügen zu können.
Indem wir die Geschichte sowie die gegenwärtigen Erscheinungs-
formen des Mythos verfolgen, wollen wir aufzeigen, wie tiefgreifend er unsere Reaktionen auf Lustmorde beeinflußt hat. Wir wollen außerdem aufzeigen, daß die Vorstellung vom Ungeheuer den

anderen Erklärungen entspricht, mit denen wir uns hier befassen; sie läßt das Thema Geschlecht außer acht und verdeckt somit das Phänomen, das sie scheinbar erklärt. Das Ungeheuer ist nicht nur unmenschlich; es ist außerdem mysteriöserweise ein *männlicher Unmensch*.

Unsere Kapitelüberschrift »Der Mörder als Held« mag zunächst absonderlich anmuten, da die Taten eines Christie, eines Sutcliffe oder Nilsen nichts Heldenhaftes an sich haben. Doch eine Interpretation von Held im heutigen Sprachgebrauch lautet »männlicher Hauptcharakter in einem Buch oder Theaterstück«, und genau dies ist die Rolle des Mörders im herkömmlichen Verständnis, ob seine Taten nun gerühmt oder geschmäht werden (oder beides auf einmal). In bekannten Romanen, Biographien und im Journalismus wird die Gewalt des Mörders auf verschiedene Art mythologisiert. Es wird ein Unterschied gemacht zwischen dem einsamen Mann im Hafenviertel, dessen Unzurechnungsfähigkeit in klinischen Fallstudien dokumentiert ist, und dem »Yorkshire Ripper« oder der »Bestie von Düsseldorf«, deren mythische Gestalten Millionen in Angst und Schrecken versetzen. In diesem Kapitel sind wir hauptsächlich dem Volksunhold auf der Spur: Wie ist er aufgebaut, von wem und zu welchem Zweck?

Eine plausible Annäherung an diese Fragen ist historischer Art: Wo beginnt die Tradition des Sexungeheuers? In unserer Einführung haben wir die Theorie erläutert, daß der Sexualmord an sich als eindeutiger Begriff oder als Kategorie erst um die Jahrhundertwende eingeführt wurde, da seine Kategorisierung stark von der Entwicklung der Abhandlungen über Sexualpathologie, »wissenschaftliche« Kriminologie und so weiter abhing. Wenn diese Beweisführung richtig ist, bedeutet sie dann auch, daß das Sexungeheuer eine spezifisch moderne Schöpfung ist?

In diesem Fall sind die Dinge weit komplizierter, denn das Sexungeheuer spiegelt nicht nur die allgemeine Reaktion auf Theorien wider, die aus Akademie und Klinik gesickert sind (diese Theorien sind gewiß in den Mythos integriert worden; doch, wie wir sehen, haben sie ihn sich auch selbst zunutze gemacht). Vielmehr stellt es eine ungewöhnliche Zusammensetzung aus Darstellungs- und Kulturformen verschiedener historischer Traditionen dar. Das heutige Sexungeheuer hat viele Gesichter, die alle in unserer Kultur erkennbar sind: der Sadesche Wüstling, Mr. Hyde, der Gruselroman-Schurke, das Monstrum, der Bucklige; oder auf der anderen Seite der gesellschaftlich/geistig Abartige: der Besessene, der Psychopath, der existentielle Rebell.

Wir können eine Anzahl wichtiger Einflüsse auf die Entwicklung des Sexungeheuers, wie wir es heute verstehen, isolieren. Einer ist sicher die sehr alte Tradition der Literatur vom »wahren Verbrechen«, die uns bestimmte Konventionen des Genres überliefert: die Erzählform der Geschichten von Kriminalfällen und ihren sensationsmäßigen und dennoch moralisierenden (christlichen) Ton. Ein zweiter, neuerer Einfluß sind das Genre des Schauerromans und die romantische Bewegung, die es hervorbrachte. Diese Entwicklung des ausgehenden 18. und des 19. Jahrhunderts liefert uns ein charakteristisches Ambiente: eine Faszination des Schreckens, des Bösen und Abstoßenden sowie eine beständige Verbindung von Missetaten, Sex und Tod, die vor allem auf den Marquis de Sade zurückgeht. Carl Sutcliffes Bild von Sexualmördern als pockennarbige Bucklige (oder, allgemeiner, als körperlich abstoßende Männer) ist ein Schauerroman-Begriff, der mit vielen anderen in der allgemeinen Vorstellung der westlichen Kultur weiterlebt. Der dritte Haupteinfluß auf die Entwicklung des Sexungeheuers ist das klinische Modell des gesellschaftlich/geistig »Devianten«. Mit diesem setzen wir uns im nächsten Kapitel im einzelnen auseinander, aber er ist so sehr mit anderen Elementen verflochten, daß wir darauf zurückgreifen werden, wann immer es in unserer Analyse von populären und literarischen Darstellungen angebracht ist.

Das Ineinandergreifen dieser unterschiedlichen Traditionen schafft Probleme und Widersprüche, deren Auswirkungen in zeitgenössischen Erörterungen noch spürbar sind – so gerne wir es auch glauben möchten, es stimmt nicht, daß die älteren Denkweisen einfach durch ein »wissenschaftliches« Modell ersetzt wurden. Dieses Kapitel wird die anhaltende Stärke metaphysischer und schauerromanhafter Interpretationsweisen aufzeigen. Worin sollte zum Beispiel unsere Reaktion auf Sexualmord bestehen? In moralischer Verurteilung wie in der traditionellen Literatur über das »wahre Verbrechen«? In entsetzter Faszination wie in den

Schauerromanen? Vielleicht in wissenschaftlicher Neugierde, wie im klinischen Modell? Die meisten zeitgenössischen Diskussionen über das Thema enthalten offenkundig Elemente von allen drei Reaktionen. Tatsächlich ist die Entwicklung des Sexungeheuers vom 19. Jahrhundert an die Geschichte eines unentschiedenen Kampfes. Noch heute klingen Fragen, ob Mörder verrückt oder schlecht, ob sie Ausgeburten, Opfer oder Rebellen der Gesellschaft sind, in unseren Diskussionen (und unseren Gerichtshöfen) an. Wie es zu diesem Stand der Dinge gekommen ist, wie sich seine Elemente in der kulturellen Darstellung entwickelt und miteinander verwoben haben, wird in diesem Abschnitt der Analyse unser Hauptanliegen sein.

Der Mythos vom Sexungeheuer
Von der Flugschrift bis zum
Revolverblatt

Wir haben bereits darauf hingewiesen, daß eine wichtige historische Quelle für das Sexungeheuer jene Art von Populärliteratur ist, die das Verbrechen zum Gegenstand und einen Verbrecher oder »Schurken« zum Protagonisten hat. Ein langlebiges und beliebtes Genre ist die Flugschrift zum »wahren Verbrechen«, ein einzelnes bedrucktes Blatt Papier, das vor der Einführung der in großen Auflagen erscheinenden Zeitungen auf der Straße, auf Jahrmärkten und anderen öffentlichen Veranstaltungen verkauft wurde. Von ihren Anfängen im 16. Jahrhundert bis zu ihrem Aussterben befaßten sich die Flugschriften (unter anderem) mit dem anhaltend populären Thema wahres Verbrechen.

Die Verbrechen, über die in Flugschriften und auch in anderen Formen von Populärschrifttum berichtet wurde, waren nicht unbedingt oder hauptsächlich Morde. Wenn wir zum Beispiel den *Newgate Calendar*, eine populäre Sammlung von tatsächlich geschehenen Verbrechen, durchblättern, fällt auf, daß die beherrschenden Gestalten nicht Vergewaltiger und Mörder sind, sondern Schurken und Vagabunden, Piraten, Wegelagerer, Straßenräuber und Diebe. Dies spiegelt vermutlich die Tatsache wider, daß im frühen neuzeitlichen England der Angriff auf persönliches Eigentum seitens der entwurzelten Armen und später seitens der Berufsverbrecher in den Städten als bedrohlichstes Verbrechen angesehen wurde. Viele Flugschriften befaßten sich ausführlich mit Hinrichtungen, und manche waren in der Form von Geständnissen auf dem Schafott abgefaßt. Dabei waren Berichte von Morden reichlich vertreten, aber auch von anderen Kapitalverbrechen wie Falschmünzerei und Pferdediebstahl. Die im 20. Jahrhundert gängige Vorstellung, Mord beherrsche die volkstümliche Phantasie, weil er besonders abscheulich ist, markiert somit offenbar eine ziemlich neuzeitliche Verschiebung der Auffassungen.

Während unserer Untersuchung nahmen wir mit Verbrechen befaßte Flugschriften des ausgehenden 18. und des 19. Jahrhunderts in Augenschein.[1] Die meisten handelten von berüchtigten Morden (viele darunter waren durchaus nicht aktuell: uralte Lieblingsgeschichten wie der »Mord in der roten Scheune« wurden in zahllosen Flugschriften immer wieder verarbeitet), und in ihnen lassen sich Schlüsselelemente der Auffassung erkennen, die heute noch die Sensationspresse beherrscht.

Die folgenden Schlagzeilen veranschaulichen zum Beispiel die Arten von Mord, welche die Leute für berichtenswert hielten:

Vollständiger Bericht und die neuesten Einzelheiten über die schreckliche, unmenschliche, barbarische Ermordung einer Frau, deren Kopf, Arme und Beine abgeschnitten und verbrannt wurden.

Ein wahrer, zusammenfassender Bericht über einen barbarischen Mord, welchen Samuel Wood am Mittwoch, dem 16. November 1825, in Nottingham an seinem Weibe verübte, indem er ihr auf grausame Weise mit einer Kohlenhacke das Gehirn herausschlug.

Alexander Gibson, am 14. November 1810 in Speyside, Inverness-shire in Ketten erhängt wegen Vergewaltigung der Elspet

Land (10 Jahre alt), die er anschließend auf höchst grausame und barbarische Weise ermordete, indem er ihr den Schädel einschlug.

Diese Berichte waren oft mit Strichzeichnungen illustriert und bezeichnenderweise durch gereimte Erzählungen ergänzt (da viele AnalphabetInnen zu den KonsumentInnen der Flugschriften zählten, wurden auswendig zu rezitierende Reime verwendet, um zu gewährleisten, daß das Wesentliche mündlich weitergegeben werden konnte). Das festgelegte Schema der Reime enthält ein starkes, traditionelles balladenhaftes Element:

Von allen Greueltaten hier, die dieses Blatt beflecken,
ist dieses eine, die da nur so trieft vor Angst und Schrecken.
Ein Mord, so grausam und entsetzlich zu vermelden, Kind,
daß beim Erzählen schon allein dir alles Blut gerinnt.

Die Reime endeten oft in einem moralisierenden Ton (das Übel der Trunksucht wurde vor allem in Flugschriften des 19. Jahrhunderts häufig angeprangert), und gewöhnlich bestand ein lüsternes Interesse am Auftreten des Verbrechers oder der Verbrecherin, wenn sie ihrem Tod ins Auge sahen.

Von unserem Standpunkt stellt die Behandlung von Sexualdelikten in den prämodernen Flugschriften die interessanteste Frage dar. Obwohl klar ist, daß keine zusammenfassende Theorie über ausdrücklich sexuelle Abartigkeit diese populäre Tradition prägt, ist doch ebenso offensichtlich, daß seit Beginn des 19. Jahrhunderts irgendeine Vorstellung von Sexualverbrechen, inklusive der mythischen Gestalt des Sexungeheuers, bestanden hat. Ein besonders interessanter Beweis hierfür ergibt sich aus dem Bericht über den Prozeß eines bekannten Straßenbelästigers, der bezichtigt wurde, einer Frau auf offener Straße »Umhang, Kleid und Unterrock« zerrissen zu haben. Die Überschrift lautet: »Vollständiger, wahrer Sonderbericht über die Gerichtsverhandlung von Renwick Williams, allgemein das Monstrum genannt. Welcher die Straßen von London monatelang heimgesucht und das gesamte weibliche Geschlecht in Angst und Schrecken versetzt hatte.« Interessant hieran ist die Bezeichnung Monstrum für einen sexuell Abartigen; wie wir sehen werden, ist dies noch heute ein Schlüsselwort im Vokabular zum Thema Sexungeheuer.

Flugschriften, die sich mit Vergewaltigung, Kindermord, Ermordung von Prostituierten und »leichten Mädchen« befassen, lassen andeutungsweise, wenn auch unstet, in dem beschriebenen Verbrechen eine sexuelle Komponente erkennen. So behauptet zum Beispiel der Verfasser eines Berichts über die Ermordung der neunjährigen Euphenia Couper von ihrem 72 Jahre alten Mörder: »Er hatte seit langem die Gewohnheit, das weibliche Geschlecht unanständig zu belästigen, wann immer sich Gelegenheit bot.« Die relativ geringfügigen Vergehen werden auf eine Weise, die uns an moderne klinische Abhandlungen gemahnt, mit dem Mord in Zusammenhang gebracht.

Was jedoch fehlt, ist ein Bericht über das – gesellschaftliche oder psychologische – Motiv des Mörders; heutigen LeserInnen fällt das Fehlen jeglicher Psychopathologie auf. Statt dessen haben wir einen harsch moralisierenden Bericht wie zum Beispiel im Falle von William Biggs, der ein Dienstmädchen vergewaltigt und anschließend ermordet hat. »Während der gesamten Gerichtsverhandlung legte dieser Mann ein äußerst verhärtetes Benehmen an den Tag, und nach seiner Verurteilung drückte er sein Bedauern darüber aus, daß seinen brutalen Gelüsten nicht mehr Frauen zum Opfer gefallen waren.« Auch das folgende Geständnis wird dem »verhärteten« Biggs zugeschrieben: »Mit fünfzehn hielt ich ein Weib an, das vom Markte kam, welches sich meinem Versuch, ihr Gewalt anzutun, mit solcher Heftigkeit widersetzte, daß ich außerstande war, meine Absicht auszuführen, was mich dermaßen erzürnte, daß ich das arme Mädchen auf der Stelle erschoß und es tot zu meinen Füßen niedersank.« Hier haben wir ein erkennbares Sexungeheuer, dessen Verhalten in unterschiedlichen Klischeebegriffen »erklärt« wird. »Brutale Gelüste« (d. h. eher animalische als menschliche Triebe) werden als Motiv für Biggs' Taten angeführt, während seine fehlende Reue dem üblichen Zweck dient, nämlich auf eine angeborene, unverbesserliche Abartigkeit hinzuweisen. Das zugrundeliegende Urbild ist Sünde, nicht Krankheit, persönliche Boshaftigkeit, nicht soziale Misere. Ein Flugschriftverfasser bemerkte über Daniel Reay, der im Jahre 1824 eine Frau mit einem Schlachtermesser tötete:

> Es ist herzzerreißend, zurückzublicken und nachzudenken über diese Erscheinungen, die täglich bei Männern auftreten – und es wahrscheinlich auch fürderhin tun werden –, die sich von der Gewalt ihrer bösen Leidenschaften forttragen lassen und an der Gesellschaft die abscheulichsten und betrüblichsten Freveltaten verüben, die ihnen für immer ein elendes Leben bescheren oder aber dazu führen, daß ihre Tage am Galgen enden.

Dies ist freilich eine sehr alte Tradition, und ihre Beschwörung an dieser Stelle sollte uns nicht überraschen. Überraschend ist jedoch zu sehen, daß diese in einer Zeit, in der es keine Psychopathologie gab (und die dazu noch die Gleichheit zwischen Sexualität und Sünde wahrte), wurzelnden Klischees durch die heutigen populären Darstellungen lediglich systematisiert und nicht wirklich verändert wurden. Wir haben immerhin verschiedene Alternativen zum Begriff der angeborenen »bösen Leidenschaften«, und diese wirken sich bis zu einem gewissen Grade auf die öffentliche Diskussion aus. Aber während die Boulevardpresse Lippenbekenntnisse für sachverständige »wissenschaftliche« Berichte über den Lustmörder ablegt, ist die von Journalisten benutzte Sprache im wesentlichen nahezu identisch mit der Sprache der Flugschriften.

Somit dienen animalische Brutalität und fehlende Reue weiterhin als Kennzeichen des Ungeheuers: The Sun behauptete zum Beispiel jüngst von einem Kindermörder, er habe »keine Spur von Mitgefühl und Gewissen« besessen, »die die Menschen über wilde Tiere erheben«.[2] Zudem wurde ein bestimmtes Vokabular entwickelt, das dieses Bild vom Lustmörder als unmenschlichen, lustbesessenen Dämonen wiederbelebt: Seine Schlüsselwörter sind Besessener, Bestie, Unhold und Monstrum, die alle wenig mit dem traditionellen Disput über Abartigkeit gemein haben. Dieser Wortschatz wird trotz seines anachronistischen Geruchs nach Feuer und Schwefel ohne sichtliche Verlegenheit benutzt:

Entsetzen, als schluchzendes Kleinkind Besessenen Mama morden sieht

Eine junge Frau wurde vor den Augen ihrer schluchzenden kleinen Tochter brutal überfallen und dann erwürgt. Der Unhold schlug zu, während die 21 Jahre alte Mutter im Bett schlief und das Kleinkind in den Armen hielt. (*News of the World*, 1. Dez. 1985)

Es scheint, »Besessener« und »Unhold« sind austauschbar; sie genügen zur Beschreibung ein und desselben Mannes, was vermuten läßt, daß Krankheit schlicht als Bestandteil des Repertoires an einfachen Erklärungen zur Sünde hinzugefügt wurde; beide werden nicht als sich gegenseitig ausschließend betrachtet. (Interessanterweise schwebt der Ausdruck *Besessener* an der Grenze zwischen »schlecht« und »verrückt«; er deutet unbedingt auf eine Geistesgestörtheit hin, ist jedoch im Vergleich mit, sagen wir *Schizophrener* oder *Psychopath* kaum klinisch zu nennen. Gewissermaßen ist der Ausdruck *Besessener* so archaisch wie *Unhold* – moderne Psychiater behandeln »Besessenheit« nicht mehr, ebensowenig wie sie ihre Patienten als »übergeschnappt« bezeichnen.)
In populären Abhandlungen dient es tatsächlich demselben Zweck, einen Mörder entweder als sündhaft oder als krank zu bezeichnen; es distanziert ihn von der Masse »normaler« Menschen. Ideologisch gesehen ist diese Distanz entscheidend, und sie wird auch auf verschiedene andere Arten durch populäre Morddarstellungen hergestellt. Seit dem Untergang der Flugschrift und dem Aufstieg von Massenblättern und Illustrierten ist die ausführliche Berichterstattung über Mörder, vor allem Massenmörder, zur eingehenden Schilderung der Verfolgung geworden, wobei Polizisten und andere Verfolger in der Geschichte die Hauptpersonen sind.[3]
Diese Einstellung ermöglicht – ja, *erfordert* – vom Journalisten die Konstruktion einer Identität des Mörders, bevor seine tatsächliche Identität bekannt ist. Somit wird das Ungeheuer erbarmungslos personalisiert; wenn es ein Verbrechen oder eine Reihe von Verbrechen verübt, ist die Presse zur Stelle, um es mit einem Namen – der M4-Vergewaltiger, das Ungeheuer von Belgravia, der Fuchs,

der Ripper – und einer passenden Persona zu versehen. Die Macht dieses Mythos trägt dazu bei, den Widerspruch aufzulösen, der sich ergibt, wenn ein Mörder schließlich gefaßt wird: Seine wahre Identität und seine wahren Charaktermerkmale können von der konstruierten Person getrennt werden.

Diese Trennung kann jedoch niemals vollständig oder unproblematisch sein, wie wir an der Tatsache erkennen, daß der dauerhafteste Sexungeheuer-Mythos jener von Jack the Ripper war, dessen wahre Identität unbekannt bleibt. In den meisten Fällen entpuppt sich das Ungeheuer am Ende nicht als ein Monstrum, sondern als der Mann von nebenan. Dann muß der Journalist sich mit der eklatanten Tatsache auseinandersetzen, daß Sexualmörder nur selten, um mit Carl Sutcliffe zu sprechen, »häßliche Bucklige mit von Furunkeln übersäten Gesichtern« sind; eher fallen sie unter die journalistische Kategorie »glücklich verheirateter Vater von zwei Kindern«. Die normale Reaktion auf diesen Gegensatz von Bildern ist die Beschwörung eines neuen Mythos vom Geheimleben oder der »gespaltenen Persönlichkeit«. Angehörige und Freunde des Mörders werden aufgefordert, ihr Entsetzen und ihre Fassungslosigkeit auszudrücken. Es gibt sogar das Genre von Büchern über Frauen, die eine oberflächliche Freundschaft oder sexuelle Beziehung mit einem Mann unterhielten, der sich später als Massenvergewaltiger und -mörder herausstellte![4] Wenn diese Art von Schilderungen überhaupt einen Zweck hat, dann den, zu demonstrieren, daß das durchschnittliche Sexungeheuer – zumindest äußerlich – wirklich nicht von anderen Menschen zu unterscheiden ist. Denn die der gespaltenen Persönlichkeit zugrundeliegende Voraussetzung ist nicht das Nichtvorhandensein des Bösen, sondern vielmehr seine Verschleierung.

Der wichtigste moderne Bezugspunkt für diese Denkweise ist die psychologische Erzählung von Robert Louis Stevenson »Der seltsame Fall von Mr. Jekyll und Mr. Hyde«. (1886, dt. 1887) In der Geschichte entwickelt ein hochgeachteter Arzt durch chemische Experimente ein vollkommen böses Alter ego:

Etwas Seltsames trat in mein Empfinden, etwas unbeschreiblich Neues und infolge eben dieser Neuheit unglaublich Süßes. Ich

fühlte mich körperlich jünger, lebendiger, glücklicher; inner-
lich ward ich mir einer berauschenden Tollkühnheit bewußt,
durcheinanderströmender sinnlicher Bilder, die wie ein Mühl-
bach in meiner Phantasie rannen, einer Loslösung von den verpflichtenden Fesseln, einer unbekannten, nicht aber unschuldigen Freiheit der Seele. Ich erkannte mich beim ersten Atemzug
dieses neuen Lebens als Verruchter, zehnmal Verruchter, als
Sklave an meine ursprünglich böse Natur verkauft, und der Gedanke umfing mich in diesem Moment und erquickte mich wie
Wein. (zit. in Calder, 1979, S. 83)

Die wichtigste Vorstellung ist hier nach wie vor die von der Erbsünde, die von den »verpflichtenden Fesseln« in Schach gehalten
wird. Demnach haben wir alle in gewissem Sinne eine gespaltene
Persönlichkeit; denn die »ursprünglich böse Natur« ist selbst in
den bewundernswertesten und achtbarsten Persönlichkeiten la-
tent vorhanden. Darüber hinaus besitzt dieses Böse eine starke
Anziehungskraft – es mag versklaven, aber der Gedanke daran
»umfängt« und »erquickt« auch.
Heutzutage lassen es sich nur wenige Schriftsteller angelegen sein,
einen ausdrücklichen Glauben an die Erbsünde zuzugeben. Dennoch überlebt Stevensons Phantasiebild, denn wir glauben, daß es
in jedem Menschen ein Potential des Bösen gibt, das selbst unter
einer scheinbar achtbaren Oberfläche schlummert. Heute sind wir
freilich imstande, dieser Annahme eine Freudsche Deutung zu geben. Einer psychoanalytischen Auslegung zufolge führen wir alle
im Unterbewußtsein ein Geheimleben, und es bedarf nicht der
teuflischen Mächte eines Dr. Jekyll, um böse Impulse aus der
Phantasie in Tatsachen zu verwandeln.
Wenn das Sexungeheuer sich schließlich als Mensch entpuppt,
mag das »Jekyll und Hyde«-Modell wiederbelebt werden, dies
aber mehr in post-freudianischen als in calvinistischen Begriffen.
So erklärt Colin Wilson, Massenlustmörder wie der Yorkshire
Ripper

sind nicht unbedingt menschliche Monstren, Alptraumge-
schöpfe, angetrieben von einem Verlangen nach Gewalt. Sut-

cliffe war ein im Grunde normaler Mensch, der so sachte und allmählich ins Morden glitt, wie ein Kind am flachen Ende in ein Schwimmbecken gleitet... Das Kuriose freilich ist, welcher absonderliche Druck diesen stillen Mann in einen Besessenen verwandelte, der sich im Dunkeln hinterrücks an Frauen heranschlich, ihnen mit einem Hammer den Schädel einschlug, ihnen dann Rock und Bluse hochzog und mit einem eigens gespitzten Schraubenzieher Dutzende von Wunden beibrachte. (»The Ripper Revealed«, *Time Out*, 19.–25. April 1984)

Diese Art der Kommentierung ebnet den Weg für eine mehr soziologisch oder klinisch ausgerichtete Fallgeschichte, in welcher der Analytiker diesen »absonderlichen Druck« aufhellt, der einen normalen Menschen allmählich in einen Mörder verwandelt; wir werden später einige derartige Studien betrachten. Zunächst ist es wichtig, darauf hinzuweisen, daß die Voraussetzungen, von denen selbst ernsthafte Schriftsteller bei ihrer Arbeit ausgehen, stark von verbreiteten Stereotypen beeinflußt sind: Colin Wilson hält es für vollkommen selbstverständlich (abgesehen von Sutcliffes Geschlecht, das mit der Formulierung »ein im Grunde normaler Mensch« verschleiert wird), daß Sutcliffe, wenn er sich »im Dunkeln hinterrücks an Frauen heranschlich«, eindeutig als »Besessener« definiert werden konnte. Mit anderen Worten, er spricht die Trennung zwischen »normalen« Menschen und »Besessenen« gar nicht erst an.

Sexualmörder als geistig abnormal zu bezeichnen und es dabei bewenden zu lassen, ist in zumindest einer Hinsicht nicht besser, als sie zu vom Teufel besessenen Unholden und Monstren zu erklären. Sich in eine solche Annahme zu fügen heißt, die Taten von Sexualmördern unbedeutend zu machen und sich somit der Möglichkeit einer Analyse zu begeben, die tiefer greift als bloße Reportagen und Sensationsberichte.

Tatsächlich haben die archaischen Formulierungen des Boulevardjournalismus genau diese mystifizierende Wirkung: Auf den Seiten von *The Sun* und *News of the World* treiben offenbar immer noch ohne Motiv handelnde »Unholde« ihr Unwesen, deren »brutale Gelüste« stets ohne nähere Erläuterung bleiben und deren Zusammenhang mit Maskulinität irgendwie offenkundig, aber unerklärt ist. Hier ist kein Platz für eine über das ganz und gar Konventionelle hinausgehende Analyse; der Schwerpunkt liegt mehr auf dem Entsetzen über die Tat und in wachsendem Maße auch auf dem Kitzel der Verfolgung.

Diese Aspekte des Lustmordes – das Töten selbst und die Jagd nach dem Mörder – finden eine neue Objektivität und Präzision in einem Genre, das den absoluten Höhepunkt der »wahren« Kriminalliteratur darstellt, nämlich die einschlägigen Zeitschriften wie *True Detective*, *True Crime* und *Master Detective*. Wie die Flugschriften und Boulevardblätter sind diese Zeitschriften kurzlebig, aber sie bieten mehr Raum für eine ausführliche Behandlung ähnlicher Themen und wenden sich an ein kleineres, kenntnisreicheres Publikum. Tatsächlich sind sie eine recht bizarre Form von Soft-Pornographie, und hierüber werden wir mehr zu sagen haben, wenn wir zum »Schauerromanhaften« in der Sexungeheuer-Tradition kommen. Zunächst müssen wir die Detektiv-Zeitschriften eingehender beschreiben und uns mit besonderer Aufmerksamkeit dem merkwürdigen »einbezogenen Leser« zuwenden, der auf den Seiten dieser Blätter konstruiert wird. Dieser Leser ist ein Mann, der von Mord, vor allem Lustmord, besessen – und erregt – ist.

»Exotischer Mord«: Kriminalmagazine

Monatshefte, die sich mit tatsächlich geschehenen Kriminalfällen befassen[5], sind seit mehreren Jahrzehnten in einigen Ländern ausgesprochen beliebt. Die englische Ausgabe von *True Detective* wurde 1952 gestartet und erscheint seither ohne Unterbrechung; ihre Herausgeber publizieren noch zwei weitere Blätter, *Master Detective* und *True Crime* (letzteres wurde erst 1982 gestartet; dies mag als Beweis für einen kontinuierlichen Bedarf gelten). Ihre Gesamtleserschaft wird auf über 195 000 geschätzt. Es besteht eine enge Beziehung zu amerikanischen Kriminalmagazinen, da die englischen Hefte stets einen Teil der in mehreren Blättern zugleich erscheinenden Texte übernehmen. Den verschiedenen Heften ist außerdem eine Struktur gemeinsam, die sich seit den 50er Jahren kaum verändert hat; sie besteht zum größten Teil aus detailliert erzählten Fallgeschichten, ferner aus Leserbriefen, Comics und kurzen Leitartikeln.

Aber wenn auch die Struktur relativ gleich geblieben ist, Ton und Inhalt haben sich merklich verändert. In früheren Ausgaben enthielt *True Detective* eine Mischung aus unterschiedlichen Fällen, von Spionage und Hochstapelei bis zu Drogen und Bandenkriegen. Der Stil in Wort und Bild war sichtlich von Raymond Chandlers harter Schule des amerikanischen Kriminalromans beeinflußt. In neuerer Zeit jedoch, insbesondere seit Ende der 60er Jahre, wird die Zeitschrift immer mehr von Morden beherrscht, wobei ein bedeutender Anteil aus Lustmorden in unserem Sinne oder Morden anderer Art mit sexuellem Einschlag besteht. Der Schreibstil erinnert heute an Boulevardjournalismus, während die bildliche Darstellung, insbesondere auf dem Titelblatt, von sado-masochistischer Pornographie hergeleitet ist; sie präsentiert Leder, Fesselungen, schreiende oder entsetzte Frauen sowie spärlich bekleidete Frauen, die Messer oder Pistolen in Händen halten. Die typischen heutigen Themen von *True Detective* sind in einer Titelzeile von 1976 zusammengefaßt: »Exotische Girls, exotischer Sex, exotischer Mord.« (Nach dieser Verschiebung der Akzente befragt, äußerte der Herausgeber die Ansicht, die »Menschen sind heutzutage erfahrener« und wies auf die Kriterien des Publikumsgeschmacks hin, die seine Vorgänger veranlaßt hatten, gewisse Einzelheiten wegzulassen. In Anbetracht dessen, daß die Verschiebung Ende der 60er Jahre am deutlichsten hervortrat, erscheint sie als Teil der allgemeinen »Sexualisierung« der Kultur, die seither stattgefunden hat. Daß soft-pornographische Abbildungen öffentlich erscheinen können, ist nur ein Teil dieses Prozesses.)

Wo sollen wir die gegenwärtige Art von Kriminalmagazinen in bezug auf die Genres, mit denen wir uns bereits befaßt haben – die Flugschriften und Revolverblätter mit ihren charakteristischen Themen –, einordnen? Zunächst einmal besteht eine gewisse Beständigkeit des Stoffes: Sämtliche Zeitschriften enthalten sehr oft »klassische« Geschichten, die Quellen wie dem *Newgate Calendar* entnommen sind und sicherlich Thema früheren Straßenschrifttums waren. »Klassische« Fälle – ob aus dem 18. Jahrhundert oder der Zeit des 2. Weltkriegs – werden benutzt, um den Begriff Verbrechen als zeitloses, festes Element im Leben der Menschen zu belegen. Eine neuere Ausgabe von *True Detective* griff die Geschichte von einer Mutter und einer Tochter auf, die Lehrmädchen totschlugen. Die Schilderung beginnt folgendermaßen: »Falls Sie denken, wir leben heute in einer Zeit, wo Mord, Vergewaltigung und Verbrechen im allgemeinen verbreiteter, gefühlloser und grausiger sind als je zuvor – weit gefehlt! Denn verglichen mit einigen finsteren Taten, die um 1750 in London verübt wurden, verblassen viele Verbrechen von heute zur Bedeutungslosigkeit!« (Januar 1986) Hier unterbleibt einfach die Einsicht, daß Morde und Vergewaltigungen heute unter ganz anderen Umständen und aus ganz anderen Gründen begangen werden als Morde an Lehrlingen im 18. Jahrhundert. Der Schreiber beruft sich lediglich auf eine allgemeine Brutalität, eine »Grausamkeit und Gefühllosigkeit«, die in jedem Zeitalter auftritt. Und andererseits beklagt *True Detective* häufig einen vermuteten Anstieg der Zahl der Verbrechen und ein Sinken des Moralniveaus. Derartige Widersprüche, die zutiefst konservativ sind, sowie völlig unsachgemäße Äußerungen über Verbrechen erinnern an andere Genres, insbesondere an zeitgenössische Boulevardreportagen.

Tatsächlich hat *True Detective* viele Inhalte und allgemeine Charakteristika mit *News of the World* gemein. Beide zeigen zum Beispiel dasselbe Interesse für Sensationen und denselben atemlosen, Aufmerksamkeit heischenden Schreibstil: »Vampir trank Blut des Opfers!«, »Blondine lebendig in Sauna gekocht!« verkünden die Bildunterschriften auf dem Titelblatt. Im Innern herrscht ein ähnlich naiver Erzählstil vor, eine unbarmherzige Anhäufung von makabren Einzelheiten. »Große Eisendorne staken aus den Balken hervor, an denen Douglas die Opfer aufhängen und sodann zerstückeln wollte, während eine Kamera ihren qualvollen Tod aufzeichnete!«

Die Monatshefte ähneln zudem auffällig den Boulevardblättern in der Betrachtung von Verbrechen als Ausgeburt der Sünde und nicht als Folge von Krankheit oder sozialen Faktoren. Tatsächlich kommt diese Haltung in den einschlägigen Heften stärker und aggressiver zum Ausdruck als in den Boulevardblättern: *True Crime* und *True Detective* lassen sich selten eine Gelegenheit entgehen, sich über die »Weichheit« von psychiatrischen Experten zu mokieren. In einem Artikel über einen Kindersexualmörder kommt der Verfasser zu dem Schluß: »Psychologen werden sich zweifellos schöne Worte einfallen lassen, um den Geisteszustand eines solchen Menschen zu beschreiben, doch solche Beschreibungen spenden den Eltern der auf so abscheuliche Weise ermordeten armen Kleinen wenig Trost.« (*True Detective*, Januar 1986) Dauernd wird in diesen Blättern der Wunsch nach der gerechten Strafe, insbesondere der Todesstrafe laut.

Ein Punkt, an dem sich die Kriminalmagazine von den Boulevardblättern unterscheiden, ist der Einfluß, den moderne Kriminalromane auf sie ausüben. Während die meiste »true crime«-Literatur, bei den Straßenballaden angefangen, eine erkennbare Erzählform aufweist, kamen die Monatshefte ursprünglich der Vorliebe für einen bestimmten Typus des amerikanischen Kriminalromans entgegen, und sie enthalten eine Anzahl von Konventionen dieses Genres: lebhafte Schilderung, rascher Szenenwechsel, und am auffälligsten ist der Dialog, der den Personen in der Geschichte in den Mund gelegt wird, um die Handlung voranzutreiben. Daher haben in *True Detective* sämtliche Charaktere Sprechrollen: Polizisten, Zeugen, sogar die Opfer. (»So helft mir doch!‹ bat die Frau, als sie versuchte, ihre Eingeweide in ihrem Leib zu halten.«) Da dieses ganze System aus Personen und Dialogen erfunden werden muß (entgegen der Behauptung, die Erzählungen seien »aus Polizeiberichten zusammengestellt«, sind sie meistens anhand von Zeitungsausschnitten recherchiert), schwanken die Zeitschriften auf der ungewissen Grenze zwischen Tatsachenbericht und Fiktion.

Nach den Briefen zu urteilen, die bei *True Detective* eingehen, schätzen es viele Leute, sich die gegensätzlichen Freuden eines mitreißenden Romans und authentischer Tatsachen in einem einzigen Genre verschaffen zu können: »Seit ich *True Detective* lese«, begeistert sich ein Leser, »habe ich nichts mehr für Kriminalromane übrig.« Leserbriefe wie redaktioneller Teil machen klar, daß Kriminalmagazine ihrer Leserschaft ganz bestimmte und ungewöhnliche Vergnügungen bieten. Auch dies kennzeichnet einen entscheidenden Unterschied zwischen der Boulevardpresse und einschlägigem Schrifttum: Insofern als die Vergnügungen, die *True Detective* bietet, Voyeurismus und den Kitzel des Verbotenen (in Form von »blutrünstigen Details« und deutlichen Photographien) vereinen, ist das Blatt näher verwandt mit pornographischen Magazinen, und der Leser, an den es sich offensichtlich wendet, ähnelt dem einsamen Betrachter einer Peep-Show.

Der in *True Detective* konstruierte Leser ist nicht einfach ein durchschnittlich neugieriges oder voyeuristisches Individuum: Soviel ist durch die Tatsache bewiesen, daß er sich ein Heft (oder vielleicht sogar drei) gekauft hat, das sich mit nichts anderem als Mord befaßt. Wir könnten ihn als *Mordfan* bezeichnen, genau wie andere vielleicht Filmfans oder Weinfans sind. (Wir stellen uns den Mordfan übrigens als Mann vor, weil besessene Enthusiasten aller Arten bezeichnenderweise männlich sind und weil der bildliche Inhalt der Kriminalmagazine ganz eindeutig auf den männlichen Blick abzielt. Ein großer oder der größte Teil der Leserschaft dieser Zeitschriften sind jedoch Frauen – ein Umstand, der uns überrascht hat, und zu dem wir später mehr zu sagen haben werden.)

Was also ist nun ein *Mordfan*? Wie alle Enthusiasten läßt er es sich angelegen sein, sich minuziös über sämtliche Aspekte (statistische, verfahrensrechtliche, forensische usw.) eines Mordes zu informieren – und er lobt das Ungewöhnliche an einem interessanten Fall ebenso wie das Vertraute (was ihm bestätigt, daß er tatsächlich ein Experte ist). Doch der Mordfan unterscheidet sich stark von einem Wein- oder Filmfan oder dem leidenschaftlichen Hobbyisten (dem Eisenbahnbeobachter oder Taubenzüchter), da sein Interesse etwas gilt, das nicht ohne Ironie als »Hobby« bezeichnet werden kann und das sicher von vielen Menschen als ausgesprochen abstoßend empfunden wird. Ein Mordfan hat etwas Seltsames an sich: Er scheint die makabren Neigungen, die viele von uns gelegentlich an den Tag legen, ins Übermaß zu steigern und ist so beständig dem Vorwurf der Lüsternheit ausgesetzt. Die eigentliche Berufung von *True Detective* muß daher eine doppelte sein, und dies ist von größtem Interesse: Das Blatt muß nicht nur den Geschmack des Mordfans befriedigen, sondern auch eine gewisse Rechtfertigung für diesen Geschmack liefern. Daher bieten die

Magazine diese sonderbare Mischung aus obszönen Einzelheiten und moralisierendem Schwulst.

Das Dilemma wurde gelegentlich erkannt von Leserbriefschreibern wie dem Mann, der folgendes an *True Detective* schrieb: »Viele, die an dieses Blatt schrieben, haben (und das mit Recht) das Verhalten einiger Verbrecher als verdammenswert verurteilt. Sie beenden jedoch selten einen Brief, ohne zu erklären, daß sie die Lektüre Ihrer Zeitschrift unterhaltsam finden.« (Februar 1979) Der Brief fährt fort mit der Frage, »ob da wohl etwas nicht stimmt, wenn jemand Verbrechen und Gewalt verurteilt, dasselbe jedoch in Film und Fernsehen oder Illustrierten ›unterhaltsam‹ findet?« Diese sehr angemessene Frage ist natürlich nicht in der Phantasiewelt der monatlich erscheinenden Kriminalmagazine zu lösen: Das Fundament für ihre voyeuristischen Freuden, gepaart mit dem Gefühl moralischer Überlegenheit, in Frage zu stellen, würde die Grundfesten des Genres bedrohen.

Mordfans haben jedoch neben Voyeurismus und Sensationen (die, wenngleich weniger detailliert, auch anderswo geboten werden) andere Arten des Vergnügens. Sie lesen mit der Sensibilität des Connaisseurs, der das Banale oder Nichtauthentische ablehnt und dessen Genuß durch die kleinsten Nuancen gesteigert wird.

Authentizität ist ein überaus wichtiger Begriff für unsere Interpretation von Kriminalmagazinen und unser Verständnis für die Vergnügen, die sie bieten. Sie ist das Merkmal, das in Briefen an die Herausgeber der Magazine am meisten lobend hervorgehoben wird. In einer Hinsicht ist dies jedoch völlig paradox, da ausgerechnet jene Details, die ein authentisches »Gefühl« vermitteln – der stimmige Dialog und die Charakterisierung –, eben nicht authentisch, sondern komplett erfunden sind. Aber für die Leserschaft ist wichtig, daß die Schilderungen *true*, also »wahr« sind (*True Crime* bezeichnet sich als »Die große Illustrierte, in der nichts erfunden ist«) und eine Fülle ausführlicher Einzelheiten enthalten. Jeder Mangel an Ausführlichkeit zieht Beschwerden nach sich, und selbst Lob wird durch den Wunsch nach mehr Einzelheiten abgeschwächt: »Ich fand Ihren Artikel ›Die Wahrheit ans Licht gebracht: von Grausamkeit zu Gerissenheit‹ erstklassig. Schade nur, daß Sie nicht mehr Platz für einen ausführlicheren

Bericht hatten, vor allem zur Einbeziehung der älteren Methoden zur Erlangung der geforderten Wahrheit.« (*True Detective*, April 1979)

Die detaillierten Informationen in Fallgeschichten haben neben der Gewährleistung von Authentizität eine weitere Funktion: Sie schenken den Lesenden die angenehme Illusion, über Fachkenntnisse zu verfügen und am Kampf gegen das Verbrechen teilzunehmen. Die Verfasser verwenden mit Bedacht Fachbegriffe, die voraussetzen, daß die Lesenden sich in forensischen Angelegenheiten auskennen, und in den Artikeln werden *causes célèbres* in einer Weise angeführt, die davon ausgeht, daß wir alle mit ihnen und ihrem Platz in der Liste der Verbrechen vertraut sind.

Doch ebenso wichtig wie diese Wiederholung von Bekanntem ist die Einführung von neuem Material. Ein Mordfan muß beständig angeregt werden, indem er von Fällen liest, auf die er anderswo nicht gestoßen ist (obwohl das meiste Material in den Monatsheften amerikanischen oder englischen Ursprungs ist; auch australische Quellen und solche des europäischen Festlandes finden Verwendung). Er liebt besonders das Bizarre und Groteske im Gegensatz zu dem langweiligen oder gewöhnlichen Mord (langweiliges Material hat ebenfalls Beschwerdebriefe zur Folge). Fälle von ungewöhnlichen Todesarten (zum Beispiel Kochen bei lebendigem Leibe), der Verstümmelung von Leichen oder der Exekution des Mörders sind ständige Favoriten, wohingegen eine historische Analyse auch kurzlebigere Obsessionen aufzeigt (wie etwa Nazigreueltaten in den 60er Jahren, Sexualmorde an Schwulen Ende der 70er Jahre und in neuerer Zeit etliche Fälle von privaten Filmen, in denen ein echter Mord gezeigt wird). Neue Fälle werden ausführlich präsentiert und gemäß der gebräuchlichen Mordkriterien sowie danach beurteilt, wie gut sie zu diesen passen. Ein neuer Artikel in *True Detective* kommentiert einen Fall wie folgt:

In Kalifornien neigt das Verbrechen oft zu ungeheuren Ausmaßen. Man denkt an Manson, an die Morde der »Schwarzen Dahlie«, an Stephen Nash – die an der amerikanischen Westküste ewige Berühmtheit erlangt haben. Es gibt dort auch weniger bekannte Sadisten, die beinahe täglich ebenso unheimliche

Morde begehen. Ein solcher Mörder ist Gegenstand von Jack G. Heises ausführlichem Bericht... Ein echter Knüller! (Januar 1986)

Dies zeigt genau, was an den Monatsheften und ihren Mordfan-Lesern am geschmacklosesten ist. Wir sind wieder bei der Kategorie »exotischer Mord« und der Beurteilung eines Verbrechens anhand pseudo-ästhetischer Kriterien bezüglich Originalität und Widerwärtigkeit angelangt (»ungeheure Ausmaße... ein echter Knüller«). Da das Verbrechen im allgemeinen und Mord im besonderen als immerwährende Manifestation menschlicher Gemeinheit abgetan wird, ist keine Erklärung oder Analyse, warum es dazu kommt, erforderlich (und es ist nicht verwunderlich, daß es nicht versucht wird). So ist der Leser auf die lüsterne, voyeuristische Jagd nach blutrünstigen Einzelheiten um ihrer selbst willen beschränkt.

Wer sind, im Gegensatz zu den angenommenen, die wirklichen Leser der Kriminalmagazine? Die englischen Hefte sind in der National Readership Survey (etwa: nationale Leserumfrage) nicht inbegriffen, aber 1984 wurde in allen drei Magazinen eine kleine Umfrage durchgeführt. Von den 1200 LeserInnen, die geantwortet haben, waren über 85 % Frauen, und die meisten der Antwortenden waren zwischen 44 und 55 Jahre alt.

Insoweit diese Umfrage eine genaue Widerspiegelung der gesamten Leserschaft darstellt – und es ist bezeichnend, daß unsere Informantin bei Argus Publications sagte, die Umfrage bestätige ihre Überzeugung, die typische Leserin sei »eine C2DE* ab 45« –, ergeben sich daraus zwei ziemlich verwirrende Fragen. Erstens, warum haben Frauen im mittleren Alter entgegen allen Klischees Spaß an solchem Lesestoff? Und zweitens, vorausgesetzt, den

---

* C2, D und E sind drei der sechs auf Berufsgruppen basierenden Kategorien, die von Her Majesty's Office of Population Census und Surveys verwendet werden. C2 ist die Gruppe der Facharbeiterinnen, D sind die angelernten Arbeitskräfte und E die ungelernten Arbeitskräfte. Bei diesen Einordnungen der Frauen wird der Beruf des Ehemanns zugrunde gelegt, auch wenn die Frau selbst berufstätig ist!

Herausgebern ist bewußt, daß die Magazine hauptsächlich von Frauen gelesen werden, warum zielt ihr bildlicher und verbaler Inhalt beständig auf *Männer* ab? Wir haben diese beiden Fragen den Herausgebern und Verlegern gestellt, aber sie waren entweder außerstande oder nicht willens, eine Meinung zu äußern.

Unsere eigene Untersuchung konzentriert sich, obwohl sie zwangsläufig nur ein Versuch sein kann, auf die komplexe und ziemlich zwiespältige Beziehung der Frauen zu den Freuden und Gefahren des Verbotenen, das in unserer Kultur durch Sex und Gewalt vertreten ist. Weiblichkeit, wie unsere Gesellschaft sie konstruiert, ist unvereinbar mit verbotenen Handlungen, so daß Frauen Gelegenheiten zu verbotenem Tun verwehrt und sie schwer bestraft werden, wenn sie sich darin ergehen (feministische Kriminologinnen haben diesen Vorgang eingehend dokumentiert; er ist grundlegend für die Kriminalisierung von Frauen). Andererseits haben Frauen mit vielen von Männern verübten Missetaten schlimme Erfahrungen gemacht – sie sind gegen Frauen gerichtet oder enthalten frauenfeindliche Elemente –, so daß die Ergötzung der Frauen an Gewalttaten mit Angst und Widerwillen einhergehen muß. Es ließe sich einwenden, das Kriminalschrifttum biete einen Weg, diesen Widerspruch zu lösen, oder besser gesagt, einen Weg, um beide Seiten zufriedenzustellen. Die Konsumentin von *True Detective* kann über abartiges und abstoßendes Verhalten lesen, dies aber in einem Rahmen, der die moralische Verurteilung betont und die Leserin lediglich als Belauscherin eines eigentlich für Männer gedachten Dialogs erscheinen läßt. Diese Lösung kommt dem Wunsch nach »Nervenkitzel« zusammen mit dem Gefühl, ihn eigentlich nicht verspüren zu dürfen, entgegen und läßt auch zwiespältige Gefühle über die Arten von Nervenkitzel zu, die von den Magazinen präsentiert werden.

Mehrere Leute haben uns gegenüber die Vermutung ausgesprochen, hier könne eine Analogie mit den Szenen vorliegen, die sich abspielen, wenn ein Lustmörder – insbesondere ein Kindermörder – vor Gericht gestellt wird. Bei solchen Anlässen treten Frauen in Massen auf und ergehen sich oft in verbaler und körperlicher Gewalt (sie schreien, buhen, werfen mit Eiern und Obst). Dieses Benehmen wird von der Gesellschaft gestattet, um nicht zu sagen gutgeheißen, weil es als Bestätigung der Rolle der Frauen als Beschützerinnen der Kinder und Wächterinnen über die Moral angesehen werden kann. Was es für die beteiligten Frauen bedeutet, wurde kaum je erforscht; nach unserer Ansicht ist dies ein komplexes Thema, das gewiß eine soziologische Untersuchung lohnen würde. Jedenfalls läßt die Analyse des Kriminalschrifttums darauf schließen, daß vereinfachende Erklärungsmuster, die entweder auf sexuelle Erregung oder schlicht moralische Empörung hinauslaufen, nicht genügen: Niemand abonniert eine Monatsschrift nur deswegen, um sich zu empören, obwohl dies ein wesentlicher Bestandteil des Anreizes ist.

Wenngleich wir die Kriminalmagazine als eine Spezies jener Art von Populärschrifttum analysiert haben, das auch ältere Genres wie Balladen und Flugschriften umfaßt, sind sie zudem durch ihre Ausrichtung auf Exotismus und Entsetzen als Selbstzweck mit einer anderen, weniger alten Tradition verknüpft, die ebenfalls die Freuden des Verbotenen statt der mit der Sünde verbundenen Gefahren betont. Der Beginn dieser Tradition wurde oft auf Ende des 18. Jahrhunderts datiert. Foucault zufolge sind die alten Formen des Kriminalschrifttums wie etwa Flugschriften

> verschwunden, als eine ganz neue Kriminalliteratur entstand, eine Literatur, die das Verbrechen verherrlicht, weil es zu den schönen Künsten zählt, weil es nur das Werk von außergewöhnlichen Menschen sein kann, weil es das Ungeheuerliche der Starken und Mächtigen enthüllt, weil Schurkerei eine andere Form von Privilegiertheit ist: von der Abenteuergeschichte bis zu de Quincey oder von *Schloß Otranto* bis zu Baudelaire gibt es eine vollständige, neue ästhetische Kriminalliteratur. (1977, S. 68)

Ein Ergebnis dieses Prozesses war der Kriminalroman; ein anderes, unserer Ansicht nach herausragendes Ergebnis waren die von Sensationen und Grausamkeiten handelnden Schauerromane. (*Schloß Otranto* ist ein frühes Beispiel.) Abgesehen von der Entstehung neuer Darstellungen von sadistischen Mördern wies diese Literatur auch deutliche Verbindungen mit diskursiven philosophischen Schriften auf, die den Mörder zum Helden und Rebellen erhoben. Unsere heutige Vorstellung vom Lustmörder ist mehr als nur ein wenig dieser Denk- und Literaturgattung zu verdanken, die das Ungeheuer, den »Untermenschen«, in sein genaues Gegenteil, den Supermann, verwandelt und eine Brücke bereithält, mittels derer Mord nicht nur Gegenstand populären Schrifttums, sondern auch der hohen Kunst und Kultur werden kann.

Tod und Grenzüberschreitung: Vom Monstrum zum Rebellen

In unserer Gesellschaft besteht eine hochentwickelte Vorliebe für Entsetzen und Horror: Bedeutende Gebiete der Unterhaltungsindustrie stehen ausschließlich hierfür zur Verfügung. Wir haben Horrorfilme, vom Kunstfilm bis zum *Low-budget*-Kitsch (nicht zu vergessen die neueste Variation, die eine neue Technologie hervorbrachte: das gewaltverherrlichende oder pornographische Video), wir haben Horrorcomics, Taschenbuch-Thriller und das Schreckenskabinett von Madame Tussaud.

Eine gewisse Schwäche für derlei Dinge, ein wohliger Schauder, den das Entsetzen hervorruft, gilt nicht als abartig oder abnormal, ebensowenig wie es einst als abnormal galt, Familienausflüge zu öffentlichen Hinrichtungen zu unternehmen, wobei allerdings die Hinrichtung für die Allgemeinheit eine Funktion besaß, die mit dem heutigen Horrorerlebnis nichts zu tun hat. Horror gehört heutzutage in das Gebiet der Ästhetik und besteht im Idealfall aus purem Sensationsempfinden. Das Handeln von Leuten, die um des Vergnügens willen, Zeugen von Tod und Zerstörung zu sein, an den Schauplatz einer Katastrophe eilen, wird daher als unangemessen betrachtet, gerade weil die Realität ihnen einen Schauder vermittelt, der unserer Meinung nach auf das Reich der Erfindung beschränkt sein sollte.

Schon zu Beginn unserer Untersuchung fiel uns auf, auf welche außergewöhnliche Weise die Darstellung von Lustmorden die

Grenzen zwischen Fakten und Fiktion zu verwischen scheint. Einerseits finden wir die Taten von Lustmördern genauso dargestellt, als seien sie erfunden: Es ist kaum eine Metapher, vom »Mörder als Held« zu sprechen, wenn Jack the Ripper der Star so vieler Filme war und genauso behandelt wurde wie Dracula oder Frankensteins Monster, also als Schauerromanfigur; oder wenn ein pseudo-dokumentarischer Film wie *John Christie – Der Frauenwürger von London* mit Richard Attenborough als Christie sich der Techniken eines gutgemachten Thrillers bedient. Andererseits jedoch finden wir Fiktionen genauso dargestellt, als seien sie absolute Realität: Norman Bates in *Psycho* wird zu einem Bezugspunkt in der öffentlichen Diskussion über den Würger von Boston; Raskolnikow und Othello werden in forensischen Lehrbüchern behandelt. Jeder bekannte Mord wird zu einem gespenstischen Taschenbuch oder Film verarbeitet; viele Mörder erweisen sich als fleißige Konsumenten jenes Schrifttums, das die Vergnügungen des (imaginären) Horrors preist. Professor John Gunn vom Institute of Psychiatry zufolge ist der Mörder in immer mehr Fällen zum Teil von dem Wunsch motiviert, berühmt zu werden, im Fernsehen oder auf der Titelseite der Zeitung zu erscheinen. (»Portrait of a Serial Killer«, *The Times*, 28. Juli 1986) Er möchte ein Held in der großen Tradition des Mordens sein. Die Experten werden ihn insgeheim unterstützen, da sie dieses Ziel realisieren, indem sie eine kurze Biographie und eine Schilderung seines Verhaltens in der Art der bestehenden »Konventionen des Genres« erstellen (er hat einen Groll auf seine Mutter; er ist ein latenter Homosexueller). Wenn, wie der Gerichtspsychiater Dr. Edmund Harvey-Smith bemerkte, »es sehr schwierig [ist], eine kleine Skizze von jemand anzufertigen, der herumläuft und alte Leute tötet«, dann vermutlich nur, weil noch keiner hingegangen ist und einen Film darüber gemacht hat! (»Portrait«, *The Times*, 28. Juli 1986) Die Neigung, Lustmorde in Form von Romanklischees zu betrachten – unheimliche Bucklige, diabolische Zwerge, vampirische Verführer, erfolglose Beamte, die sich in Mordwütige verwandeln, grausame Lüstlinge, Wüstlinge und Teufelsanbeter, heimliche Transvestiten mit einem Groll auf ihre Mütter, primitive Monstren und degenerierte Mönche –, dringt ebenso tief in das allgemeine Bewußtsein ein wie der Sexungeheuer-Schwulst der Boulevardpresse: Tatsächlich sind beide Klischees deutlich miteinander verbunden. Die genrespezifischen Charaktere der Horrorromane funktionieren genau wie der »Unhold« des Boulevardblatts: Sie liefern eingängige stereotype Erklärungen in Form einer angeborenen, jedoch unnatürlichen und unmenschlichen Boshaftigkeit, sie treiben zudem einen Keil zwischen den Mörder und den Mann auf der Straße, indem sie Mörder auf eine stilisierte, eindimensionale Weise darstellen.

Aber Horrorromane gehen tatsächlich noch weiter. Es fällt zum Beispiel auf, daß sie, anders als die Boulevardblätter, dazu neigen, das Opfer vollständig zu tilgen. In den Nachrichten wird der ermordeten Person oftmals rührselig gedacht, aber sie ist immerhin präsent, zusammen mit ihren zornigen und trauernden Angehörigen. In Buch und Film ist sie bestenfalls ein Schatten, überstrahlt von der Boshaftigkeit ihres Mörders und von dem Entsetzen über seine Taten, die für sich beanspruchen, von zentraler Bedeutung zu sein. Der Vorrang des Sensationellen in dieser Art der Darstellung markiert ihre größte Abweichung von der »true crime«-Literatur. Sie verwandelt das Verbrechen nicht nur in eine Sensation, sondern in ein Erlebnis, das *ästhetisch* gewürdigt werden kann. Unsere Fähigkeit, auf diese Weise auf einen Mord zu reagieren, ist darauf zurückzuführen, daß es eigens einen Diskurs über die Schönheit des Entsetzlichen und das Vergnügen an Greueltaten gibt. Dieser Diskurs beeinflußt nicht nur unseren heutigen Lesestoff über Lustmorde, er war wohl auch bei der Entstehung dieser Form des Verbrechens ein wichtiger Faktor.

Was für schön oder bedeutend gehalten wird, variiert auffällig in den verschiedenen Kulturen und verändert sich mit der Zeit. Im 18. Jahrhundert wurde in Europa nach und nach eine ästhetische Theorie entwickelt, die den Reiz des Schreckens betonte. Es erschienen Aufsätze mit Titeln wie »Über das Vergnügen an Gegenständen des Schreckens« und »Eine Untersuchung der Formen von Kummer, die angenehme Empfindungen hervorrufen«.[6] Wer für die Schönheit des Schreckens schwärmte, war begeistert von zerklüfteten Landschaften, dunklen Wäldern, Höhlen, Burgruinen, Friedhöfen und Gewittern. »Mit Makeln behaftete« oder

»entstellte« Formen weiblicher Schönheit (Bucklige, Schwindsüchtige, Leichname usw.) wurden von den großen Schriftstellern der Romantik bewundert: 1846 schrieb Edgar Allan Poe: »Der Tod einer schönen Frau ist unzweifelhaft das Poetischste, das es auf der Welt gibt.«[7] In einem großen Teil der Literatur des späten 18. und des 19. Jahrhunderts läßt sich diese Begeisterung für den Schrecken erkennen, zusammen mit einer Spur Erotik, die häufig sadistisch oder nekrophil gefärbt ist.

Die sado-masochistischen Neigungen jener Zeit wurden insbesondere durch die gruseligen »Schreckensgeschichten« bezeugt, die, um 1790 in England entstanden, sich beträchtlicher Beliebtheit erfreuten und sich bald in ganz Westeuropa verbreiteten. Diese Erzählungen – die Vorläufer der viktorianischen Schauerromane – gehen dem Lustmörder um fast ein Jahrhundert voraus, aber sie liefern viele Verhaltenscodes, nach denen er schließlich gedeutet wurde. Ihre Handlung, die meist an geeigneten Schreckensschauplätzen wie Schlösser, Wälder, Friedhöfe und Klöster spielt, dreht sich um Folter, Inzest und Mord, die oft minuziös mit voyeuristischer Lust beschrieben werden:

> Der enthäutete St. Bartholomäus, um den seine Haut anmutig drapiert ist, St. Lorenz, der, auf einem Rost gebraten, auf den Gittern seinen schön gebauten Körper zur Schau stellt, während nackte Sklaven die Kohlen darunter anblasen – selbst sie waren nichts gegen die Gestalt, die halb verschleiert, halb entblößt da lag.[8]

Dies wurde 1820 geschrieben, und von da an weisen die Annalen von Lustmorden viele erbauliche Beispiele von Männern auf, die das Abschälen von jemandes Haut erregend fanden, ganz zu schweigen von denjenigen, die der Behauptung beipflichteten, die Objekte der Begierde sähen am verführerischsten aus, wenn sie tot sind. Was lag der Entwicklung einer Ästhetik zugrunde, derzufolge, mit Burkes Worten, »was immer sich irgendwie eignet, die Vorstellungen von Schmerz zu erregen, das heißt, alles, was irgendwie schrecklich ist... eine Quelle des Erhabenen«[9] ist? Den meisten Interpreten zufolge hing sie mit einer Anzahl Entwicklungen auf anderen Wissensgebieten zusammen; vor allem mit der von Novalis geförderten Theorie in der Psychologie, daß schmerzliche und angenehme Empfindungen im Nervensystem eng verbunden und Begehren und Grausamkeit sich daher sehr ähnlich seien, sowie mit der Verbreitung von Einzelheiten aus pseudo-anthropologischen Untersuchungen »primitiver« Völker und ihrer »grausamen« Sitten. Ein weiterer Faktor für die Erzeugung neuer Darstellungen und Ausdrucksformen des Begehrens waren die großen sozialen Umwälzungen, die damals in Europa stattfanden, allen voran die Französische Revolution von 1789.

Diese soziale Umwälzung war es, die einen Schriftsteller hervorbrachte, dessen Ansichten von Lust und Begehren unsere moderne Auffassung von Erotik stark beeinflußt haben. Die Kenntnis dieser Ansichten ist Teil unserer Fähigkeit, dem Phänomen des Lustmordes überhaupt mit dem Verstand beizukommen. Wir sprechen natürlich vom Marquis de Sade, als »einer der größten Inspiratoren der Moderne« gepriesen und eindeutig ein Vorläufer der heutigen Tendenz, Sex, Grenzüberschreitung, Grausamkeit und Tod miteinander zu verbinden.

Philosophie im Schlachthaus: Der Marquis de Sade

Hätte Donatien Alphonse François, Marquis de Sade (1740–1814), nicht gelebt, wäre die Geschichte des Lustmordes vielleicht eine ganz andere. De Sades Einfluß auf den Begriff des Lustmörders, wie unsere Kultur ihn versteht, sowie das Ausmaß, in welchem er »den Mörder als Held« anerkennt, können kaum überschätzt werden, während er, was den klinischen Begriff betrifft, in der Literatur über sexuelle Abartigkeit in der Kategorie vertreten ist, die wir mit seinem Namen bezeichnen – Sadismus. Mord ist (Experten zufolge) eine extreme, doch in gewissem Sinne archetypische Manifestation desselben.[10]

Soweit wir wissen, war de Sade selbst kein Mörder, seine zahlreichen Verehrer beeilen sich zu versichern, ihm sei vom Blutgeruch der Guillotine übel geworden. Er verübte jedoch schwere Sexualvergehen; und er hat eine Philosophie entwickelt, derzufolge die Vergnügungen – erotische, ästhetische, intellektuelle und moralische – mit Demütigung, Folter und Mord verbunden sind. Er schuf ein ichbezogenes Sexualuniversum (»Erfordert nicht jede Leidenschaft Opfer?« fragte er, als er erklärte, die Sexualität müsse ihre Objekte vollkommen verzehren) und begründete die Vorstellung vom Sadisten als Rebellen und Märtyrer, die noch heute derartige Täter verherrlicht. Kurz gesagt, die mit de Sades Leben und Werk verknüpften Ideen haben die westliche Kultur dermaßen beeinflußt und verändert, daß sie als Wegbereiter des später geprägten Begriffs Lustmörder und der diesen umgebenden Mythen angesehen werden müssen. Mit den Worten von Michel Foucault ist

Sadismus nicht ein Name, der schließlich einer Gepflogenheit, so alt wie Eros, verliehen wurde; er ist eine feste kulturelle Gegebenheit, die exakt Ende des 18. Jahrhunderts entstand und die eine der größten Umwandlungen westlicher Vorstellungskraft bewirkt: die Verwandlung von Unvernunft in Raserei des Herzens, Wahnsinn des Begehrens, das irre Zwiegespräch von Liebe und Tod in der grenzenlosen Anmaßung der Begierde. (1965, S. 20)

Selbst unter Berücksichtigung der bei Foucault stets vorhandenen historischen Übertreibung ist kaum zu leugnen, daß der »Wahnsinn der de Sadeschen Begierde« ein Modell für alle Lustmörder der modernen Zeit darstellt. Wir werden später sehen, wie es im ausgehenden 19. Jahrhundert als Bezugspunkt für Diskussionen über Jack the Ripper diente, und auch wie Ian Brady, ein Kindermörder in den 60er Jahren, sich selbstbewußt als Nachfolger von de Sade bezeichnete. Zunächst müssen wir jedoch die Ideen umreißen, die den »göttlichen Marquis« zum Propheten des Lustmordes machen.

Eingedenk der Zeit, in der de Sade gelebt hat, ist es nicht verwunderlich, daß sein Denken die allgemeine wissenschaftliche und philosophische Thematik der französischen Aufklärung im 18. Jahrhundert widerspiegelt (die vollständigen Werke ihrer großen Leuchten Rousseau und Voltaire befanden sich unter de Sades Besitztümern in Charenton, als er starb). Er hat den Charakter des

»Libertin«, des Freigeistes und Sensualisten, der jenseits gesell-schaftlicher und sexueller Konventionen lebt, nicht erfunden, aber in den pornographischen Schriften, die sein *œuvre* darstellen, hat er die Zügellosigkeit in neue Extreme geführt.

Wir beabsichtigen nicht, im einzelnen auf den Inhalt von de Sades Hauptwerken (*Justine, Juliette, Die 120 Tage von Sodom, Philo-sophie im Boudoir*) einzugehen; zahlreiche Arbeiten über de Sade geben hierüber Aufschluß. Uns interessiert die Prämisse, die all diesen Schriften innewohnt, nämlich daß Grausamkeit und Über-legenheit, am anschaulichsten durch tatsächliche Vernichtung dar-gestellt, die wahren Triebfedern der erotischen Lust seien. De Sade gelangt auf zwei ziemlich gegensätzlichen Wegen zu dieser Ein-sicht.

Erstens betont er unaufhörlich, das Vergnügen an Grausamkeit sei ganz *natürlich*, das heißt, im Einklang mit den Geboten der Natur. In einer typisch materialistischen Darstellung erklärt er (in For-mulierungen, die an Novalis anklingen und später von dem Sexo-logen Krafft-Ebing wiederaufgenommen wurden), sexuelle Lust sei eine Sache von Nervenempfindungen, und was die Erzeugung dieser Empfindungen betreffe, seien Lust und Grausamkeit sehr ähnliche Stimulanzien. Unsere Physiologie selbst erzeuge Freude aus Sadismus. Doch auf einer gehobeneren Stufe können wir dar-über hinaus Grausamkeit und Zerstörung als von der Natur gebo-ten sehen, die selbst grausam und zerstörerisch sei: »Wer bezwei-felt, daß Mord zu den edelsten Gesetzen der Natur zählt? Was ist ihre Absicht bei der Schöpfung? Ist es nicht die, ihr Werk bald darauf zerstört zu sehen? Wenn Zerstörung ein Gesetz der Natur ist, dann tut der Mensch, der zerstört, nichts anderes, als ihr zu gehorchen!«[11] Daraus folgt, daß die »monströsen« Mörder der Vergangenheit wie etwa Gilles de Rais (den de Sade ausdrücklich erwähnt) Naturphänomene und nicht abartig waren: »Dumm-köpfe entgegnen mir, ›aber das waren Ungeheuer!‹ Ja, nach unse-rer Moral und Denkweise; doch im Angesicht der über uns ste-henden Natur waren sie nur Ausführende der Pläne der Natur; um ihre Gebote zu befolgen, stattete sie sie mit ihrem grimmigen, blutrünstigen Wesen aus.«[12] Es ist nur ein kleiner Schritt von der Erklärung, Mord sei natürlich, bis zu der Behauptung, er sei bewundernswert, wie de Sade ständig betont. In der Welt, die er in all seinen Schriften erschafft, triumphiert »natürlich« das Laster, und Tugend wird nicht nur nicht belohnt, sie wird tatsächlich bestraft durch Leiden und Tod (um das Einverständnis der Natur zu unterstreichen, läßt de Sade einen Blitzstrahl seine tugendhafte Heldin Justine erschlagen).

Doch die Freude am Morden findet sich nicht nur im »tun, was natürlich ist«. Wenn Morden gerechtfertigt ist, weil es den Naturgesetzen folgt, dann ist es *vergnüglich*, weil es den von Menschen gemachten Gesetzen *nicht* folgt: Es verhöhnt die Moral der Gesellschaft und der Religion, und dieses Element unverhohlener Gesetzesübertretung ist es, das dem wahren Freigeist die Mordtat nahelegt: »Oh! Welche Tat ist so wollüstig wie die Zerstörung… keine Ekstase gleicht derjenigen, die wir erfahren, wenn wir uns dieser göttlichen Infamie hingeben.«[13] Mord ist bei de Sade (und in der nachfolgenden Literatur) das Symbol für Grenzüberschreitung und sexuelle Lust, die somit unentwirrbar miteinander verknüpft werden. Sie stehen außerdem für das, was Simone de Beauvoir, die zu den modernen intellektuellen VerteidigerInnen de Sades gehört, als zentrales Thema der menschlichen Beschaffenheit ansah: die »dramatische Konfrontation« zwischen »Mensch als Transzendenz« und »Mensch als Objekt«. Der Aspekt von de Sades Leben und Werk, der die westliche Betrachtungsweise verwandelt hat, ist die Idee, daß, wer eine Missetat begeht, ein Rebell sei auf der Suche nach Freiheit und Vergnügen – nach »Transzendenz« –, die ihm die Gesellschaft in ihrer Unwissenheit und Engstirnigkeit verwehrt. Somit ist der Weg für den Lustmörder gebahnt, um der typische moderne Held zu werden.

Dieser Prozeß wurde in der modernen Zeit vollendet; der Intellektuellenstatus, den wir de Sade als Apostel von Grenzüberschreitung und Freiheit zuerkennen, unterscheidet sich verblüffend von dem Status, den ihm seine ZeitgenossInnen zugewiesen haben. Die Veränderung spiegelt sich in einer ganzen Reihe von kulturellen Entwicklungen wider. Die ästhetische Bewegung, die de Sade zum Teil mitgestaltete, wurde immer mächtiger, wobei die Schauerliteratur in das Repertoire der »hohen Kunst« aufgenommen und von den Intellektuellen verehrt wurde (wie die von de

Sade angeregte Pornographie, beispielsweise die des Georges Bataille). Die surrealistische Strömung zu Beginn des 20. Jahrhunderts behauptete, die höchste surrealistische (ästhetische) Tat sei es, mit einem Revolver wahllos in eine Menge zu schießen. Mit ihrem Kult von der »konvulsiven Schönheit« (bei welcher die Bewunderung von mordenden Frauen ein beachtliches Element darstellte) haben die Surrealisten viele Motive der Schauerliteratur und des romantischen Sadomasochismus übernommen.[14] Die Vorstellung vom Mörder als Held hatte sich somit Mitte des 20. Jahrhunderts durchgesetzt und hat seither noch an Einfluß gewonnen; ein Blick auf die Bestsellerlisten zeigt zum Beispiel, daß der Mörder sehr oft der Held zeitgenössischer literarischer Werke ist.[15]

Wie im 18. Jahrhundert haben auch die Romane des 20. Jahrhunderts, die Mord als Vergehen/Transzendenz zum Inhalt haben, ihre Untermauerung in philosophischen Diskursen. Die Bedeutung dieses Themas spiegelt sich deutlich im Denken der existentialistischen Philosophen wider, die – wie wir sehen werden – de Sade nicht wenig zu verdanken haben.

Der Mörder als Rebell: Existentialismus

Der »Existentialismus« befaßt sich mit der Philosophie von der Bedeutung der Existenz und der Natur des menschlichen Daseins – insbesondere mit der Art und Weise, wie die Menschen gehindert werden, frei zu sein, und der Art und Weise, wie sie sich bemühen können, frei zu werden. Für die existentialistischen PhilosophInnen hat der Mensch kein »Wesen«, das seine konkrete Daseinsform transzendiert, das heißt, es gibt nichts, das einer universalen, zeitlosen und unveränderlichen »Seele« entspricht. Der Mensch *ist* vielmehr sein materielles und soziales Sein. Für die PhilosophInnen, mit denen wir uns hier am meisten befassen, Jean-Paul Sartre, Simone de Beauvoir sowie ihre LehrerInnen und NachfolgerInnen, ist die Situation des Menschen tragisch. Ein wesentlicher Aspekt seines materiellen Seins ist seine *Subjektivität*; er ist kein Objekt, das erlebt wird, sondern ein Erlebender; nicht etwas, das behandelt wird, sondern ein Handelnder. Er ist ein potentiell freies Wesen, aber gefangen in einem engen Kokon aus Körper, Koventionen und Meinungen, so daß die Momente von Sein und Erleben flüchtig sind. Selbst wenn er seinerseits frei zu handeln meint, handelt er im Einklang mit den Normen der Gesellschaft; selbst wenn er jemanden ansieht, wird er auch angesehen und somit objektiviert und zum Nicht-Subjekt. Dies ist die Tragödie.

Wir haben im vorangegangenen Absatz absichtlich das maskuline Pronomen verwendet. Wie die Philosophie im allgemeinen, befaßt sich der Existentialismus nicht mit der gesamten Menschheit, wie wenn Männer und Frauen philosophisch gleichbedeutend wären. Ein neutraler oder feministischer Sprachgebrauch bei der Erörterung dieser Literatur hieße diese herausragende Tatsache verschleiern. Nur, wenn wir die Maskulinität des Subjekts in der Philosophie deutlich im Sinn behalten, können wir unsere Aufmerksamkeit ihren sämtlichen Folgerungen zuwenden. Denn wir werden weiterhin behaupten, daß die Frauen nicht erst nachträglich in Diskussionen über den Kampf des Menschen um Transzendenz eingefügt werden können.

Sartre und de Beauvoir haben sich unablässig für Mord interessiert. Dessen eigentümliche philosophische Bedeutung wurde ihnen durch die Surrealisten und durch André Gide nahegebracht, der sie überzeugte, daß »im innersten Wesen jedes Menschen eine undurchdringliche Finsternis lauert, etwas, das gesellschaftliche Konventionen oder den allgemeinen Sprachgebrauch der Menschen nicht aufzubrechen vermag, das aber hin und wieder auf besonders skandalöse Weise hervorbricht«. (Beauvoir, 1962, S. 192) Was da »hervorbricht«, ist die Subjektivität in ihrem Bemühen, entgegen gesellschaftlichen und materiellen Zwängen frei zu handeln. Die Mordtat ist *per definitionem* eine Tat, die sich am Leben selbst vergeht und daher die Bedingungen durchbricht – körperliche, psychologische und gesellschaftliche –, die den freien Willen des Menschen gefesselt halten. André Gides Verherrlichung von Mord als dem »kulminierenden *acte gratuite*, der den Menschen von der Vorbestimmtheit des materiellen Universums befreit... der Punkt, an dem der Mensch sich – unumkehrbar – für seine Freiheit entscheidet« (zit. in Coe, 1968, S. 181), faßt diese Auffassung zusammen.

In den Werken von Jean Genet wird das Thema Mord als höchster Akt der Freiheit und als Widerstand gegen die Bestimmtheit wieder und wieder bearbeitet. Mord ist »die absolute Trennlinie zwischen dem Materiellen und dem Transzendentalen, dem Profanen und dem Heiligen. Ist sie erst überschritten, ist die Vergangenheit ohne jede Bedeutung, die Zeit endet; die Zukunft steht zur freien Wahl, und die Notwendigkeit der Wahl ist selbst frei gewählt.« (ebd.) Nachdem er gemordet hat, bleibt der Mörder »lebendig zurück, ohne Identität und daher frei«, weil er die Fesseln der Sozialisierung gesprengt und aufgehört hat, das soziale Wesen zu sein, zu dem er erzogen wurde. (a. a. O., S. 125) Er hat auch Gottes Gesetz und Gott selbst zerstört und ist dadurch Gott *geworden*. Er ist in ein Reich des reinen Seins eingedrungen.

Bei Genet finden wir neben dieser Verherrlichung von Mord als Grenzüberschreitung um der Freiheit willen ein inhärentes *erotisches* Motiv für diese Überschreitung. Mord kann als Ausdruck erotischer Gewalt angesehen werden. Der Kritiker Richard Coe erklärt dies mit zeitlosen, fundamentalen Bedeutungen, die vom menschlichen Sein nicht zu trennen sind: »In jeder intensiven und ursprünglichen Erotik ist der Geschlechtsakt mit der Vernichtung des Lebens verbunden... Sex und Tod werden von denselben Tabus behindert, Vergewaltigung und Mord bieten denselben Reiz.« (a. a. O., S. 41) Selbstverständlich ist das »menschliche Sein«, von dem Coe hier spricht, tatsächlich ein männliches Sein. Vergewaltigung scheint für Frauen von geringem Reiz zu sein, für die Sex nicht nur (nicht im geringsten?) mit der Vernichtung des Lebens, sondern auch mit seiner Schaffung verbunden ist. Wenn Sex und Tod im existentialistischen Denken miteinander verbunden sind, drängt sich im Zusammenhang damit der Gedanke an die Ähnlichkeit von Haß und Liebe auf. In der Liebe versucht das Ich sich selbst zu entfliehen und in das andere Ich einzugehen; doch weil das Andere zwangsläufig das Ich durch sein Anderssein ausschließt, kann die Liebe sich leicht in Abscheu und den Wunsch zu zerstören verkehren. In diesem Zusammentreffen von Überschreitung und Erotik, Sex und Tod, Liebe und Haß – und daher am Ende Freiheit und Tod – können wir die Voraussetzungen erkennen für die existentialistische Darstellung von Lustmördern als wahre Rebellen, als diejenigen, die die Erotik in ihrer reinsten Form in die Tat umsetzen.

Es gibt jedoch zwei große Probleme mit der existentialistischen Darstellung (und Verherrlichung) des Mörders. Erstens ist sie logisch nicht schlüssig; die Umwandlung von Liebe in Haß und Tod wird als Mittel gesehen, durch das Individuen aus den erstickenden gesellschaftlichen Konventionen ausbrechen, doch ist diese Umwandlung unzweifelhaft selbst konventionell. Sie ist seit dem 18. Jahrhundert eine in unserer Kultur verankerte Möglichkeit und gewiß nichts Neues. Aber wenn Lustmord kein authentischer freiwilliger Ausdruck des individuellen Willens ist, sondern eine von der Kultur bestimmte Möglichkeit, kann er kaum den Triumph des freien Willens im Widerstand gegen die Bestimmung verkörpern. Anders ausgedrückt, antisoziales Handeln ist nicht immer *a*soziales Handeln; dieses ist häufig von bereits bestehenden sozialen Bedeutungen untermauert. Uns scheint, die Existentialisten haben diesen wichtigen Punkt vertuscht, deswegen muß hinter ihre zentrale Idee, das Ich könne sein objektiviertes Sein durch Willensakte transzendieren, ein dickes Fragezeichen gesetzt werden.

Daß die sogenannte »Freiheit« der Existentialisten tatsächlich von gesellschaftlichen und kulturellen Konventionen bestimmt ist, tritt noch deutlicher zutage, wenn wir Beispiele von angeblich gewagten und gesetzesbrecherischen Taten im Leben und in der Literatur betrachten. Bei de Sade gibt es beispielsweise das Motiv des Transvestismus, das dazu dient, die gewollte Überschreitung der konventionellen Geschlechtsgrenzen zu illustrieren. In *Juliette* spielen die Heldin und ihr Gefährte ein Transvestismusspiel, dessen Absicht und Wirkung es ist, den Ritus der Vermählung herabzuwürdigen. Doch selbst hier läßt der (männliche) Anstifter, wie Angela Carter aufzeigt, mit Bedacht »bestimmte Komplikationen außer acht, die wahrhaftig eine Anarchie der Geschlechter andeuten würde – daß zum Beispiel Juliette als Mann, er selbst als Frau heiraten sollte; nicht für einen Moment, nicht einmal in der Phantasie, konnte er zulassen, daß Juliette diese Art von Klassenherrschaft über ihn ausübte«. (Carter, 1979, S. 99) Wir meinen, dieses Beispiel verdeutlicht, daß das, was für »Freiheit« gehalten wird, in Wahrheit innerhalb strikter Beschränkungen vonstatten geht. Es ist eine Art Spiel, dem selten, wenn überhaupt, gestattet ist, den Realitäten der Macht eine ernste Herausforderung zu bieten. Intellektuelle haben sich bedauerlicherweise oft vorgestellt, die Machtstrukturen seien im Begriff zu zerfallen, weil ein Individuum einen willentlichen Gewaltakt beging. Für de Beauvoir und Sartre zum Beispiel lag der Reiz des Mordes unter anderem darin, daß er oft als erfreulich anti-bourgeois interpretiert werden konnte. Sie ergötzten sich an *causes célèbres* wie dem Fall der Schwestern Papin, die ihre bourgeoise Herrin brutal ermordeten (auf ihrer Geschichte beruht Genets Theaterstück *Die Zofen*), jedoch bemerkt de Beauvoir sehr richtig, daß diese Tat am Ende nicht als eine schlichte Erhebung gegen Klassenunterdrückung und noch weniger als bewußte revolutionäre Tat verstanden werden könne. Tatsächlich ist es immer schwer, Mordtaten wie die der Schwestern Papin als echte freie Taten zu postulieren. Bestenfalls sind sie Taten relativer Freiheit, insoweit als der Mörder oder die Mörderin die gesellschaftlichen Konventionen und Beziehungen, die normalerweise als heilig gelten, verhöhnt. Dennoch bemüht sich der Mensch, wenn auch vergebens, in existentialistischer Sichtweise mit solchen Taten um reine transzendente Subjektivität.

Wir entdecken allmählich, weshalb Simone de Beauvoir de Sade verteidigt. Sein Lebensstil und seine Schriften verhöhnten ganz bewußt die bourgeoisen Konventionen und verdienten deswegen Lob. Doch ebenso, wie de Sade den Schritt nicht tun konnte, aus seinem erfundenen Spiel eine echte »Anarchie der Geschlechter« zu machen, finden wir im existentialistischen Denken eine ähnliche Verdunkelung des tatsächlichen Geschlechts derjenigen, die das gesellschaftliche und materielle Sein überschreiten.

Dies ist das zweite große Problem mit der existentialistischen Verherrlichung von Mord. Wer ermordet wen? Im ersten Kapitel unseres Buches haben wir festgestellt, daß es überwiegend Männer sind, die morden; sehr oft sind es Frauen, die sie ermorden. Aber de Sade ist laut Angela Carter der Freund der Feministin, weil er andeutet, daß dies nicht für alle Zeit so sein müsse. De Sade sagt, auch Frauen können morden; die Juliettes dieser Welt können ebenfalls Siegerinnen im Kampf um Transzendenz sein.

In letzter Zeit wurde dieses Thema – ob jemand die dominante oder zentrale Position des Subjekts einnehmen kann – von sehr einflußreichen Theoretikern, die in der Tradition des französischen Existentialismus arbeiten, und besonders von Feministinnen erforscht, die von der Lacanschen Psychoanalyse beeinflußt sind. Doch es läuft darauf hinaus, Subjekt werden heiße maskulin werden (diese Denkrichtung ist »antiessentialistisch« und setzt Männlichkeit und Weiblichkeit nicht mit dem biologischen Geschlecht gleich). Maskulin werden heißt jedoch das Feminine ablehnen und schmähen. Es ist schwer, dem metaphysischen/metaphorischen Widerspruch zu entkommen, den Angela Carter bei de Sade entdeckt, durch den er »die Frauen regelmäßig der Klasse der Schwachen und daher der Ausgebeuteten zuordnet, und so sieht er Weiblichkeit als Erfahrungsform, die das Geschlecht überschreitet. Feminine Hilflosigkeit ist eine Eigenschaft der Armen, ungeachtet des Geschlechts.« (a.a.O., S.86)

Sartre und de Beauvoir weichen diesem Punkt aus. Für Sartre stellt der weibliche Körper von all dem abstoßenden objektivierten Material, das den Menschen erstickt und an seine Materialität bindet, das abscheulichste dar. Die existentialistische Idee von der Transzendenz ist vor allem die Transzendierung des Femininen, die Transzendierung dessen, was Geneviève Lloyd als »die Löcher und der Schleim, die die freie Subjektivität zu verschlingen drohen« bezeichnet. (1984, S. 101) In ihrer kritischen Erörterung der existentialistischen Philosophie lenkt Lloyd die Aufmerksamkeit auf den Widerspruch in der Idee einer femininen Erlangung der Transzendenz. Das Subjekt der Geschichte ist, und ist es im politischen Denken immer gewesen, maskulin. Für den Mann bedeutet Transzendenz des Körperlichen, des Materiellen und Sozialen, sich von dem Femininen an sich selbst loszureißen und es für immer abzulegen. Für die Frau dagegen gibt es »keinen Bereich, den sie sowohl verlassen als auch unversehrt lassen kann«. (ebd., S. 102) Transzendenz ist für Frauen Selbstzerstörung, denn die Überschreitung des Femininen bedeutet, sich selbst zu zerstören.

Weder Sartre noch de Beauvoir erkennen diese fatalen Hindernisse für die Freiheit der Frauen voll an, und ihre NachfolgerInnen in der französischen Tradition, einschließlich der Feministinnen, haben das existentialistische Vermächtnis ziemlich unkritisch hingenommen. Die ganze Idee von der Transzendenz hat wenig Kritik erfahren, Geneviève Lloyd sagt jedoch: »Wollen wir wirklich transzendente Wesen sein und in triumphierenden Willensäußerungen umherhüpfen?« (ebd., S. 98) Diese Frage ist nirgends angebrachter als in bezug auf die existentialistischen Ideen über Mord, denn Mord zu einer Metapher für Freiheit machen heißt die unumgängliche Tatsache übersehen, daß er ebenso eine massive Freiheits*beraubung* mit sich bringt. Wenn Freiheit gleich Transzendenz ist, die nur auf Kosten eines anderen erreicht werden kann, halten wir sie nicht für eine angemessene Basis feministischer Politik, weder heute noch in Zukunft. Dieser Standpunkt wird auch nicht durch jene Feministinnen entkräftet, die behaupten, unser höchstes Ziel müsse die Aufhebung der Kategorien »maskulin« und »feminin« sein (so daß Transzendenz nicht per definitionem Transzendenz des Femininen ist). Im allgemeinen stimmen wir diesem Gedankengang durchaus zu, aber die Verherrlichung von Lustmord wird kaum einen dekonstruktivistischen Effekt haben. Feministische Theoretikerinnen, die de Sade rechtfertigen, sind von der Aussicht auf Transzendenz des Femininen so geblendet, daß sie offenbar nicht realisieren, daß »Freiheit« im landläufigen Sinne eine erzkonservative Maskulinität reflektiert. Ganz sicher müssen beide Seiten eines Gegensatzes abgebaut werden.

Also fragen wir noch einmal: »Wer ermordet wen?« Wenn es tatsächlich keine Hindernisse für die feminine Transzendenz gibt – außer vielleicht die Zaghaftigkeit der Frauen selbst –, bleibt uns immer noch die Frage, warum Lustmörder männlich sind. Die Tatsache, *daß* sie männlich sind – und daß Ermordungen von Mächtigen durch Machtlose im allgemeinen so selten sind –, läßt uns an der ganzen existentialistischen Argumentation zweifeln. Diese Tatsache legt die Vermutung nahe, Mord sei nicht die höchste freie Tat, die von jedem Menschen begangen werden kann, sondern ein Instrument patriarchalischer und anderer Machtstrukturen.

Ein vom Existentialismus beeinflußter Schriftsteller, der sich der

Gegebenheiten des Geschlechts eingehender angenommen hat, ist Colin Wilson, Verfasser von Romanen, Literaturkritiken und zahllosen Studien über kulturelle Erscheinungen. Er wird von GeisteswissenschaftlerInnen nahezu völlig übergangen, aber wer sich für kulturelle Untersuchungen von Mord interessiert, kann unmöglich umhin, seine sich durch Vielfalt und Folgerichtigkeit auszeichnenden Arbeiten zu zitieren. Wilson interessiert sich aus typisch existentialistischen Gründen sehr für Mord:

> Mord ist die dynamisch gewordene Sinnlosigkeit des Lebens, eine Dramatisierung der verborgenen Vergeblichkeit des Lebens. Er ist die menschliche Tat, die, mit allen ihr innewohnenden Werten auf den Objektträger des Mikroskops gelegt, sich nicht in die konturlose Landschaft aller anderen menschlichen Taten auflösen kann. Die Untersuchung von Mord ist nicht die Untersuchung der abnormalen menschlichen Natur; es ist die Untersuchung der menschlichen Natur, von einer Tat befleckt, die sie auf dem Objektträger sichtbar macht. (Wilson und Pitman, 1961, S. 21)

Die Tragödie des Menschen besteht für Wilson in seinem Wissen, daß Freiheit eine Illusion ist: doch paradoxerweise zwingt seine Subjektivität ihn zu wählen – es gibt keine zeitlosen, dauernden Werte. Der Mörder unterscheidet sich nur im gesellschaftlichen Rang, nicht aber in der Art von anderen Menschen. Wir wissen alle, daß unsere Werte nur ein Notbehelf sind, aber der Mörder geht weiter als wir, wenn er seine Bequemlichkeit aufgibt, zugunsten eines Vergehens an dem, was für die Kultur angeblich »absolute« Werte sind. (ebd., S. 25) Der Mörder erscheint wieder einmal als Rebell, der sich weigert, die sinnlose Heuchelei des konventionellen Gesellschaftslebens mitzumachen.

Diese Darstellung des Mörders stammt aus dem Jahre 1961. Seither neigte Wilson immer weniger dazu, Mord als Heldentat zu verherrlichen. Vielmehr war er zunehmend entsetzt über die der westlichen Kultur innewohnenden Variationen des Sadismus. 1972 führte er den Begriff »Assassin«, Attentäter, für den Mörder ein, der sich berechtigt fühlt, zu morden – Charles Manson und

Ian Brady werden als Beispiele genannt. (Wilson, 1972, S. 28) Solche Mörder sind zum Beispiel von Frauen, die in Notwehr töten, zu unterscheiden. Sie erfordern eine Analyse dessen, »was schiefgegangen ist«.

Wilsons Analyse der »Attentäter« ist noch immer existentialistisch, aber die Suche nach Transzendenz wird in ihrem Fall als zu weit gegangen angesehen, als aus dem Lot geraten. Wilson konzentriert sich auf Lustmord, Vergewaltigung und andere sadistische Handlungen als Manifestationen von Nietzsches »Wille zur Macht«. Gewalt trotzt dem Gesetz und gesellschaftlichen Normen, sie ist eine Bestätigung des Rechts des Täters zu dominieren und seines mangelnden Schuldbewußtseins. (ebd., S. 33) Der Sinn dieses Trotzes ist die Bewahrung des Ich, einer unversehrten Subjektivität. Die Zunahme bizarrer sadistischer Handlungen im Laufe des 20. Jahrhunderts wird als Kulturphänomen analysiert, als eine eigenartige moderne Besessenheit von Freiheit und als Begreifen des Individuums als von einem verallgemeinerten, kollektiven »Anderen«, der Gesellschaft selbst unterdrücktes Wesen. 1983 analysiert Wilson diesbezügliche Schriften als Produkte der Ideen von Rousseau und Marx – Denkern, die er entschieden für die abscheuliche Degenerierung der gegenwärtigen Gesellschaften verantwortlich macht! (Wilson und Seaman, 1983, S. xxi)

Wilsons Existentialismus enthält jedoch einen angelsächsischen Hang zum Empirismus, und das führt ihn dazu, seine kulturellen Analysen und existentiellen Kategorien in einen Rahmen biologischer »Triebe« und »Ursachen« zu fügen. Ein für Wilson sehr wichtiges Modell ist Maslows »Hierarchie der Bedürfnisse«. Ihr zufolge sind die ersten Bedürfnisse der Menschen Nahrung, Obdach, menschliche und sexuelle Beziehungen. Wenn diese von der Gesellschaft, in der die Menschen leben, befriedigt sind, entsteht das Bedürfnis nach Selbstachtung und Respekt, dann nach Selbstverwirklichung und Kreativität. Die Hierarchie wird von Wilson zur Geschichte des Verbrechens in Beziehung gesetzt. Während vor 200 Jahren die meisten Verbrechen zur Aneignung von Nahrungsmitteln begangen wurden und wir vor 100 Jahren das Aufkommen von Sexualverbrechen sahen, sind wir heute Zeugen der Entstehung eines »unerklärlichen« und entsetzlichen Verbrechenstyps; illustriert am Beispiel von Brady, Manson, Sutcliffe und Nilsen, ist dies ein Verbrechen, das »für« die Selbstachtung begangen wird. (ebd., S. xiv)

Wir haben gesagt, es ist Wilsons Verdienst, die Tatsache nicht zu verschleiern, daß diese Verbrechen von Männern verübt werden, daß Männer Sadisten und Lustmörder sind, daß Frauen die heute so verbreitete Lust zu töten niemals bekunden, geschweige denn ausüben. Wilsons anhaltender Empirismus zwingt ihn vielmehr, die konkreten Taten, die von den Phantasien de Sades und seiner Verteidiger, den Surrealisten und Existentialisten, überlagert und verschlüsselt werden, offenzulegen. Der Wille zur Macht mag ein Aspekt des menschlichen Wesens sein, aber es sind die Männer, die ihn verzerren, in deren Händen er so erschreckend verfälscht wird. Der Geschlechtstrieb ist ein biologischer Trieb und formt deshalb auch das Leben der Frauen – aber es sind die Männer, die sich der Gewalt hingeben, die über Sex hinausgeht, die zu Abscheu und Haß wird, die eine Lebenskraft in etwas Stagnierendes, Giftiges verwandelt. (Wilson, 1972, S. 55)

Doch nirgends versucht Wilson ernsthaft, diesen Punkt zu beleuchten. Warum ist Selbstachtung für Männer so ein Problem und nicht für Frauen? Wilson verwendet auch diverse pseudo-wissenschaftliche Begriffe wie »Frustration«, »Aggression« und »sexuelle Perversion«, die mehr Hitze als Licht erzeugen, und er hält es für ganz selbstverständlich, daß es Frauen einfach nicht gegeben ist, unter diesen Problemen zu leiden. Dieser absolute Rückzug auf biologische Erklärungen macht Wilson zu einer transitorischen Figur zwischen den Existentialisten und den Wissenschaftlern, die wir uns im nächsten Kapitel vornehmen.

Schlußfolgerung

Unsere Untersuchung vom »Mörder als Held« hat ein komplexes, vielfältiges Bild enthüllt. Es scheint zwei Arten von Helden zu geben: erstens die »Unholde«, »Bestien«, »Ungeheuer«, deren schreckliche Gelüste sie aus der Gesellschaft ausschließen und auf den Status eines Tieres reduzieren, oder, wie der Vater von Tessa Howden über ihren Mörder sagte: »Er ist ein Tier, das sich als Mensch verkleidet hat!« (*The Guardian*, 14. Januar 1986) Diesen »Unmenschen« als »Held« zu bezeichnen heißt, das Wort aller positiven Bedeutungen zu berauben. Der zweite Typus ist der Freigeist oder Rebell, dessen Gelüste sich ebenfalls außerhalb gesellschaftlicher Normen bewegen, aber nur, weil die Gesellschaft so repressiv und einengend ist. Dieser ist der »Außenseiter«, der von Intellektuellen so anhaltend bewunderte »Übermensch« Nietzsches (der allerdings in den Schauerromanen der Massenunterhaltung auch eine populäre Seite hat).

Haben diese zwei Versionen vom Mörder als Held überhaupt etwas Wesentliches gemeinsam? Sie lassen sich durchaus als widersprüchliche Reaktionen auf dieselbe Grunderscheinung, das »Böse«, betrachten: Eine Version reagiert mit moralischer Verurteilung, die andere mit Faszination und sogar Entzücken. Wir finden in verschiedenen historischen Perioden und verschiedenen Gesellschaftsschichten ein unterschiedliches Gleichgewicht zwischen den zwei Reaktionen; so gab es um 1790 ein Aufwallen der Faszination des Bösen, das seine stärkste Wirkung bei den intellektuellen Schichten hatte (noch heute ist die moralische Entrüstung in jenem minderwertigen intellektuellen Genre, dem Boulevardjournalismus, am stärksten gefestigt). Doch beide Reaktionen sind immer »da«, sind in der Kultur verankert, um notfalls darauf zurückzugreifen.

Aber wir behaupten, daß es einen weiteren Zusammenhang zwischen unseren Versionen des Helden gibt. Sie scheinen nicht nur widersprüchliche Reaktionen auf das Böse, sondern Variationen über das Thema »Naturzustand« zu sein. Die Idee vom Naturzustand ist von der politischen Philosophie des 17. und 18. Jahrhunderts hergeleitet. Sie ist eine Art Mythos, ein Begriff, der beschreibt, was die menschliche Existenz ohne die Bildung einer Zivilisation wäre bzw. vor ihr war. In den Jahren seit Aufkommen dieser Idee hat sie widersprüchliche Haltungen hervorgerufen. Ursprünglich wurde der Naturzustand als etwas sehr Übles betrachtet, und die Gründung des Staates mit seinen Zwangsmaßnahmen wurde damit gerechtfertigt, ohne solche Maßnahmen

würden wir zu den Schrecken einer »vertierten« Existenz zurück-
kehren. Spätere Denker jedoch, wie der im 18. Jahrhundert le-
bende Philosoph Jean-Jacques Rousseau, benutzten den Mythos
vom Naturzustand, um die Gesellschaft zu kritisieren. Der »edle
Wilde« wurde idealisiert, der »unzivilisierte« Mensch, der ein tu-
gendhafteres Leben, mehr im Einklang mit der Natur führt als sein
entfremdetes Pendant in der westlichen Gesellschaft.

In beiden Versionen ist der Mörder als Held im wesentlichen ein
Mensch im Naturzustand – unsozialisiert, unzivilisiert, außerhalb
der konventionellen Moral. Im Sexungeheuer-Klischee der »true
crime«-Literatur steht der Naturzustand für das, was er für frühe
liberale politische Theoretiker war: Anarchie, Brutalität, Chaos,
Entsetzen. Der Lustmörder kündigt den Zusammenbruch der zivilisierten Gesellschaft an, und deshalb muß die Gesellschaft sogleich mit eindeutiger Verurteilung und den härtesten Strafen reagieren. Das Klischee vom »Rebellen« dagegen repräsentiert die
Idealisierung des Naturzustands. Der Lustmörder fordert die Gesellschaft heraus und bietet uns eine Weisheit, eine »natürliche«
Moral, eine Freiheit, die wir längst verloren haben.

Somit kontrastieren die zwei Versionen vom Helden in ihrer Ansicht über den Wert des Naturzustandes. Doch wenn wir sie aus
einem etwas anderen Blickwinkel betrachten, können wir vermuten, daß sie sich gar nicht so unähnlich sind; beide Versionen versichern uns, Lustmörder sind eine Sorte für sich. Anders ausgedrückt, indem sie den Mörder in einen Naturzustand versetzen,
leugnen beide Denkrichtungen, daß er sich in einem »Kulturzu-
stand« befinden, daß heißt, ein Produkt der Gesellschaft, nicht ein
Ausgestoßener oder eine Mißgeburt, sein könnte.

Doch diese Annahme wird jäh zunichte gemacht, wenn wir die
Frage nach Geschlecht und Macht im Zusammenhang mit einer
sozialen und kulturellen Analyse aufwerfen. Die Beschreibung
vom Mörder als Held, die wir in diesem Teil des Buches vorgestellt
haben, liefert reichlich Beweise gegen die Auffassung vom »Naturzustand«: Sie verweist auf die »Kulturbedingtheit« des Lustmordes und seinen Zusammenhang mit den kulturellen Vorstellungen von Sexualität und Geschlecht.

Unsere Analyse enthüllt zum Beispiel, daß Lustmord zu sehr eine historisch-spezifische Erscheinung ist, um als eine periodische Aufwallung von tierischen Impulsen behandelt zu werden, die normalerweise von der Sozialisation »gezähmt« würden. Warum brach das ewig Bestienhafte des Menschen nicht vor dem ausgehenden 19. Jahrhundert in dieser Form hervor?

Sie enthüllt ferner, wie das Potential für Lustmord in die westeuropäische Kultur eingebettet ist und es seit dem 18. Jahrhundert immer war. Die Erotisierung von Beherrschung, Grausamkeit und Tod ist keineswegs *natürlich*: Auch sie entstand an einem bestimmten Punkt in der Geschichte. Doch sie ist auch nicht auf wenige abnormale Männer beschränkt: Ihre imaginären Formen sind im Westen allgegenwärtig, sie durchdringen sowohl die gehobene wie die populäre Kultur und tragen so zu einem für selbstverständlich gehaltenen Stereotyp von der maskulinen Sexualität als von Natur aus sadistisch bei, die es von Natur aus gelüstet, das andere Ich mit Gewalt zu nehmen. In einer Kultur, die Sex, Macht und Tod so miteinander verschmilzt, ist der Lustmörder kaum ein Außenseiter.

Wir werden detaillierter auf dieses Thema eingehen, wenn wir zu unserem letzten Kapitel »Der Mörder als Frauenfeind?« kommen. Zunächst müssen wir uns anderen Betrachtungen zuwenden, die einiges zur Gestalt des Mörders beitragen. Unser Kapitel über den »Helden« schloß mit den Ideen des existentialistischen Schriftstellers Colin Wilson, und wir wiesen darauf hin, daß Wilson, indem er so großes Gewicht auf biologische Begriffe wie »Bedürfnis« und »Aggression« legte, bereits begann, den Mörder von seinem Sokkel ins wissenschaftliche Laboratorium zu stoßen. Im nächsten Kapitel werden wir daher unser Augenmerk auf die wissenschaftlichen Betrachtungsweisen richten, die, weit davon entfernt, den Mörder als Helden zu verherrlichen, sein Verhalten als »pathologisch« oder »abartig« beklagen.

3

Der Mörder als »Abweichung«

Möchte bitte jemand Pädophilie in den Begriffen der Genetiker erklären?
Oder Schuhfetischismus als Produkt eines in der Entwicklung konstanten
Gehirnmechanismus? Oder Penis-Exhibitionismus als hormonalen De-
fekt? Oder den Drang, alte Frauen zu vergewaltigen, als durch Umstände
bedingt? Oder Nekrophilie lediglich als statistische Zahl an den Außen-
bereichen einer gekrümmten Kurve?

Robert Stoller, Perversion: The Erotic Form of Hatred, 1976

1970 veröffentlichte Dr. Rober Brittain in der Zeitschrift *Medicin,*
Science and the Law ein facettenreiches Porträt des »sadistischen
Mörders«. Dieses Bild, behauptete er, sei nicht aufgrund irgendeiner Theorie konstruiert, sondern allein anhand seiner zwanzig-
jährigen Beobachtung derartiger Fälle. Brittain zufolge ist der
typische sadistische Mörder introspektiv und zurückgezogen, besessen, möglicherweise ein Pseudo-Intellektueller, sanft und im
allgemeinen nicht gewalttätig, narzißtisch und egozentrisch, in
sexuellen Dingen spröde und prüde, ein Hypochonder, einer, der
anderen möglicherweise weibisch vorkommt, hochintelligent, un-
versöhnlich gegenüber anderen Lustmördern, ein Tagträumer mit
einem reichen Phantasieleben, der sich gerne mit Greueltaten und
Horror beschäftigt. Zu seinen Interessen können Narzißmus, Ok-
kultismus, Dinosaurier und andere Monster zählen. In seinem
Zimmer, fährt Brittain fort,

> könnten sich eine Kapuze befinden, möglicherweise nach Art
> des Ku-Klux-Klan, oder eine Maske, Kleidung im orienta-
> lischen Stil, eine Kinderpuppe, ein lebensgroßes Modell einer
> Frau, ein Taucheranzug, ein Schal oder Handtuch, ein samenge-
> tränktes Taschentuch, ein zylindrischer Gegenstand, Betäu-
> bungsmittel, Tetrachlorkohlenstoff, Benzin, Leim oder andere
> ätherische Substanzen, ein Bettgestell oder eine ähnliche Kon-
> struktion. (ebd.)

Für den Fall, daß dieses erstaunliche Inventar noch nicht spezifisch genug ist, fügt Brittain hinzu:

> Es könnte ein übermäßiges Interesse am Schwimmen unter Wasser bestehen, oder der Verdächtige hat die Gewohnheit zu testen, wie lange er unter Wasser den Atem anhalten kann, oder mit nur einem Gummiregenmantel bekleidet durch die verlassene Landschaft zu laufen oder Anstoß in Kirchen zu erregen oder Gruften, Gräber oder Kirchhöfe zu zerstören. Es besteht vielleicht das Verlangen, Sprengstoff zu verwenden, um beispielsweise öffentliche Gebäude, Werften oder Strafanstalten in die Luft zu sprengen. (ebd.)

Für Brittain sind diese bizarren Äußerungen miteinander verbunden, weil sie ein *Syndrom* darstellen, d. h. eine charakteristische Kombination von Symptomen, die sich zu einer erkannten Veranlagung (in diesem Fall zu »sadistischem Mord«) zusammensetzen. Wir stimmen insoweit mit Brittain überein, daß Lustmord eine eigene bedeutungsvolle Kategorie ist, aber seine Gründe für diese Meinung und seine Darstellung veranschaulichen eine typisch »wissenschaftliche« Betrachtungsweise, der wir aus einer Anzahl von Gründen kritisch gegenüberstehen.

Erstens stellen wissenschaftliche Arbeiten dieser Art bestimmte Vermutungen über Zentralität und Beständigkeit des *Individuums* an, das systematisch mit den Begriffen seiner wesentlichen und unveränderlichen Charaktermerkmale kategorisiert wird. Zweitens werden diese Charaktermerkmale selbst mit allen *Taten*, die das Individuum begeht, in einen bestimmten *kausalen* Zusammenhang gebracht: Der Lustmörder mordet, weil er introspektiv, von Dinosauriern besessen, ein Unterwasserschwimmer ist usw. Oder möglicherweise stellt Brittain einen weiteren Faktor – ein unbekanntes »X« – fest, der die Introspektion, das Unterwasserschwimmen *und* die Neigung, Lustmorde zu begehen, verursacht. Daß er sadistischen Mord ein *Syndrom* nennt, bedeutet die Anerkennung der Möglichkeit einer multiplen Ätiologie, d. h. einer Anzahl von Ursachen. Aber es bestätigt auch, daß es sich hier um einen pathologischen Zustand von Individuen handelt, der somit in jedem Fall von *etwas* verursacht sein muß.

Drittens, die Charaktermerkmale und Begriffe, die Brittain herausstellt, sind als selbstverständliche, objektive wissenschaftliche Daten frisiert; wie viele Wissenschaftler scheint Brittain nicht zu erkennen, in welcher Weise seine eigenen Begriffe und Kategorien, die sich herleiten von der Kultur, in der er lebt und lernt, seine Art der Interpretation von Phänomenen durchdringen. Ein Beweis hierfür läßt sich in der Tatsache finden, daß Brittains Porträt vom Lustmörder eine auffallende Ähnlichkeit mit den im vorigen Kapitel erörterten Stereotypen aufweist, die in auf »Mordfans« abzielenden Horrorfilmen und -schriften verbreitet werden. Es ist nicht klar, welche Darstellung sich auf welche schädlich auswirkt; aber es besteht offensichtlich ein gewisses Maß an gegenseitiger Beeinflussung, infolgedessen der »Held« und der »Abweichende« nicht ganz und gar verschieden sind. Wenn wir uns vergegenwärtigen, daß Wissenschaftler zwangsläufig von ihrer Kultur durchdrungen sind, ist dies nicht sehr verwunderlich; es gehört jedoch zum »wissenschaftlichen Wirken«, sich zu weigern, dies anzuerkennen oder die Folgerungen in Betracht zu ziehen.

Unser vierter Kritikpunkt betrifft die Daten selbst, die zum großen Teil aus *Selbstdarstellungen* bestehen, die Brittain Lustmördern im Laufe der Jahre entlockt hat. Diese Darstellungen werden stets wie simple Tatsachen behandelt: unproblematische, unvermittelte Reflexionen über das Erlebnis und/oder die innere Störung des Patienten. Wir dagegen meinen, solche Darstellungen sind sowohl mehr als auch weniger als Reflexionen. Es sind oft bewußt konstruierte Darstellungen, die aus kulturellen statt individuellen Quellen schöpfen. Daß Lustmörder ihre Darstellungen in der Sprache der Horrorfilme formulieren oder dem Nazismus entnommene Bilder verwenden, zeugt von der Verfügbarkeit von »Drehbüchern«, deren sich Menschen bedienen können, wenn sie von jemand wie Brittain um eine Selbstdarstellung gebeten werden.

Die fünfte Frage, die sich für uns aus Brittains Aufsatz ergibt, betrifft die Begriffe, die er verwendet, um zu beschreiben, wie Lustmörder sind – »narzißtisch«, »starke Aggression«, »hochintelligent« usw. Dies sind von vornherein theoriebefrachtete Begriffe, und wir können Brittains Behauptung, sie seien ontologisch selbstverständlich, nicht beipflichten. Die Behauptung, ohne Bezug auf die Theorie zu schreiben, ist daher unbegründet; die Folgerung, es *gebe* theoriefreie Fakten, zu denen Wissenschaftler auf dem Wege der Beobachtung Zugang haben, ist, gelinde gesagt, naiv.

Brittain läßt seiner Beschreibung des »Syndroms« keine Erklärung folgen, *warum* sadistische Mörder sind, wie sie sind. Das ist in einer wissenschaftlichen Abhandlung unüblich, da die Wissenschaft im allgemeinen den Schritt von der begrifflichen Darstellung zur kausalen Erklärung tut; Ziel der Wissenschaft ist es letztendlich, gesetzmäßige Verallgemeinerungen zu formulieren, die es uns ermöglichen, beobachtete Erscheinungen sowohl präzise vorauszusagen als auch zu erklären. Hieraus ergeben sich wiederum Probleme für uns, und wir werden diese (zusammen mit den Fragen, die wir bisher angeschnitten haben) näher betrachten, wenn wir die Behandlung von Lustmord in der wissenschaftlichen Diskussion über Verbrechen, Krankheit und »Devianz« analysieren. Wir beginnen mit einer kurzen allgemeinen Darstellung, wie die wissenschaftliche Erforschung von Verbrechen und Verbrechern sich seit dem 18. Jahrhundert entwickelt hat.

Kriminologie: Die »Wissenschaft vom Verbrechen«

Wir können uns nur schwer einen Begriff vom »Verbrechen« ohne den »Verbrecher« machen – beide scheinen logischerweise voneinander abhängig. Doch vor den Arbeiten des klassischen Kriminologen Beccaria, Verfasser des berühmten Ausspruchs »Die Strafe soll dem Verbrechen angemessen sein«, gab es nur zwei Kategorien: Verbrechen und Strafe.[1] Der »Verbrecher« tauchte zusammen mit dem menschlichen Individuum auf, das allgemein zum Gegenstand der Sozialwissenschaft wurde. In frühen Darstellungen wurden Verbrecher als frei Handelnde betrachtet, die infolgedessen für ihre kriminellen Taten voll verantwortlich waren; dann wurde allmählich erkannt, daß nicht alle Individuen gleich frei sind – manche sind geisteskrank oder am Verhungern oder zu jung, um voll verantwortlich zu sein.

Die wissenschaftliche Untersuchung des Verbrechens spaltete sich sodann in zwei Hauptauffassungen, die beide den Verbrecher und seine Taten in den Mittelpunkt rückten und die beide eine Kausalkette zu konstruieren suchten, um zu erklären, warum der Verbrecher solche Taten verübte. Die eine Auffassung wurde von der Schule der wissenschaftlichen Kriminologie vertreten, die die Art und Weise betrachtete, wie soziale Variablen wie Geschlecht, Alter, geographische Lage usw. sich auf die Neigung eines Individuums, zum Verbrecher zu werden, auswirken können. Die andere wurde von der positivistischen Schule vertreten, die im ausgehenden 19. Jahrhundert mit Cesare Lombrosos Kriminalanthropologie ihren Anfang nahm und die untersuchte, wie Eigenheiten des indivduellen Organismus, wie etwa Körperbau oder Schädelform, Menschen für Verbrechen zu prädestinieren vermögen.[2]

Lombrosos Nachfolger fahren mit der Erforschung der menschlichen Biologie fort, um Verbrechen zu erklären, während Psychologen und Psychiater sich auf den »verbrecherischen Geist« konzentrieren. Andere Soziologen setzen die alte Beschäftigung mit sozialen Variablen fort. Aber in der zweiten Hälfte des 20. Jahrhunderts gab es eine neue Entwicklung. Die »Soziologie der Abweichung« verschiebt den Schwerpunkt vom individuellen Verbrecher zu den Prozessen, durch die manche Taten oder Kategorien von Taten als »kriminell« bezeichnet werden. Sie untersucht sowohl, warum Menschen sich nach gesellschaftlichen Normen richten, als auch, warum und wie sie sie mißachten; sie analysiert die Prozesse, durch die Normen erstellt und durchgesetzt werden. Marxistische und andere radikale Kriminologen haben sodann die Soziologie der Abweichung in ein Klassensystem eingefügt, wobei sie unterstrichen, auf welche Weise polizeiliche Überwachung und andere Formen der Kontrolle (wie Definitionen von Verbrechen und Abweichung) das Klassengefüge stützen. Feministinnen haben eine ähnliche Analyse patriarchalischer Sozialbeziehungen erstellt.

Wie wir sehen werden, fällt es den radikalen Kriminologen schwer, sich mit dem Phänomen des Lustmörders auseinanderzusetzen, und sie haben zu dem Thema wenig oder nichts zu sagen. Somit ist die überwiegende Mehrheit wissenschaftlicher Untersuchungen über Lustmord oder gar Mord im allgemeinen fest an einen radikalen Individualismus gebunden. Der Lustmörder ist der absolute sozial Deviante, und der Grund, warum das so ist, liegt irgendwo in seiner Biologie.

Tatsächlich ist es sogar schwierig, in den Hauptströmungen der Kriminologie Material zu finden, das sich ausdrücklich mit *Lustmord* befaßt. Die Zahl der Lustmörder ist zu gering, um eine befriedigende statistische Untersuchung zu ermöglichen (was bedeutet, daß die einschlägige Literatur hauptsächlich in den am wenigsten positivistischen Abhandlungen – zum Beispiel psychoanalytisch orientierten Schriften – zu finden ist). Die meisten Bücher oder Aufsätze rechnen sie der Gesamtheit der »Gewaltverbrecher« oder »Sexualtäter« oder »Psychopathen« zu, und so gerät das Spezifische ihrer Tat immer aus den Augen und wird einer unbestimmten Vorstellung von Aggression oder, schlimmer noch, einer verallgemeinerten, unspezifischen »Kriminalität« untergeordnet. So erstaunlich es scheinen mag, ganzen Literaturreihen gelingt es, alle überführten Täter, von Mördern bis zu jugendlichen Delinquenten oder betrunkenen Autofahrern, zusammen in eine undifferenzierte analytische Kategorie zu werfen.

In unserer Auseinandersetzung mit der einschlägigen Literatur werden wir eingehend verdeutlichen, welche Art von Verbrechen oder Verbrechern zur Diskussion steht. Die meisten von uns untersuchten Darstellungen und Begriffe sprechen unser Problem nicht ausdrücklich an, deshalb müssen wir uns mit dem möglichen Nutzen (und den möglichen Nachteilen) bei ihrer Zuordnung zur Erklärung des Lustmordes *per se* auseinandersetzen. Wir beginnen mit der »biogenetischen« Betrachtungsweise, die das Denken über Verbrechen so lange beherrscht hat.

1901 wurde das Buch *The Criminal* von Havelock Ellis, das er zehn Jahre zuvor geschrieben hatte, in Walter Scotts zeitgenössischer wissenschaftlichen Reihe, deren erklärte Absicht es war, dem Laien wissenschaftliche und technische Themen nahezubringen, neu aufgelegt. In diesem Buch vertritt Ellis die individualistische Kriminologie der positivistischen Schule, wenngleich er im ersten Kapitel eine multikausale Darstellung des Verbrechens unter einengenden Voraussetzungen liefert, die uns aus zeitgenössischen kriminologischen Schriften vertraut ist:

> Die Bedeutung des sozialen Faktors beim Verbrechen kann unmöglich überschätzt werden. Bis zu einem gewissen Grade schließt er die übrigen mit ein und kann sie nicht regulieren oder neutralisieren... Wir können [jedoch] nicht auf kluge Weise mit dem sozialen Faktor des Verbrechens umgehen, noch die ungeheure Bedeutung sozialer Einflüsse auf die Verübung oder Verhinderung von Verbrechen einschätzen, solange wir nichts von der Biologie des Verbrechens, von der anatomischen, physiologischen und psychologischen Beschaffenheit des Verbrechers wissen. (Ellis, 1901, S. 21)

Ellis verschreibt sich der Theorie, Verbrecher würden als solche geboren – sie gehören einem bestimmten biologischen Typus an. Die Richtung der Kausalität ist klar: Sie geht vom »Inneren« des Verbrechers zu den Taten, die er verübt, wenngleich soziale Bedingungen seine kriminellen Neigungen verschlimmern oder vermindern können.

Der bedeutendste Kriminologe seiner Zeit war für Ellis der kriminologische Anthropologe Cesare Lombroso, dessen einflußreiches Buch über das Verbrechen, seine Ursachen und Bekämpfung erstmals 1899 in Italien erschien. Lombroso hatte sich einer positivistischen Methode verschrieben, die von den Wissenschaftlern das Sammeln und Kategorisieren der Fakten verlangt, die sich beobachten lassen. Lombroso, der »den Verbrecher« erforschen und seine wesentlichen Charaktermerkmale entdecken wollte, machte sich daran, die unstrittigen »Fakten« über Verbrecher zu sammeln – das heißt, körperliche Merkmale von Gefängnisinsassen wie die Länge des Ohrläppchens, die Kieferknochenmaße usw. Diese Arbeit ist ein extremes Beispiel dafür, wie scheinbar simple Tatsachen aus einer anderen Perspektive als klare theoretische Konstruktionen erscheinen, und sie ist überdies unglaublich voreingenommen; fast ein Jahrhundert später ist allgemein bekannt, daß nicht jeder Gefängnisinsasse *ipso facto* unter die Kategorie »Verbrecher« fällt (tatsächlich gab es in den Gefängnissen zu Lombrosos Zeit, dem 19. Jahrhundert, einen größeren Anteil an Behinderten und Mittellosen als heutzutage). Um diese Verfahrensweise zu verstehen, müssen wir uns die allgemeine Überzeugung jener Zeit vergegenwärtigen, nämlich die mächtige und in vielen Fällen für selbstverständlich gehaltene Annahme eines »Sozial-Darwinismus«. Diese Doktrin stellte die »Rassen« der Welt in eine Hierarchie (die weißen Europäer zuoberst). Manche »Rassen« und ihre körperlichen Merkmale wurden als »weiter entwickelt« betrachtet als andere, ganz so, wie Säugetiere aus entwicklungsgeschichtlicher Sicht weiter entwickelt sind als Fische.

Die darwinistischen Ideen hatten für die Kriminologie folgende Bedeutung: Lombroso zufolge waren geborene Verbrecher »atavistisch« – sie waren (wie auch die nicht-weißen europäischen »Rassen«) in eine niedrigere Lebensform »zurückgefallen«. Er verknüpfte auch Verbrechen mit Epilepsie und mutmaßte, solche Veranlagungen könnten eine normale Verfassung so verändern, daß sie der des geborenen Verbrechers gliche. Da psychische Faktoren schwer zu messen waren, konzentrierte sich Lombroso auf Dinge wie Form des Kieferknochens, Länge der Arme, Körpergewicht und -gestalt, Augenzwischenraum usw. Diese Merkmale lassen eine exakte Vermessung sowie eine auf zahlreiche Versuchspersonen gegründete präzise statistische Analyse zu. Der Zweck einer dermaßen detaillierten Arbeit über Körpermaße war, gewisse »atavistische« Merkmale mit Kriminalität in Verbindung zu bringen und zu zeigen, daß letztere erblich war. Ellis zufolge berief sich Lombroso auf Arbeiten, in denen behauptet wurde, bösartige Elefanten, undisziplinierte oder unerziehbare Pferde und andere »Kriminelle« der Tierwelt litten an ererbten Charaktermerkmalen; er bezeichnete auch fleischfressende Pflanzen als »die Kriminellen der botanischen Welt«. (ebd., S. 248 f.)

Ellis gibt sich mit der Folgerung in Lombrosos Werken, alle nicht-europäischen Gesellschaften bestünden aus geborenen Verbrechern, nicht zufrieden und erörtert deswegen das Problem des Relativismus. Selbstredend sei das, was als kriminelles Verhalten zählt, von Kultur zu Kultur verschieden. Zum Beispiel war von den zehn hebräischen Vergehen, für die Steinigung als Strafe genannt ist, nur eines zu Ellis' Zeiten ein Verbrechen – Vergewaltigung, die sich von einem Verbrechen gegen Eigentum zu einem Verbrechen gegen die Person gewandelt hat. Kriminalität im allgemeinen besteht daher »im Unvermögen, nach den Normen zu leben, die von der Gemeinschaft als bindend betrachtet werden. Der Verbrecher ist ein Individuum, dessen Veranlagung es ihm schwer oder unmöglich macht, im Einklang mit diesen Normen zu leben, und es ihm leicht macht, das Risiko der Bestrafung für anti-soziales Verhalten auf sich zu nehmen.« (ebd., S. 251) Gemäß zeitgenössischen Überzeugungen vom Fortschritt der Entwicklung von niedrigeren zu höheren Lebensformen und der Zuordnung der Nicht-Europäer auf eine niedrigere Stufe der Skala ergab sich, daß es Schwarzen *tatsächlich* schwerfiele, sich nach den Normen »zivilisierter« Gemeinschaften zu richten, und so finden wir rassistische Überzeugungen und Stereotypen ständig im Zusammenhang mit Kriminalität aufgeführt: »Unsere Beobachtung der Körpermerkmale von Verbrechern stellte bei allen die Merkmale des Wilden fest – mangelnde Umsicht, Unfähigkeit zu anhaltender Arbeit, Vorliebe für Orgien.« (ebd., S. 256)

Als im 20. Jahrhundert die Theorie von »höheren« und »niederen Rassen« in Mißkredit geriet, wurde die Erforschung des Atavismus von Verbrechern aufgegeben. Es gab auch methodische Probleme mit der Arbeit von Lombroso und seinen Nachfolgern; ihre Versuchspersonen bildeten keine homogene Stichprobe, und sie führten keine angemessenen Kontrollen durch, indem sie ähnliche Untersuchungen an der Gesamtbevölkerung vornahmen. Lombroso stellte natürlich auch fest, daß viele von ihm untersuchte Menschen nicht die atavistischen Wesenszüge aufwiesen, die er erwartet hatte. In seinen späteren Arbeiten mußte er deshalb von seiner Theorie Abstand nehmen und neue Kategorien von Verbrechern einführen: den Verbrecher aus Leidenschaft, der durch die Umstände zur Begehung einer ungesetzlichen Tat getrieben wird, die wesensmäßig nicht zu ihm paßt, und den Kriminellen, dessen Verbrechen durch Milieu- und soziale Faktoren sowie Gelegenheit ausgelöst wird. Ellis hat diese Typologie weiter verfeinert. Der *politische Kriminelle* kann ein Heiliger, Märtyrer oder Held sein; der *Verbrecher aus Leidenschaft* sucht seine Ungerechtigkeit zu rächen und wird nicht rückfällig; es gibt *kranke Kriminelle*, die an einer erkannten Geisteskrankheit leiden, und *Triebverbrecher*, die als »moralisch krank« bezeichnet werden (ein Ausdruck, den Ellis nicht mochte). *Gewohnheitsverbrecher* werden vom Strafsystem und von anderen gesellschaftlichen Institutionen hervorgebracht. (ebd., S. 17 ff.)

Von diesen Kategorien sind die Triebverbrecher für Ellis die interessantesten, da soziale Ursachen und rationale Motive für ihr Verhalten keine Rolle spielen. Wenn überhaupt, dann finden wir in dieser Gruppe eine total von der Biologie bestimmte Kriminalität. Versuche, bei allen oder nur einer signifikanten Anzahl derer, die solche »motivlosen« Verbrechen begehen, biologisch begründete Wesenszüge zu finden, haben sich jedoch als fruchtlos erwiesen. Um dies zu demonstrieren, werden wir kurz verschiedene Ideen betrachten, die in diesem Jahrhundert entstanden und die Kriminalität mit genetischen Faktoren verknüpfen – wobei wir bedenken, daß Lustmord oft als motivloses Verbrechen betrachtet wird, das sich gerade für diese Art der Erklärung eignet.

Körpertypus und Kriminalität

Earnest Hooton hatte 1939 argumentiert, Körpergestalt und Verhalten hingen zusammen. Das heißt nicht, daß letzteres gänzlich von ersterer bestimmt ist, doch Hooton behauptet: »Ich halte menschliche [körperliche] Entartung letztlich für Verbrechen verantwortlich.« (Hooton, 1939, S. 393) Er ist der Überzeugung, einem physisch degenerierten Individuum wohne eine Neigung zum Verbrechen inne, obwohl andere Faktoren eingreifen können, um die Ausübung zu verhindern. 1940 führte William Sheldon die Konzeption von drei verschiedenen Körpertypen ein, den ektomorphen (ein großer, schlanker Körper), den endomorphen (ein kleiner, dicker Körper) und den mesomorphen (ein athletischer, muskulöser Körper). Der Körpertypus eines Menschen wird im Embryonalstadium festgelegt. Sheldon erforschte die Verbindung zwischen Körpertypus und Kriminalität. Aus einer ursprünglichen Gesamtzahl von 400 jugendlichen Delinquenten wählte er eine Teilmenge von 200 aus und fand in dieser Gruppe weit mehr Mesomorphe, als in der Gesamtbevölkerung zu erwarten gewesen wäre. (Sheldon, 1949)

Anfangs schien der von Sheldon behauptete Zusammenhang von Mesomorphen und Verbrechen vielversprechend: Glueck und Glueck (1956) verfolgten diese Untersuchung weiter und fanden in einer vergleichenden Studie »unter den Delinquenten zweimal so viele Mesomorphe und weniger als halb so viele Ektomorphe«. Eine andere, von McCanless und anderen durchgeführte Studie (1972) ergab jedoch weder bei beschuldigten noch bei geständigen Delinqueten aus einer willkürlichen Stichprobe von 177 männlichen Heranwachsenden in einer Jugendstrafanstalt einen Zusammenhang zwischen Körpertypus und Verbrechen.

Aber auch wo eine positive Beziehung zwischen Körpertypus und Verbrechen festgestellt wird, reicht dies natürlich nicht für eine kausale Erklärung aus. Sheldon glaubte, es gebe einen verbindenden Faktor, insofern als Körpertypen mit bestimmten Temperamenten zusammenhingen. Dreißig Jahre später führten Hartl, Monelly und Elderkin (1982), die behaupteten, der Körpertypus hänge tatsächlich mit dem Persönlichkeitstypus zusammen, eine Folgestudie mit Sheldons ursprünglichen 200 Jugendlichen durch. (Auf die ganze Frage der Persönlichkeitsvermessung werden wir an späterer Stelle in diesem Kapitel näher eingehen.) Ein Zusammenhang zwischen drei Faktoren ist aussagekräftiger als nur zwischen zweien und könnte uns dazu führen, mit mehr Nachdruck nach dem kausalen Mechanismus zwischen allen dreien zu forschen. Doch andererseits könnte ein Gesellschaftstheoretiker alles bisher Gesagte ohne Rückgriff auf einen solchen Mechanismus begründen. Möglicherweise erregen zum Beispiel muskulöse, athletische Jugendliche mehr öffentliche Aufmerksamkeit als andere und werden öfter beobachtet und gefaßt. Sofern die Mesomorphen-Theorie eine beträchtliche Verbreitung fand, könnte sie eine sich selbst verwirklichende Prophezeiung geworden sein. Möglicherweise ziehen Delinquenten-Gruppen mehr große, starke Jungen an; untereinander schreiben sie die Rolle des »Delinquenten« einem Individuum zu. Diese und viele weitere sozio-kulturelle Möglichkeiten machen die Theorie zunichte, die Biologie *per se* bestimme kriminelles Verhalten. Sie lenken unsere Aufmerksamkeit fort von Kausalketten auf der Ebene des Organismus und konzentrieren sich auf die kulturellen *Bedeutungen*, in deren Licht die Menschen handeln.

Kriminalität und Gehirn

Gehirne von Delinquenten aller Arten sind untersucht worden. Hill und Pond stellten 1952 bei Mördern, die klinisch und juristisch vernunftlos oder geisteskrank waren, einen höheren als erwarteten Anteil an abnormalen Elektroenzephalogrammen (EEG) fest als bei solchen, die als Zufalls-, motivierte oder Lustmörder bezeichnet wurden. Dies ist für uns eine interessante Feststellung, da sie Lustmörder eindeutig in das Lager der »Normalen« stellt. Weiterführende Untersuchungen jedoch bringen EEG-Abnormalität nicht mit Verhaltensstörungen in Verbindung. Gibbens u. a. (1959) berichten zum Beispiel von einem über einen Zeitraum von zehn Jahren durchgeführten Vergleich zwischen dem kriminellen Verhalten in einer Gruppe von diagnostizierten Psychopathen mit normalem EEG und einer anderen Gruppe mit abnormalem EEG. Sie fanden keinen signifikanten Unterschied.

Was immer auch festgestellt wurde, der Zusammenhang zwischen der mittels EEG gemessenen Hirntätigkeit und Verhalten ist nach wie vor unklar. Die Hirnforschung hat in den letzten Jahren Fortschritte gemacht; die Forscher können heute beispielsweise auf elektrischem Wege in einer Versuchsperson »Zorn« stimulieren, so daß eine Person beim Betätigen eines Schalters Zorn empfindet. Auch wurde berichtet, ein Gehirntumor bei eigentlich unaggressiven Individuen könne pathologische Aggressivität erzeugen. (Moyer, 1979, S. 23 f.) Aber dies bringt uns dem Verstehen nicht näher, was das Gehirn, wenn kein Wissenschaftler mit einer Elektrode, kein Gehirntumor usw. vorhanden ist, zur Produktion von Zornesgefühlen stimuliert. Schließlich können zwei Menschen bei demselben Stimulans völlig verschiedene Empfindungen haben: Wenn jemand sie zurechtweist, kann X Zorn empfinden, während Y sich gedemütigt fühlt; Y kann Belustigung empfinden, während X Haß empfindet. Auch gibt es nachgewiesene kulturelle Unterschiede, sowohl darin, welche Emotionen in bestimmten sozialen Situationen für angebracht gelten, als auch darin, welche Emotionen empfunden und wie sie ausgedrückt werden.[3] Es ist für alle MaterialistInnen schwer, gegen die biologische Behauptung zu argumentieren, jedem Vorgang auf der Ebene des ganzen menschlichen Seins – die Empfindung von Zorn oder Feindseligkeit zum Beispiel – entspreche ein Vorgang im Gehirn; wir wollen nicht diskutieren, was für uns offensichtlich ist. Aber es leuchtet ganz und gar nicht ein, daß ein Mord nur eine Reihe von Vorgängen im Gehirn ist, die einer nach dem anderen von selbst auftreten, ohne Bezug auf das Geschehen außerhalb. So können wir zum Beispiel durchaus einen Unterschied feststellen zwischen dem Gehirn eines Lustmörders und dem eines politischen Attentäters; doch abgesehen von der Nichtzuständigkeit des Gehirn-Unterschieds dafür, daß jemand einen Lustmord und jemand anders ein politisches Attentat verübte, kann der Gehirn-Unterschied durchaus durch den Unterschied im Tun verursacht sein.

Chromosomen

Die Geschlechtschromosomenpaare (ein Chromosom ist eine Gruppe von Genen) werden bei Frauen als XX und bei Männern als XY bezeichnet. 1961 wurde das Vorhandensein eines zusätzlichen Y-Chromosoms bei manchen Männern beschrieben, und diesem Bericht folgten weitere, in denen die Abnormität mit aggressivem oder gewalttätigem Verhalten in Verbindung gebracht wurde.[4] (Außer seinem Beitrag zur Erklärung von Aggressivität wurde daher angenommen, daß der Chromosomenfaktor auch eine plausible Erklärung für Geschlechtsunterschiede bei aggressivem Verhalten und besonders für die Verbindung von Aggressivität und Männlichkeit lieferte.)

Eine Untersuchung von Patienten in den Nervenkliniken Rampton und Moss Side, von der Casey u. a. 1971 berichteten, zeigte ein weitaus komplexeres Bild. Patienten mit XYY-Chromosomen erwiesen sich als bedeutend größer als normal, aber dies war auch die einzige übereinstimmende körperliche Abnormität. Die Untersuchung bezog jedoch auch Patienten mit anderen Chromosomen-Abnormitäten ein: XXY und XXYY. Solche Menschen weisen stark ausgeprägte körperliche Abnormitäten auf, die als »Klinefelter-Syndrom« bekannt sind – kleine Hoden, Unfruchtbarkeit und Bildung von Brustgewebe. Doch was »Aggressivität« betraf, »zeigt das Verhaltensmuster von Patienten mit Chromosomen-Abnormität, die anhand ihrer registrierten Strafhandlungen vermutet wird, daß sie weniger Delikte gegen Personen als gegen auferlegte Zwänge verüben«. (ebd.)

Owen (1972) nahm eine Überprüfung der gesamten Literatur zu diesem Thema vor und hatte eine Menge zu beanstanden. Zum Beispiel ist das Karyotypieren (Analyse der Chromosomenmerkmale) kein objektiver Vorgang, sondern schließt subjektive Urteile mit ein. Außerdem, vermutet Owens, sind die Personen in vielen Versuchen gerade deshalb karyotypiert worden, weil sie merklich größer als der Durchschnitt waren und deshalb bei ihnen eine Chromosomen-Abnormität vermutet wurde (dies ist wiederum ein Problem der sorgfältigen Kontrolle von Versuchen). Ferner lassen Untersuchungen von Neugeborenen vermuten, daß die Verteilung von Chromosomentypen »nicht sehr verschieden von der in Anstalten festgestellten« ist, das heißt, es gibt ebenso viele Männer mit XYY-Chromosomen in der Gesamtbevölkerung wie unter der Gesamtzahl von Delinquenten oder von Insassen von Nervenkliniken. Somit wäre die Bezeichnung von XYY als Abnormität im pathologischen Sinne ohne Beweiskraft. Owen erörtert auch die Schwierigkeit, Verhaltensweisen zu bemessen und Persönlichkeitstypen zuzuordnen – ein Thema, zu dem wir in Kürze kommen werden.

Hormone

Die Literatur über hormonal bedingte Geschlechtsunterschiede ist in der Diskussion von biogenetischen Theorien über kriminelles Verhalten oft zitiert worden.[5] Wie Chromosomen werden auch Hormone gern zu Erklärungen herangezogen, wenn Wissenschaftler ein bestimmtes Verhalten erforschen – etwa die Verübung von Sexualdelikten –, das merkliche Geschlechtsunterschiede aufweist.

Wieder einmal wird die tatsächliche Verbindung zwischen Hormonen und Kriminalität in dem verbindenden Faktor Aggressivität vermutet. Gray und Baffery nennen zum Beispiel ein bei allen Tieren vorhandenes, auf Geschlechtsunterschieden beruhendes Verhaltensmuster, das auf den bei Männchen festgestellten größeren Androgenmengen beruht.[6] Kastrierte Männchen mit weniger Androgen sind insgesamt weniger aggressiv. Bei Menschen wird dieser natürliche Unterschied noch dadurch verstärkt, daß Frauen geselliger sind. Diese Eigenschaft der Frauen hängt mit ihrer größeren Wortgewandtheit (die, wie es heißt, neural bedingt sein muß) und der Geschlechterteilung bei der Arbeit zusammen, die beim Mann Aggressivität und bei der Frau Nähren und Aufziehen erfordert. Gray und Baffery erkennen die Bedeutung soziokultureller Einflüsse, die Wertschätzung männlicher Aggressivität und die damit einhergehende Geringschätzung weiblicher Aggressivität, dennoch sehen sie in der Biologie die maßgebliche Erklärung.

Es wird vielfach angenommen, Vergewaltiger und andere Sexualverbrecher könnten durch Hormonbehandlung von ihrem Verhalten »geheilt« werden. In einer neueren Untersuchung sprach sich die Mehrheit der Befragten für die Kastration von Vergewaltigern aus, und es gibt gelegentliche Berichte über sowohl chirurgische wie chemische Kastration. Doch der verbreitete Glaube, Vergewaltigung und andere sexuelle Gewalttaten resultierten aus unkontrollierbaren Trieben, die wiederum durch Androgenüberschuß verursacht werden, ist weder durch Logik noch durch Beweise untermauert.

Um mit der Logik zu beginnen, die Kastration könnte einen Mann durchaus an der Begehung weiterer Vergewaltigungen hindern. Aber das bedeutet nicht, daß er seine früheren Vergewaltigungen deswegen beging, weil er *nicht* kastriert war. Das Abschneiden der Hände wäre ein wirksames Mittel, jemanden an weiteren Taschendiebstählen zu hindern; doch niemand wird so töricht sein zu behaupten, Taschendiebstahl wird durch den Besitz der Hände verursacht.

Zweitens, die wissenschaftliche Literatur läßt darauf schließen, daß der verbreitete Glaube an eine Hormonbehandlung gewalttätiger Sexualverbrecher unbegründet ist. (Farrington und Gunn, 1985, S. 30) Die Anwendung von Östrogenen, d. h. weiblichen Hormonen, zur Kontrolle devianten Verhaltens reicht dreißig Jahre zurück, und in den 60er Jahren wurden künstliche Substanzen namens »Anti-Androgene« entwickelt. Doch Berichte über die Anwendung von Östrogenen und Anti-Androgenen befassen sich mit nicht-gewalttätigen Sexualtätern wie etwa Exhibitionisten; es gibt keinen Beweis für die Auswirkung der Therapie auf Aggressivität bei Menschen. Arbeiten wie die von Gray und Baffery, die Androgene und Aggressivität miteinander in Verbindung bringen, sind auf Rückschlüsse von der Tier- auf die Menschenforschung angewiesen, da die meisten Berichte von Versuchen mit Affen und Ratten handeln.

Ein Wort zur biologischen Erklärung

Alle Arbeiten, die wir bislang betrachtet haben, erklären Geschehnisse in der sozialen Welt oder in der Psychologie des Individuums vorwiegend mit Bezug auf das, was auf der mehr grundsätzlichen Ebene der Biologie oder Biochemie vorgeht. Diese Meinung darüber, was eine gute Erklärung menschlichen Verhaltens ausmacht, wird weithin als vernünftig akzeptiert – die Biologie muß letztlich die Ursache von allem sein –, aber wir behaupten, daß der gesunde Menschenverstand irregeleitet ist. Wie erhellend eine biologische Interpretation auch sein mag, sie wird uns niemals über Lustmord aufklären.

»Lustmord« ist nicht bloß eine passende Bezeichnung für eine körperliche Handlung wie »schaudern« oder »husten«, sondern eine kulturelle Kategorie, die eine Interpretation des Verhaltens darstellt. Eine biologische Erklärung vermag vielleicht die körperlichen Handlungen und Geschehnisse zu deuten, aus denen Lustmord entstehen kann; sie könnte uns zum Beispiel sagen, welche Neuronen im entscheidenden Augenblick im Gehirn des Mörders zündeten. Aber das ist niemals dasselbe, wie Lustmord als bedeutungsvolle Tat zu erklären; eine Interpretation von Mord als Neuronenzündungen könnte gewissermaßen als »zu wahr, um gut zu sein« beschrieben werden. (Achinstein, 1983, Kap. 4)

Um dies zu verdeutlichen, betrachten wir die ganz plausible Idee, daß zwei Tötungsakten – der eine ein Lustmord und der andere die Tötung eines Feindes im Zweikampf – genau dieselben physiologischen Geschehnisse zugrunde liegen (zum Beispiel Erregung, Hormonspiegel usw.). Doch es bestünde ein riesiger Unterschied in den kulturellen Bedeutungen dieser zwei Tötungsakte; im landläufigen Sinne wären sie sich überhaupt nicht gleich. Art und Niveau der notwendigen Erklärung liegen deshalb auf einer höheren Ebene als »welche Neuronen zündeten«, einer Ebene, die Unterschiede an Intention und Interpretation berücksichtigen kann.

Dieses Argument taucht immer dann auf, wenn Vergleiche zwischen Tieren und Menschen gezogen werden. Ein verbreitetes Argument besagt, Menschen haben ein Bewußtsein, das »niedrigeren« Tieren fehlt (natürlich ließe sich darüber streiten, ob manche Spezies auf dieselbe Weise ein Bewußtsein haben wie die Menschen), und menschliches Verhalten habe daher eine bedeutungsvolle, absichtsvolle Beschaffenheit, die keine biologische Erklärung zuläßt. Einige Soziobiologen haben dagegen argumentiert, das Bewußtsein sei genau wie andere menschliche Eigenschaften, etwa das Seh- oder Hörvermögen, im Prozeß der natürlichen Selektion entstanden; im Prinzip müsse daher bewußtes Verhalten genauso erklärbar sein wie andere Aspekte des menschlichen Organismus. Sozialtheoretiker entgegnen hierauf, nicht nur bewußtes Verhalten erfordere alternative Erklärungen, sondern die Existenz des Selbstbewußtseins zwinge uns, über die Biologie hinauszublicken, wenn wir im Zusammenhang mit Menschen ein Verhalten betrachten, das auch für Tiere typisch ist – Paarung und Vermehrung, Nest- bzw. Hausbau, Gruppenbildung. Diese Dinge erlangen in der menschlichen Kultur eine Bedeutung, die sie woanders nicht haben, und sie können nicht mehr als rein biologisch begründet angesehen werden.

Das bedeutet, daß Erklärungen in den Sozialwissenschaften etwas ganz anderes sein müssen als Erklärungen in den Naturwissenschaften. In den Naturwissenschaften bedeutet erklären von jeher, die Kausalkette zu entdecken, die Geschehnisse hervorbringt. Die Gegenstände der Sozialwissenschaften jedoch sind Personen mit Bewußtsein, die im Lichte ihrer Kenntnis von ihren Wünschen und der Bedeutung dieser Wünsche in der gesamten Kultur mit allen möglichen Bedeutungen und Normen handeln. Mit anderen Worten, sozial Handelnde orientieren sich an sozialen Bedeutungen, und ihr Handeln kann nicht kausal analysiert werden. Die Erklärung von sozialen Geschehnissen und Erscheinungen erfordert das Verstehen der Bedeutungen, die sie möglich machen und in deren Umfeld sozial Handelnde agieren. Lustmord ist kein physiologischer Vorgang, sondern eine gesellschaftlich relevante Tat. Daher suchen wir nicht bei anderen physiologischen Geschehnissen nach einer Erklärung dafür, sondern vielmehr in dem sozialen Umfeld, der ihn möglich und begreifbar macht.

Psychologische Erklärungen für Lustmord

Die Psychologie gilt im allgemeinen als eine *Sozial*wissenschaft, die sich der Fragen bezüglich der Erklärung von menschlichem Verhalten, die wir soeben erörtert haben, bewußt ist. Menschliches Verhalten mag biologisch begründet sein, dennoch benötigen wir eine Erklärung auf der Ebene psychologischer Geschehnisse. Wie sich jedoch zeigt, stellen psychologische Erklärungen von Verbrechen und Lustmord dasselbe philosophische Problem dar, dem wir in der Literatur über biogenetische Erklärungen begegnet sind: Anstatt mit *Bedeutung* und *Begehren* werden Sexualität und soziales Handeln im allgemeinen mit *Ursache* oder *Trieb* in Verbindung gebracht. Während Wünsche absichtsvoll und auf einen Gegenstand gerichtet sind und die betreffende Person handelt, um sich den Wunsch zu erfüllen, werden Triebe gleichsam von hinten angestoßen. Das Individuum wird unerbittlich eine Kette von Ursachen und Wirkungen entlanggetrieben. Wenn wir also eine Erklärung für ein Geschehnis wünschen, müssen wir uns die Vergangenheit ansehen, die Kette von Ursachen, die nolens volens diese Wirkung hervorbrachte. Wünsche dagegen müssen als dergestalt zur Person gehörig betrachtet werden, wie es Triebe nicht sind; zu verstehen, wie und warum eine Person im Bestreben nach Wunscherfüllung handelt, müssen wir das gesamte Gebäude der sozialen Bedeutungen betrachten, die den Gegenstand des Begehrens für die betreffende Person erschaffen und die Art und Weise, wie er erlangt oder nicht erlangt werden kann, billigen.

Psychiater und Psychologen erforschen geistige Vorgänge und Veranlagungen, um kriminelle Handlungen zu erklären. Natürlich ist es möglich, solche Vorgänge wiederum als Ergebnisse eines Prozesses zu betrachten, anhand dessen ein von der Gesellschaft (oder im Fall von Verbrechern, von solchen Subkulturen, die antisoziales Verhalten schätzen) gebilligtes Verhalten erlernt wird. Die Verhaltenspsychologie weist eigens darauf hin, wie belohntes Verhalten automatisch werden kann – ein Kind, das fürs Bravsein belohnt wird, wird am Ende immer brav sein, auch wenn es keine Belohnung gibt. Wenn wir annehmen, daß die Art von Verhalten, die belohnt wird, von den Normen der Kultur abhängt, dann müssen wir uns die Kultur genau ansehen, um zu erklären, was in ihr als kriminell gilt (und ob es Enklaven gibt, wo kriminelles Verhalten tatsächlich erlernt und belohnt wird). Wir werden uns später noch mit Lern- und Subkulturtheorien auseinandersetzen; hier untersuchen wir psychologische Theorien, die geistige Phänomene mehr oder weniger als Äußerungen von zugrundeliegenden biologischen Phänomenen sehen, aber es sollte bedacht werden, daß die intellektuelleren Forscher auf diesem Gebiet zu einer kulturell durchdrungenen Lerntheorie Zuflucht nehmen müssen.

Viele Untersuchungen wurden zur Überprüfung der Annahme vorgenommen, Menschen mit bestimmten Persönlichkeitstypen würden kriminelle Handlungen begehen. Der bei weitem einflußreichste Forscher auf diesem Gebiet und auf dem der Persönlichkeitsmessung im allgemeinen ist Hans Jürgen Eysenck.

Eysenck arbeitet mit einem Persönlichkeitsmodell, das die Persönlichkeit als präsozial betrachtet – das heißt, die genetischen Faktoren, die die zukünftige Persönlichkeit bestimmen, stehen schon beim Neugeborenen fest. (Eysenck, 1964) Die Fähigkeit der Person, zu lernen und sich auf das Leben in der Gesellschaft einzustellen, wird ebenso wie ihre vermutlichen Reaktionen auf Stimulanzen unterschiedlicher Art (zum Beispiel, ob die Person zurückschlägt, wenn sie geschlagen wird) von ihrem Persönlichkeitstypus bestimmt. Diese Ansicht unterscheidet Eysenck von den Behavioristen (Verhaltensforschern), deren Persönlichkeitsbegriff viel formbarer ist. Sie denken, wenn wir wissen, was eine Person oder ein Tier gelernt hat und wie streng sie zu einer bestimmten Verhaltensweise erzogen wurden, können wir ihre Reaktion auf gegebene Stimulanzen voraussagen.

Eysencks Modell bemißt die Persönlichkeit nach drei Dimensionen: Extraversion-Intraversion, Neurotik und Psychotik. Eysenck behauptet, Menschen, bei denen irgendeine dieser Dimensionen stark ausgeprägt ist, seien mehr als andere für Kriminalität prädisponiert, und jeder, bei dem zwei oder alle drei stark ausgeprägt sind, werde mit noch größerer Wahrscheinlichkeit kriminelle Handlungen begehen.

Persönlichkeitstests sind sorgfältig und empirisch aufgebaut. Dadurch, wie dies geschieht, wird unsere Einstellung zu den Arbeiten von Robert Brittain bekräftigt, daß wissenschaftliche Konzepte nicht einfach von der Realität selbst geliefert, sondern von kulturellen und philosophischen Vorurteilen geprägt werden.

Nehmen wir zum Beispiel das Merkmal »Geselligkeit«. Ein Abschnitt eines Fragebogens zur Bemessung der sozialen Geselligkeit wäre normalerweise so aufgebaut, daß Testgruppen aus normalen Leuten aufgefordert werden zu beurteilen, ob bestimmte Verhaltensweisen, Einstellungen und Reaktionen als Beispiele für »gesellig sein« oder »nicht gesellig sein« dienen. Beispielsweise könnten wir eine Reihe möglicher Punkte aufschreiben, wie »liebt Partys«, »würde einen Job vorziehen, wo sie/er mit Menschen zusammenarbeitet«, »macht am liebsten alleine Urlaub«. Dann würden wir eine große Zahl von Juroren auffordern, diese zu sortieren, je nachdem, ob die Antworten darauf hinweisen, daß die Leute, die sie angekreuzt haben, umgänglich oder nicht umgänglich sind. Wenn wir uns ansehen würden, wie die Auswertenden die Fragepunkte aufgeteilt haben, würden wir bei manchen Punkten – »liebt Partys« zum Beispiel – in hohem Maße eine Übereinstimmung feststellen, daß sie auf Geselligkeit schließen lassen; bei anderen herrscht vielleicht eine weit geringere Übereinstimmung. Unsere letzte Auswahl von Punkten für den Fragebogen würde ausschließlich denen entnommen, bei denen unsere Auswertenden überwiegend übereinstimmend gute Indikatoren für Geselligkeit feststellten. Dann würde der Fragebogen fast unvermeidlich aus einer Reihe kultureller Stereotypen bestehen.

Tatsächlich resultiert Eysencks Schlüsseldimension der Extraversion aus der empirischen Feststellung, daß Leuten, denen ein hohes Maß an Geselligkeit bescheinigt wird, in ebenso hohem Maße »Aktivität«, »Optimismus« und »mitteilsames, impulsives Verhalten« attestiert werden kann. Die Kovariante, die sich für diese Merkmale ergab, führte Eysenck zu der Hypothese, das, was tatsächlich bemessen wurde, sei ein zugrundeliegendes Merkmal, für welches die anderen nur Manifestationen waren. Dies nannte er »Extraversion«.

Bei dem Prozeß, die Extraversion auf diese Weise in Begriffe zu fassen, werden viele andere Merkmale ausprobiert und aus verschiedenen Gründen verworfen worden sein. Vielleicht, weil keine Übereinstimmung darüber bestand, wie sie zu bemessen waren; es ist leicht vorstellbar, daß Auswertergremien Schwierigkeiten haben, sich über Indikatoren für, sagen wir, einen Maßstab »glücklich – traurig« zu einigen. Manche Leute nehmen »lacht viel« vielleicht als Anzeichen für Glück; andere mögen denken, es lasse im Gegenteil auf Hysterie oder Psychose schließen, und eine Person, die viel lacht, sei deswegen »in Wirklichkeit« traurig. Ein weiterer Faktor, der Eysenck veranlassen mag, gewisse Merkmale zu verwerfen, ist die Feststellung, daß ihre individuelle Wertbeimessung im Laufe der Zeit variiert und sich verändert. Wenn das geschieht, ist das, was bemessen wird, keineswegs ein Persönlichkeitsmerkmal, da Persönlichkeit durch Unveränderlichkeit und Beständigkeit gekennzeichnet ist.

Hierzu ist etliches anzumerken. Es gilt als selbstverständlich, daß die Persönlichkeit stabil ist. Dies ist nicht unabhängig und objektiv bestimmt, vielmehr wird angenommen, alle unzuverlässigen Indikatoren (solche, die mit der Zeit varriieren) haben keinen Bezug zur Persönlichkeit. Da vom Verhalten geglaubt wird, es erkläre sich selbstverständlich durch die Persönlichkeit, wird auch behauptet, die variablen Indikatoren seien für das Verhalten vollkommen irrelevant. Aber dies läßt berühmte schwierige Fälle rätselhaft erscheinen, wie etwa Adolf Eichmann, der für das Programm zur Vernichtung des jüdischen Volkes in Mitteleuropa zuständig und gleichzeitig für seine Zärtlichkeit zu Kindern und Tieren bekannt war, insbesondere für sein bilderbuchhaftes Verhalten gegenüber seinen eigenen Kindern.[7] Kann dieses absolut widersprüchliche, aber gleichzeitige Verhalten anhand eines fixierten Eysenckschen Persönlichkeitstypus erklärt werden? Oder wäre es besser zu sagen, Eichmann hatte (wie die meisten anderen Menschen) eine »Persönlichkeit«, die in verschiedenen Umfeldern Verhaltensvariationen erzeugte?

Ferner ist festzustellen, die Persönlichkeitsmessung mißt nichts Konkretes, sondern Verhaltens*darstellungen*. Wir haben bereits bei Brittains Beschreibung des sadistischen Mörders gesehen, daß die *Darstellungen* der Versuchspersonen als *Fakten* behandelt werden; im Falle eines Instruments zur Persönlichkeitsbemessung sind die Nachteile bei dieser Vorgehensweise noch erheblicher, da die Darstellungen mehr von der befragenden als von der befragten Person verfaßt sind; letztere kann die Punkte auf dem Fragebogen nur bejahen oder verneinen (zum Beispiel »liebt Partys«). Darüber hinaus muß die Versuchsperson zwangsläufig ihre Zustimmung oder Verneinung gemäß ihrer Kenntnis von gesellschaftlichen Normen und Bedeutungen abgeben (und möglicherweise nach ihrem Gefühl, welche davon der Befragende zu erforschen sucht).

Wer auf die Frage, wohin sie oder er abends am liebsten ausgeht, lieber »Kino« als »Party« ankreuzt, hat zurückgegriffen oder war angewiesen auf ein Kulturklischee, das selbst bestimmt, ob jemand gesellig oder ungesellig ist. Ein Kulturtheoretiker wäre von den Zusammenhängen zwischen den Bewertungen »gesellig« und »optimistisch« unbeeindruckt, weil hinreichend bewiesen ist, daß Menschen lernen müssen, ihre Erfahrungen zu benennen, sie anderen zu interpretieren usw. (Harré, 1983)

Dieser empirische Beweis aus Persönlichkeitsstudien hilft in keiner Weise zu erklären, warum es Lustmorde gibt und warum sie ausschließlich von Männern begangen werden. Feldman berichtet, es gebe gewisse Beweise für die Hypothese, hochgradige Extraversion hänge mit Kriminalität bei Frauen zusammen, aber nicht bei Männern. Es gibt Hinweise auf einen Zusammenhang zwischen Kriminalität und Neurose sowie Kriminalität und Psychose. Aber die meisten dieser Untersuchungen leiden an den üblichen methodischen Fehlern und der Nichtbeachtung der Geschlechtszugehörigkeit.

Die meisten Experimente sind nicht gründlich kontrolliert; die Bemessungen werden mit Gruppen von verurteilten Delinquenten, aber nicht zugleich mit bezüglich Alter, Geschlecht usw. gleichwertigen repräsentativen Gruppen aus der Bevölkerung durchgeführt. Darüber hinaus sind die Personen, deren Persönlichkeit erforscht wird, Insassen von Gefängnissen oder anderen Anstalten und haben Verhaftung, Gerichtsverhandlung, Verurteilung und Inhaftierung ertragen. Es liegt auf der Hand, daß Antworten auf einem Fragebogen von den Erfahrungen einer Person beeinflußt sind, daher spiegeln die Ergebnisse zwangsläufig die Auswirkungen der aufreibenden Erlebnisse wider, die Gefangene durchgemacht haben, vor allem die Anstaltserfahrung. Vielleicht erklärt gerade die Tatsache ihres Eingesperrtseins ihre extrem hohen Werte von, sagen wir, Neurose. Oder vielleicht weisen hohe Werte nicht auf eine Anfälligkeit für Verbrechen hin, sondern auf eine Anfälligkeit dafür, gefaßt zu werden!

Wir sind auf keinen empirischen Beweis gestoßen, der Licht auf die Geschlechtsspezifität von Lustmord wirft. Männer und Frauen können gleichermaßen neurotisch, psychotisch, extrovertiert oder was auch immer sein, wenngleich ihr tatsächliches Verhalten merklich variieren kann. Eysenck und seine Nachfolger greifen bezeichnenderweise auf biogenetische Erklärungen zurück – Hormone, Chromosomen usw. –, wenn Geschlechtsunterschiede zur Debatte stehen. Wie Feldman bemerkt, sind alle Persönlichkeitstypen kriminell veranlagt, und bei Kriminellen ist jeder Persönlichkeitstypus anzutreffen. (1977, S. 140) Lustmörder sind jedoch nicht bei beiden Geschlechtern anzutreffen.

Der Psychopath

Der Begriff *Psychopath* ist für unser Anliegen besonders von Belang, da das Etikett Psychopath von der Allgemeinheit wahllos dem Massenlustmörder angehängt wurde. Doch obwohl universell für Gewalttäter verwendet, haftet dem Begriff ein Beigeschmack von Fachlichkeit, Wissenschaftlichkeit und somit ein gewichtiges Erklärungspotential an, worauf er, wie sich zeigt, nicht den geringsten Anspruch hat. Das Problem ist ein endloser Kreislauf: Psychopathen werden als Menschen definiert, die entsetzliche sadistische Verbrechen begehen, und der Grund, warum sie diese Verbrechen begehen ist, daß sie Psychopathen sind.

In einigen Fachkreisen wird der unpräzise Allgemeingebrauch des Begriffs mißbilligt. Etliche Psychiater haben behauptet, der Begriff laufe nur auf eine »Abfalleimer«-Kategorie hinaus, der sie alles zuordnen, was sie nicht erklären oder begründen können. (West, 1968, S. 8) In den frühen 6oer Jahren gab es Bestrebungen, den Begriff aus der juristischen und klinischen Terminologie zu streichen. Aber da war er schon durch den 1959 erlassenen Mental Health Act for England and Wales in die Statuten aufgenommen; dieser Erlaß entsprach der unter englischen Fachleuten weitverbreiteten Ansicht, Psychopathie stehe an einem Ende von kontinuierlichen Verhaltens- und Persönlichkeitsstörungen. (Craft, 1966, S. 2) Am anderen Ende stehen Menschen, die mit »unzulänglicher Persönlichkeit«, »Charakterstörungen« usw. behaftet beschrieben werden können. Die Grenze zwischen diesen und der viel schwerer wiegenden »psychopathischen Persönlichkeit«, dem

»aggressiven, hysterischen oder schizoiden Psychopathen« oder »Soziopathen« ist verschwommen, obwohl, wiederum Anfang der 60er Jahre, Anstrengungen unternommen wurden, die diagnostischen Kriterien zu präzisieren.

Dem englischen Psychiater Michael Craft zufolge sollten Personen als psychopathisch diagnostiziert werden, wenn sie eine Kombination der folgenden Merkmale aufweisen, wobei die zwei ersten positiven Merkmale beide vorhanden und die negativen Merkmale erfüllt sein müssen.

Positive Merkmale:
1. Fehlendes Empfinden für andere Menschen, von einigen als Gefühllosigkeit, von anderen als Lieblosigkeit bezeichnet. In extremen Fällen können die Personen ganz ohne Gefühl sein.
2. Neigung zu impulsivem, unbedachtem Handeln (vgl. die alte juristische Formulierung *unwiderstehlicher Drang*).

Sekundäre Merkmale (von obigen abgeleitet):
3. Eine Kombination der obigen zwei, die unter entsprechenden Umständen zu Aggressivität führt.
4. Fehlende Scham und Reue über das, was getan wurde.
5. Unfähigkeit, Erfahrungen zu nutzen oder anzuwenden, was fehlende Reaktion auf Bestrafung einschließt. Das Asoziale ihres Tuns kann früher mittels Schuldspruch dokumentiert worden sein.
6. Fehlende Motivation, was zu genereller Untüchtigkeit führt, so daß die betreffende Person vorhandene Fähigkeiten nicht nutzt.

Zusätzlich:
7. Zu obigen kommt Bösartigkeit oder der Wunsch, Dingen oder Personen Schaden zuzufügen.

Negative Merkmale:
1. Fehlen von Psychosen wie Schizophrenie oder Depression, die durch psychiatrische Untersuchung ausgeschlossen wurden.
2. Fehlen eines rein intellektuellen Defizits / geistige Fähigkeiten

geringer als die Hälfte des Durchschnittswertes, so daß sich
beim Test ein IQ von unter 50 ergibt.

3. Fehlen von krimineller Motivation oder Tatplänen aus Angst
vor den damit verbundenen Risiken.

Interessanterweise gibt es keine internationale Übereinstimmung
hinsichtlich der Diagnose von Psychopathie. In den USA werden
zum Beispiel Charme, Eitelkeit und soziale Fähigkeiten hervorgehoben; in der BRD wird vor allem auf Gefühlskälte geachtet; und
Craft hebt in seiner Praxis Impulsivität und Aggressivität hervor.
(Feldman, S. 170 f.)

Die Hervorhebung zugrundeliegender Persönlichkeitsmerkmale
ermöglicht den Kliniken, den Kreislauf von Verhaltensdefinitio-
nen zu vermeiden. Sie zieht natürlich auch die Existenz von ge-
setzestreuen Psychopathen in der Gemeinschaft in Betracht, und
tatsächlich machte sich ein amerikanisches Forschungsprojekt an
die Untersuchung, ob es solche Personen gab. Die Forscher suchten per Inserat »charmante, aggressive, sorglose Menschen, die
spontan verantwortungslos sind, aber gut mit Menschen umgehen
können und sich auch selbst nicht hintanstellen«. Mit der Ver-
suchsgruppe von 45 Männern und 23 Frauen wurden Persönlich-
keits- und andere psychologische Tests durchgeführt, die frühere
Untersuchungen an inhaftierten Psychopathen bestätigten: Zwischen den Gruppen wurden Ähnlichkeiten festgestellt. (Widom,
1978)

Wir haben jedoch schon die ungeheuren Schwierigkeiten bei der
Persönlichkeitsbemessung erläutert, und einige Forscher wie etwa
Feldman behaupten, jeglicher Glaube an »den Psychopathen« sei
falsch: Es gebe nur »psychopathisches Verhalten«. Dieser Beobachtung hätten wir hinzuzufügen, das, was rechtlich und klinisch
als psychopathisches Verhalten zählt, war überaus variabel, in
einem Maße, das alle Befürchtungen bestätigt, Psychopathie sei
eine unendlich dehnbare, alles mögliche umfassende Kategorie.
West zufolge wurden seit 1959 in England alle Jugendlichen, die
straffällig, aber nicht neurotisch waren, als psychopathisch bezeichnet. Nach dem Mental Health Act von 1959 wurden Männer,
die wegen unsittlichen Entblößens, Vergewaltigung und Pädera-

stie inhaftiert waren, einfach aufgrund dessen, daß sie diese Delikte verübt hatten, als Psychopathen bezeichnet. (West, 1968, S. 7) Peter Clyne führt sogar einen amerikanischen Fall an, wo der ärztliche Zeuge auf die ungekämmte Erscheinung, die abgekauten Fingernägel und das unglückliche Auftreten des Beklagten als Anzeichen für Psychopathie hinwies! (Clyne, 1973, S. 149)

Kurz gesagt, die Literatur über Psychopathie ist ein Minenfeld. Forschungsberichte liefern überwiegend Variationen zum Thema »Messung der Hirnwellen oder der Persönlichkeit von Psychopathen«, einige allerdings überprüfen ihre soziale Herkunft und wenden sich mit besonderer Aufmerksamkeit den Müttern zu. Doch diese Untersuchungen der Ursache von Psychopathie bringen nicht nur keine positiven Ergebnisse, sie werden auch in jedem Fall durch den vorherrschenden Definitionswirrwarr zunichte gemacht.

Was heißt das dann für jene klare kulturelle Kategorie »psychopathischer Lustmörder«? Keine der klinischen Definitionen von Psychopathie folgert, Psychopathen seien besonders veranlagt, Lustmorde zu begehen, und das wissenschaftliche Material läßt nicht darauf schließen, daß ein großer Teil von ihnen tatsächlich welche begangen hat. Die Literatur problematisiert auch nicht die Geschlechtszugehörigkeit – dabei gilt es kurioserweise als selbstverständlich, daß die meisten Psychopathen Männer sind: »Wie wohl zu erwarten ist, überwiegen bei psychopathischen Patienten die Männer in auffälliger Zahl über die Frauen; dieses Übergewicht findet sich nicht bei anderen Kategorien von Geistesgestörtheit«, bemerkt Kenneth Robinson. (Craft, S. 28) Ehrlich gesagt, jedem, der die Literatur durchliest, könnte verziehen werden, nicht mit so etwas gerechnet zu haben. Keines der Merkmale, die Craft zur Diagnose verwendet, und ganz bestimmt nicht die amerikanischen Kriterien »Charme, hochentwickelte soziale Fähigkeiten und Eitelkeit« sind eindeutig eher männliche als weibliche Eigenschaften. Dennoch kamen 1962 bei den Insassen englischer Nervenkliniken fünf männliche Psychopathen auf eine Frau. Darüber hinaus gibt die einschlägige Literatur nicht einen Hinweis darauf, was Frauen *tun* müssen, um als psychopathisch bezeichnet zu werden. Man kann mit Recht annehmen, daß hier dieselbe

Doppelmoral vorherrscht wie bei der Bezeichnung »sadistisch« für Mörderinnen, d. h., Frauen müssen sehr viel *weniger* tun.

Es gibt eine Menge einschlägige Literatur über männliche Psychopathen. Michael Craft stellt uns zum Beispiel folgende fünf Beispiele als typisch vor.

(1) *John Straffen* wurde mit acht Jahren wegen Diebstahls einer Brieftasche auf Bewährung freigelassen, und sein Bewährungshelfer bemerkte, daß er kein Verständnis für Recht und Unrecht habe. Mit sechzehn drohte er einem 13jährigen Mädchen, sie zu erdrosseln, und mit 18 ermordete er Brenda Goddard, dann Cecily Badstone, und zwischen den beiden Taten sah er sich unbekümmert einen Film an. Er floh aus der Anstalt Broadmoor, und während der fünf Stunden, die er in Freiheit war, erdrosselte er ein kleines Mädchen, Linda Bowyer.

(2) *Neville Health* wurde von der Royal Air Force vor ein Kriegsgericht gestellt und aus der britischen sowie aus der südafrikanischen Armee ausgeschlossen. Er wurde »ein kleiner Gauner«. Mit 29 wendeten sich seine Neigungen dem Sadismus zu, und er attackierte eine Geliebte (es gab keine strafrechtliche Verfolgung). An einem Tag machte er einer Frau einen Heiratsantrag und schlief mit ihr, am nächsten Abend brachte er in demselben Zimmer auf sadistische Weise Margery Gardner um. Am nächsten Tag gab er sich in einem anderen Hotel als Oberst der Royal Air Force aus; dort begegnete er zufällig Doreen Marshall, die er ermordete und verstümmelte.

(3) *Miles Gifford* galt mit 13 Jahren als der abnormste Junge, den das Kollegium in der Internatsschule seines Vaters je erlebt hatte; er war ohne Freunde, impulsiv und ein Lügner; Mitte 20 war er promisk und verantwortungslos, ein Säufer, der sein und das Geld seines Vaters durchbrachte. Eines Nachts ermordete er seine Eltern.

(4) *Peter Rix* ermordete die zwölfjährige Leslie Hobbs in ihrem Elternhaus. Er war 15 und schwer erziehbar, wenngleich sein autoritärer Vater imstande war, mit ihm fertig zu werden.

(5) *»Alec«* hatte eine erbärmliche Kindheit in staatlichen Erziehungsanstalten, er entfernte sich aus Michael Crafts Abteilung, ging in die Wohnung einer Zufallsbekannten und vergewaltigte sie

auf sadistische Weise (zum Glück entkam sie, bevor er sie töten konnte). (Craft, S. 6 ff.)

Für Craft hat Psychopathie viele Ursachen, und er vermutet, psychopathisches Verhalten sei *erlernt* (das heißt, er glaubt nicht an eine biologische oder genetische Ursache). Aber er sagt kein Wort bezüglich dessen, was uns an diesen Männern und Jungen so auffällt: Vier von den fünfen haben Frauen oder Mädchen überfallen und/oder getötet. Obwohl sich alle einig sind, daß ein wesentliches Merkmal von Psychopathen ihre Neigung ist, impulsiv zu handeln und der Lust auf Gewalttätigkeit gedankenlos nachzugeben, wird nicht vermerkt, daß diese Lust kaum *willkürlich* ist. Sie hat oft eine sexuelle Komponente und ist systematisch frauenfeindlich.

Diagnose und Behandlung psychosexueller Abweichung: Psychiatrie, Sexologie und Psychoanalyse

Es mag seltsam erscheinen, die ganz verschiedenen Abhandlungen über Psychiatrie, Sexologie und Psychoanalyse in ein und derselben Kategorie zu betrachten, weil sie sich in vieler Hinsicht nicht vergleichen lassen. Da sie jedoch mit Lustmord verbunden sind, haben sie bestimmte Gemeinsamkeiten: Zusammen stellen sie dar, was als »forensische« Strömung bezeichnet werden könnte, in welcher die wissenschaftliche Erforschung des abweichenden oder devianten Individuums und medizinische Begriffe von Pathologie oder Krankheit in die Zuständigkeiten des juristischen Bereichs eintreten, die entscheiden, ob Kriminelle für ihre Taten verantwortlich sind und, wenn nicht, was mit ihnen nicht stimmt und wie sie zu behandeln sind.

Die forensische Psychiatrie ist im Fall von Lustmord nicht nur auf die bereits erwähnten klinischen Kategorien wie »Persönlichkeitsstörung« und »Psychopathie« angewiesen, sondern auch auf anderswo, nämlich in der beschreibenden Sexologie und in der Psychoanalyse, eingeführte Kategorien – Diskurse, die sich ihrerseits in einem Maße, wie es die Psychiatrie selbst nicht getan hat, mit der Vielfältigkeit und Devianz des Sexualverhaltens befaßt haben. Moderne Lehrbücher über »psychosexuelle Störungen« finden es nicht unvereinbar, Freudsche Ideen neben die Systematik von Ellis oder Krafft-Ebing und die Ergebnisse konventioneller wissenschaftlicher Forschung (über Chromosomen oder, sagen wir, Androgengehalt) zu stellen. Obwohl wir die Divergenz zwischen den Zielen und Methoden traditoneller Psychiatrie, Sexologie und Psychoanalyse respektieren, müssen wir auch auf den gemeinsamen Zweck hinweisen, dem sie dienen: Diagnose und Behandlung psychosexueller Abweichung, die sich durch sexuelle Gewaltverbrecher, einschließlich Lustmörder, die im Mittelpunkt unserer Erörterung stehen, manifestiert.

Psychiatrie:
Der medizinische und juristische Begriff des Wahnsinns

Recht und Psychiatrie gelten oft als unlösbar miteinander verknüpft, und diese Ansicht ist nirgends mehr gerechtfertigt als in Fällen von Lust- und anderen »abnormalen« Morden, wo es vor Gericht meist um die Frage geht, ob der Mörder für sein Verbrechen verantwortlich ist, und um die mögliche Erklärung für sein Verhalten in Verbindung mit Geisteskrankheit.

Die Verbindung von Recht und Psychiatrie wurde jedoch durch einen historisch bedeutsamen Prozeß entwickelt. Im Laufe des 18. Jahrhunderts gewann in Europa der Begriff des Wahnsinns zunehmend an Bedeutung, sowohl für die Gesellschaft insgesamt als auch speziell für das Recht, da es möglich wurde, Menschen zu enterben, wenn sie etwa an »Schwachsinn« oder »Idiotie« litten. Diese Ausdrücke waren jedoch relativ unwissenschaftlich; es erforderte keinen Fachmann, um »Idiotie« zu erkennen, ein Terminus, der in die Kategorie der Umgangssprache gehört. Doch im 19. Jahrhundert änderte sich die Situation. Die aufkommende Disziplin der Psychiatrie entwickelte und präzisierte den Begriff Wahnsinn, so daß er Individuen einbezog, die nicht das Verhalten an den Tag legten, das die Gesellschaft oder die Gerichte bis dahin als verrückt bezeichnet hätten.

In seinem Aufsatz »About the Concept of the Dangerous Individual in Nineteenth Century Legal Psychiatry« (Über den Begriff des gefährlichen Individuums in der Gerichtspsychiatrie des 19. Jahrhunderts) führt Michel Foucault mehrere Fälle an, die diese Veränderung illustrieren. Er beschreibt zum Beispiel folgenden Vorfall:

> 1827 geht die Dienstmagd Henriette Cornier in Paris zur Nachbarin ihres Dienstherrn und bittet sie, ihr für eine Weile ihre Tochter zu überlassen. Die Nachbarin zögert, gibt nach, und als sie später das Kind holen kommen will, hat Henriette Cornier das Mädchen gerade getötet, ihr den Kopf abgeschnitten und ihn aus dem Fenster geworden. (Foucault, 1978, S. 3)

Henriette Cornier und ähnliche Mordende hatten keinen ersichtlichen Grund zu tun, was sie getan haben. Henriette Cornier war nicht eifersüchtig, rachsüchtig oder gehässig; sie konnte nicht erwarten, aus ihrem Verbrechen irgendeinen Gewinn zu ziehen. Die Psychiatrie deutete diese Art des Mordens als Wahnsinn – ein Verbrechen, das vollkommener Irrsinn war, ein Irrsinn, der sich in nichts als Verbrechen ausdrückte. Taten wie die von Henriette Cornier waren so grausam und unnatürlich, daß sie offensichtlich wahnsinnig sein mußten; Psychiater bezeichneten diejenigen, die sie verübten, als an »mörderischer Monomanie« Leidende.

In seiner unbestimmten, sich im Kreise bewegenden Definition erinnert der Begriff des mörderischen Monomanen an den modernen Begriff des Psychopathen; und wie im Falle des psychopathischen Mörders hatten Psychiater Schwierigkeiten, Juristen und die Öffentlichkeit zu überzeugen, daß Monomane tatsächlich wahnsinnig und nicht einfach böse waren. Um 1870 war die Bezeichnung aufgegeben und durch »moralischen Irrsinn« ersetzt worden. Dies ergab sich aus einer weiteren Präzisierung der Definition von Irrsinn, so daß eine Person als irrsinnig betrachtet werden konnte, ohne unbedingt eine offensichtliche Wahrnehmungsstörung aufzuweisen (zum Beispiel Stimmen hören oder sich nicht erinnern können, was sie getan hatte). Eine ähnliche Auffassung vom moralischen Bewußtsein des Verbrechers ist in den englischen McNaghten-Regeln zur Feststellung von Irrsinn zu finden: Ein Kriterium für Irrsinn ist, nicht zu wissen, daß die begangenen Taten *unrecht* waren. Der Begriff verminderte Zurechnungsfähigkeit zu dem in Fällen von abnormalem Mord des öfteren gegriffen wurde, stellt heutzutage wiederum ein anderes Stadium dar, in welchem ein nicht irrsinniges Verhalten dennoch als pathologisch definiert werden kann. Dieser ganze Prozeß, durch den kriminelle Handlungen und pathologische Geisteszustände verknüpft werden, tendierte, wie Foucault bemerkt, dahin, »ein psychiatrisches und kriminelles Kontinuum« hervorzubringen. (ebd., S. 3) In ihrer radikalsten Form geht die Verknüpfung so weit, Kriminalität als dem Wesen nach psychiatrische Kategorie zu definieren.

Lustmord gehört zu den Verbrechen, die oft als von Haus aus irrsinnig bezeichnet werden (allerdings in neueren Fällen, wie der von Sutcliffe zeigt, nicht vom Gericht; psychiatrischen Experten gelingt es noch immer nicht, die Geschworenen in diesem Punkt zu überzeugen, selbst wenn sie ganz präzise Bezeichnungen wie »paranoide Schizophrenie« verwenden). Wir haben zu Beginn dieses Kapitels gesehen, daß der Psychiater Robert Brittain so weit ging, ein »Syndrom« zu konstruieren, an dem Lustmörder angeblich litten (was automatisch Abnormität implizierte). Aber während bei individuellen Mördern Geistesgestörtheit diagnostiziert werden kann, die nicht ausschließlich bei ihnen auftritt (Schizophrenie, Psychopathie), wird beim Verhalten von Lustmördern *als Klasse* meistens eine spezielle *sexuelle* Abweichung, gewöhnlich »Sadismus« oder »Sadomasochismus« angenommen. In diesem Punkt trifft die forensische Psychiatrie mit den wichtigsten Diskursen zusammen, die sich mit sexueller Perversion befassen, nämlich Sexologie und Psychoanalyse.

Sexologie

Als »Sexologie« wird die Erforschung der verschiedenen sexuellen Verhaltensweisen beim Menschen bezeichnet, die um die Jahrhundertwende mit den Arbeiten von R. v. Krafft-Ebing, H. Havelock Ellis, August Forel und Magnus Hirschfeld ihren Anfang nahm und sich bis zu neueren Studien wie denen von Alfred Kinsey sowie Masters und Johnson fortsetzte. Obwohl die Sexologie sich im Verlauf ihrer hundertjährigen Geschichte in Methode und Ansatz radikal verändert hat, ist sie stets im wesentlichen ein beschreibendes und klassifizierendes Unterfangen geblieben, das sich sowohl von der beobachtenden Herangehensweise der Psychoanalyse als auch von den therapeutischen oder normativen Praktiken der »Sexualberater« usw. unterschied (allerdings sind die letzteren zwei mehr und mehr auf die von der beschreibenden Sexologie gelieferten Details angewiesen; und Sexualtherapie wird manchmal von Sexologen, zum Beispiel Masters und Johnson, betrieben). Sexuelle Perversionen, einschließlich Sadismus/Sadomasochismus, sind in der sexologischen Literatur ein Dauerthema, allerdings müssen wir abermals auf die dramatischen Veränderungen in der Einstellung der Erforscher dieser Phänomene hinweisen.

Von den frühen Sexologen ist Richard von Krafft-Ebing wegen seiner ausgesprochen forensischen Betrachtungsweise von devianter Sexualität und Sexualverbrechen für uns der interessanteste. Krafft-Ebing, der sein großes Werk *Psychopathia Sexualis* betitelte, war ein begeisterter Leser seines Zeitgenossen Lombroso und über den Stand der Kriminologie und Rechtsprechung im 19. Jahrhundert genau im Bilde. Er wollte der Rechtsprechung die *pathologische* (im Gegensatz zur lediglich bösartigen) Natur von Sexualvergehen begreiflich machen und ihr einen eindeutig medizinischen Bezug verleihen; Krafft-Ebing hat *Sadismus* in das klinische Vokabular eingeführt und viel dazu beigetragen, die moderne Auffassung von Lustmord als einem bestimmten Verbrechenstypus zu festigen.

Psychopathia Sexualis ist ein beschreibendes Werk, das sexuelle Perversionen detailliert klassifiziert und jeweils mit einer Auswahl von Fallbeispielen belegt. Zwischen der Erstveröffentlichung 1886 und 1903 erreichte das Buch zahlreiche, durch neues Material ergänzte Auflagen. Obwohl Krafft-Ebing über den Erfolg des Buches erfreut war, hatte er nie beabsichtigt, daß es von Laien gelesen würde, und tat sein Bestes (wie seine Vorworte deutlich machen), um sicherzustellen, daß es nur von Experten gelesen werden konnte, indem er überwiegend Fachausdrücke verwendete und die obszönsten Stellen ins Lateinische übersetzte – ein Hilfsmittel, zu dem er mit jeder weiteren Auflage des Buches vermehrt griff. *Psychopathia Sexualis* enthält eine Fülle Material über Sadismus, den Krafft-Ebing als »Empfindung von sexuellen Lustgefühlen... beim Sehen und Erfahren von... Grausamkeiten« definiert. (1901, S. 60) Er glaubte, diese Perversion habe sich nebst den begleitenden Verbrechen Vergewaltigung und Lustmord im Laufe der Geschichte in der christlichen und anderen Kulturen verwurzelt; er meinte auch, sie seien aufgrund des »Rassenverfalls« im Ansteigen begriffen. Dies war in der psychiatrischen Denkweise der damaligen Zeit eine verbreitete Idee; der große klinische Psychiater Emil Kraepelin (1905) zum Beispiel bezeichnete Sadismus als angeborene Krankheit, die eine »Beimischung einer neuen Rasse« erfordere.

Psychopathia Sexualis hat dazu beigetragen, Lustmord oder Sexualmord als wissenschaftlichen Begriff einzuführen und die Kriterien zu seiner Erkennung zu liefern:

> Die Präsumption eines Mordes aus Wollust wird sich immer da ergeben, wo sich Verletzungen der Genitalien von solchem Charakter und Umfang vorfinden, daß sie aus einem brutal unternommenen Coitus allein nicht erklärbar sind, noch mehr, wenn Körpertheile (Därme, Genitalien) herausgerissen sind, fehlen. (ebd., S. 359f.)

Die Kriterien scheinen durch Einbeziehung von in Archiven und anderen Quellen gesammelten Fallgeschichten erstellt worden zu sein. Durch ihre Auflistung und Analyse machte Krafft-Ebing offenbar auf Aspekte aufmerksam, die in den ursprünglichen Berichten nicht unbedingt betont wurden. Womit natürlich nicht behauptet wird, seine Einführung einer Kategorie »Lustmord« sei für seine Kollegen eine Offenbarung gewesen. Er hat Ideen systematisiert und publiziert, die »in der Luft lagen«.

Soviel zur Beschreibung; wie steht es mit der Erklärung? Warum treten Lustmord oder Sadismus im allgemeinen auf? Krafft-Ebings Ansichten sind in vieler Hinsicht typisch für seine Zeit. Er glaubte an »sittlichen Verfall« und hatte strikte Vorstellungen von der menschlichen Natur und den angeborenen Eigenschaften von Frauen und Männern. Somit war Sadismus für ihn eine zeitlose, allgemeine Erscheinung; er stellt zum Beispiel eine Verbindung zwischen Grausamkeit, Geschlecht und Religion fest und führt als Beispiele das Leben der Heiligen an, in dem Ekstase und Leiden selten weit auseinanderliegen. Aber warum diese spezielle Verknüpfung? Nach Krafft-Ebings Meinung (die uns an Novalis und de Sade um 1790 erinnert) besteht sie, weil Wollust und Zorn ganz ähnliche Emotionen mit ähnlichen psychologischen Erregungseffekten sind. Die Verknüpfung wird pathologisch, wenn die Erregung bestimmte Grenzen überschreitet, oder wenn gewöhnliche sadistische Impulse nicht mit einer Hemmung einhergehen, was auf eine »Defectuosität der moralischen Gefühle« zurückzuführen ist.

Es ist Krafft-Ebing bewußt, daß sadistische Impulse, zumal jene, die als pathologisch zu werten wären, bei Frauen viel seltener vorkommen als bei Männern. Ihm erscheint dies jedoch als vollkommen natürlich, da Männer von Natur aus das aktive und aggressive Geschlecht sind. Frauen haben weder starke Sexualtriebe, die außer Kontrolle geraten können, noch sind sie von dem angeborenen Wunsch zu erobern geplagt. Tatsächlich ist es die instinktive Zurückhaltung der Frauen, die den Sadismus der Männer fieberhaft entfacht: »Es ist wahrscheinlich, daß die zu große Zurückhaltung des Weibes... bei diesem [dem Gatten] solche sadistischen Neigungen weckt.« Krafft-Ebing macht auch die Beobachtung, daß »derartige monströse Handlungen... beim Manne... weit häufiger vorkommen als beim Weibe«. (ebd., S. 64)

Psychopathia Sexualis enthält zwei Fallgeschichten über Sadismus bei Frauen, aber wie üblich tritt hier eine doppelte Moral zutage, und sie sind kaum zu vergleichen mit den Morden und Grausamkeiten, die als Beispiele für Sadismus bei Männern angeführt werden. Eine betrifft eine Frau, die Geschlechtsverkehr mit ihrem Mann nur zuließ, wenn er sich in den Arm schnitt und ihr erlaubte, das Blut zu saugen; die andere hat ihren Mann gebissen, bis er blutete. Von diesen Schilderungen abgesehen, beschränkt sich Krafft-Ebing darauf, aus Dichtungen wie Kleists von den sadomasochistischen Romantikern so geliebtem Werk *Penthesilea* zu zitieren, worin männlicher Sadismus auf weibliche Figuren übertragen wird.

Die Arbeiten von H. Havelock Ellis sind weniger forensisch orientiert, wenngleich auch Ellis ein begeisterter Anhänger der positivistischen Kriminologie war (und Lombroso populär gemacht hat, wie wir bereits aufgezeigt haben). Es ist jedoch bemerkenswert, daß Ellis' Meinung über die Definition von Sadismus derjenigen Krafft-Ebings fundamental entgegensteht. Während in *Psychopathia Sexualis* Sadismus als Freude an Grausamkeiten definiert wird, ist er bei Ellis mit *Schmerz* verbunden (aus diesem Grund betrachtet Ellis Sadismus und Masochismus nicht als grundsätzlich verschieden und bevorzugt für beides den Ausdruck *Algolagnie*, Sadomasochismus). Laut dieser Definition, behauptet Ellis, ist Sadismus keine Grausamkeit, sondern vielmehr eine Form der Liebe: »Allein Schmerz, und nicht Grausamkeit ist das Wesentliche in dieser Gruppe von Äußerungen [Algolagnie]… der Sadist möchte Schmerz zufügen, aber in einigen Fällen, wenn nicht in den meisten, wünscht er, daß dies als Liebe empfunden wird.« (1942, S. 160)

Die Frage, was Sadismus tatsächlich ist, ist für uns wichtig, wenn wir zu bestimmen versuchen, ob Lustmörder als Untergruppe der Sadisten definiert werden sollen; und ob wir sie als solche definieren oder nicht, es ist nicht ohne Bedeutung, worin ihre Befriedigung liegt. Es gibt sicherlich etliche Einwände gegen Ellis' Behauptung, »Schmerz und nicht Grausamkeit ist das Wesentliche« am Sadomasochismus. Autoren, die Sadomasochismus als bewußte, einer »Subkultur« zuzuordnende Handlungsweise beschrieben, haben ständig betont, daß Sadomasochisten nicht den Schmerz *per se* erotisieren, sondern vielmehr Dominanz-Unterwerfung-Beziehungen, in denen ein Partner den anderen zu demütigen vermag (die Mittel hierfür können die Zufügung von Schmerz enthalten, aber in vielen sadomasochistischen Handlungen ist der tatsächliche Schmerzanteil geringfügig). (s. Weiberg u. Levi-Kamel, 1983) »Grausamkeit« kommt dem Verstehen, was an Sadomasochismus erotisch ist, schon näher, weil sie eine gewisse Vorstellung von Freude an der eigenen Macht und der Furcht anderer einschließt.

Lustmörder üben ihre Handlungen nicht unter der Ägide einer erkennbaren Subkultur aus, und daher besteht wenig Veranlassung zu der Annahme, daß ihre Vergnügungen dieselben sind wie die der Lederfetischisten oder Fesselungsenthusiasten. Uns stellt sich die Frage, ob sie durch Grausamkeit, Schmerz oder etwas, das weder das eine noch das andere ist, erregt werden. Manche Mörder haben von Wut- und Haßgefühlen für ihre Opfer berichtet (bei Prostituiertenmördern ist das oft der Fall), während andere eine Vorliebe sowohl für seelische als auch für körperliche Grausamkeit gezeigt haben (zum Beispiel die Moormörder). In dem zitierten Aufsatz über den sadistischen Mörder spricht Brittain von der Vorliebe vieler Lustmörder für Erdrosselung und behauptet, ein Faktor hierbei sei das Gefühl der Macht, das ihnen dadurch verliehen wird, daß sie imstande sind, einen so langsamen Tod herbeizuführen – und tatsächlich jederzeit das Schicksal des Opfers abzuwenden, wenn sie wollen. Andererseits haben manche Mörder ihre Opfer verschont, nicht weil sie Gott spielen wollten, sondern weil sie zum Höhepunkt gekommen waren, bevor der Tod eintrat. Kürten und Verzeni wurden durch Drosseln erregt (Kürten wurde noch zusätzlich durch fließendes Blut stimuliert), und beide hörten gelegentlich kurz vor der Tötung auf. Dergleichen scheint eher mit Fetischismus verwandt und der Tod des Opfers nur ein Nebenprodukt sexueller Freuden zu sein (wie im Falle des Ungarn Sylvestre Matuschka, der durch den Anblick kollidierender Züge erregt wurde und daher willentlich Zusammenstöße herbeiführte, bei denen – für ihn unerheblich – Menschen getötet wurden). Anscheinend sind die Motive von Lustmördern unterschiedlich und komplex, in mancher Hinsicht ähnlich denen von Sadomasochisten, in anderer Hinsicht von diesen verschieden.

Obwohl spätere Sexologen die Bedeutung von Wegbereitern wie Ellis und Krafft-Ebing anerkennen, standen sie ihren Arbeiten kritisch gegenüber und haben sich von deren Fixierung auf »Abnormität« abgewandt. Kinsey zum Beispiel, dessen Buch über das sexuelle Verhalten des Mannes in den 40er Jahren erschien, warf Krafft-Ebing fehlende wissenschaftliche Strenge vor und wies (nicht ungerechtfertigt) darauf hin, daß in seinen frühen Arbeiten »wissenschaftliche Klassifizierungen... mit theologischen Klassifizierungen und mit moralischen Redewendungen im englischen Gewohnheitsrecht des 15. Jahrhunderts nahezu identisch« waren. (Kinsey u. a., 1948, S. 202) Kinsey spricht hier etwas an, das wir bereits erwähnt haben, nämlich, daß die Wissenschaft sich als Ordnerin und Erklärerin einer Kultur versteht, die außerhalb ist, daß sie aber tatsächlich *Teil* einer Kultur ist und sich im Hinblick auf die Kategorien, mit denen sie beginnt, auf die Kultur berufen muß. Dies trifft für die Gegenwart ebenso zu wie für die Vergangenheit: So sehr Kinsey »moralische Redewendungen« scheut, er ist dennoch der Gefangene seiner kulturellen Annahmen von männlicher Aggression, weiblicher Unterwerfung, der Unwiderstehlichkeit der Begierde und so weiter.

Von Kinsey bis heute hat die Sexologie die beliebige Verwendung von Fallgeschichten zur Illustrierung von Klassifizierungen, zu denen sie *a priori* gelangt ist, aufgegeben und sich statt dessen mit dem Sexualverhalten einer repräsentativen Zahl »normaler Individuen befaßt, das sie anhand von Aussagedaten und später anhand von Laborbeobachtungen erforschte. Statistische Beweise, wer was wem antut und wie oft sind heute unerläßliche Bedingungen aller Erörterungen, und an der Maxime, Wissenschaft sei »beschreibend, nicht vorschreibend« – das heißt, es ist nicht ihre Sache, Moral oder Angemessenheit zu beurteilen –, wurde zumindest im Prinzip rigoros festgehalten. In der Praxis war die Nachkriegssexologie darauf bedacht, keinen Beitrag zur Kriminologie zu leisten, sondern vielmehr bestimmte Praktiken aus deren Bereich zu entfernen, mit der Begründung, sie seien nicht deviant, sondern nur atypisch. (Und das vielleicht nicht einmal sonderlich: Kinsey bemerkte, wenn der Gesetzesvollzug so tüchtig wäre, wie behauptet wird, dann würden junge Männer in großer Zahl als Sexualtäter verurteilt. Er vermerkte auch, daß Berichte über Sadomasochismus auf eine von fünf seiner männlichen und eine von acht seiner weiblichen Versuchspersonen erregend wirkten.)

Diese Art der quantitativen, urteilsfreien oder gar »laissez faire«-Sexologie hat zu der Haltung geführt, von der Robert Stoller spottend sagte, sie erkläre »Nekrophilie lediglich als eine statistische Zahl im Außenbereich einer gekrümmten Kurve«. Tatsächlich ist das Problem mit der Sexologie unzweifelhaft, daß sie keinen Versuch unternimmt, etwas zu erklären (obwohl fundierte biologische Erläuterungen, was »natürlich« sei, oft auf Abruf bereitstehen). Beschreibung und Qualitätsbestimmung werden Selbstzweck. Für eine andere Betrachtungsweise müssen wir uns in der Psychoanalyse umschauen, in der die Entwicklung und Bedeutung der Sexualität eine zentrale theoretische Position einnehmen. Psychoanalytisch orientierte Autoren und Therapeuten haben einen großen Teil zur modernen Literatur über den sadistischen Lustmörder beigetragen.

Psychoanalyse

Zwischen Psychoanalyse und Sexologie liegen in vieler Hinsicht Welten, aber zumindest in einem Punkt stimmen Freud und Krafft-Ebing überein: Sadismus gibt es seit Anbeginn der Zeiten. Freud bemerkt dazu in seinen *Drei Abhandlungen zur Sexualtheorie* (1961):

> Die Sexualität der meisten Männer zeigt eine Beimengung von Aggression, von Neigung zur Überwältigung, deren biologische Bedeutung in der Notwendigkeit liegen dürfte, den Widerstand des Sexualobjektes noch anders als durch die Akte der *Werbung* zu überwinden. Der Sadismus entspräche dann einer selbständig gewordenen, übertriebenen, durch Verschiebung an die Hauptstelle gerückten aggressiven Komponente des Sexualtriebes. (S. 34)

Die Freudsche Behandlung des Sexualsadismus kommt nicht von dem Gedanken los, daß er durch etwas Natürliches, Angeborenes begründet ist, aber die Biologie allein reicht nicht aus, um Sadismus zu erklären oder in einem beliebigen Individuum zu erzeugen. Um ihn zu verstehen, müssen wir uns deshalb von der Biologie abwenden und die eigenständige Struktur des Seelenlebens erforschen.

Um Freuds Ansichten über sexuelle Perversion oder jede andere psychoanalytische Sicht zu verstehen, ist es unumgänglich, etwas von seiner Theorie der Sexualität zu wissen. Wir wollen die wichtigsten Punkte kurz zusammenfassen.

Für Freud gibt es keine »natürliche« Form von Sexualität; unser Geschlechtstrieb, Libido genannt, ist in Objekt (wen wir begehren) und Ziel (wie sich das Begehren ausdrückt) äußerst formbar. Die auf Fortpflanzung ausgerichtete Heterosexualität ist wünschenswert zur Erhaltung der Gesellschaft, aber sie ist nicht angeboren. Perversionen entstehen gerade, weil der Weg zur von der Gesellschaft geschätzten »normalen« Heterosexualität kompliziert ist und viele Gelegenheiten zur Abweichung bietet.

In der Freudschen Theorie (der ursprünglichen, aus frühen klinischen Arbeiten gewonnenen Erkenntnis) gilt als selbstverständlich, daß der Weg zur Sexualität des erwachsenen Menschen in der frühen Kindheit beginnt. Die sexuelle Entwicklung wird durch die Familie und insbesondere durch die Beziehung des Kindes zu seinen Eltern vermittelt. Für alle Kinder ist die Mutter das früheste Liebesobjekt (und besonders ihre Brust, von der die erste sexuelle Lust zusammen mit der physischen Nahrung kommt). So begehren Kinder den Körper ihrer Mutter. Aber sie müssen lernen, daß sie ihn nicht besitzen können und daß die Mutter-Kind-Beziehung nicht die einzige ist; da ist auch noch der Vater, der so zum Rivalen und Haßobjekt wird.

Das Bild wird kompliziert, wenn das Kind den Geschlechtsunterschied entdeckt. Für Knaben wird das ödipale Begehren der Mutter durch den »Kastrationskomplex« gelöst. Wenn er erfährt, daß manche Menschen (Frauen, Mädchen) keinen Penis haben, bekommt der Knabe Angst, er könnte seinen verlieren; er stellt sich vor, daß der rivalisierende Vater ihn bestraft, indem er ihn kastriert. Dann begreift er, wenn er dem Verlangen nach der Mutter entsagt, kann er seinem Geschick entgehen; schließlich will er wie sein Vater werden und erhält einen Ersatz für seine Mutter. Das kleine Mädchen dagegen muß erkennen, daß es schon kastriert ist, es muß sein Verlangen von der Mutter auf den Vater übertragen und von ihm auf die Männer, die seine zukünftigen Partner sein werden. Es wurde oft gesagt, daß der Kastrationskomplex den ödipalen Konflikt bei Jungen löst und bei Mädchen herbeiführt. Angesichts dieses komplizierten Entwicklungsprozesses überrascht es kaum, daß etwas schiefgehen kann. Traumatische Erlebnisse in entscheidenden Abschnitten der Entwicklung können die Furcht und das Schuldgefühl verursachen, die unvermeidlich vorhanden sind (die Kastrationsangst erzeugt zwangsläufig Furcht, und das Hegen von Todeswünschen gegen die Eltern verursacht Schuldgefühle) und in ernste Konflikte ausarten können, gegen die eine Abwehr aufgebaut werden muß. Der Preis für die Abwehrmaßnahmen ist, daß sie in der Gestalt lästiger neurotischer Symptome, wie psychosomatische Krankheit oder zwanghaftes Verhalten, wiederkehren können. Oder aber sie äußern sich in irgendeiner Form von sexueller Perversion.

Für Freudianer wie Ellis stellen Sadismus und Masochismus Facetten eines einzigen perversen Impulses dar (Masochismus wird von Psychoanalytikern als sich gegen das Selbst richtendes sadistisches Gelüst betrachtet). Der Impuls selbst ist eine Abwehr gegen die Kastrationsangst. Für den Sadisten wirkt sie durch die Versicherung: »Ich bin der Kastrierer, nicht der Kastrierte.« Mit anderen Worten, der Sadist glaubt, er wird bestraft oder geschädigt, und um die Furcht abzuwehren, ist er gezwungen, anderen Schaden zuzufügen.

Die meisten, die über dieses Thema schrieben, haben natürlich bemerkt, daß Sadisten vorwiegend Männer und nicht Frauen sind. Der Autor eines viel gelesenen Lehrbuches über »psychosexuelle Störungen« hat erklärt: »Heterosexueller Sadismus, der beim Mann häufig vorkommt, tritt bei der Frau selten auf... Die Geschichte verzeichnet keine Frau vom Schlage Peter Kürtens, und wir dürfen so gut wie sicher sein, daß es nie eine gab.« (Allen, 1969, S. 134) Wie wir gesehen haben, ist eine solch klare Erkenntnis der Geschlechtsbedingtheit von Lustmord unüblich; die psychoanalytische Literatur ist außerordentlich reich an Spekulationen, warum Sadismus eine maskuline Eigenschaft ist, und es ist interessant, die häufigsten Argumente zu betrachten.

Erstens, es gibt etliche Autoren, die wie Krafft-Ebing auf den bloßen Biologismus zurückgreifen. Männer haben stärkere Aggressionstriebe und eine ausgeprägtere Libido (um »den Widerstand des Lustobjekts besser überwinden zu können«). Wir haben bereits erklärt, warum diese Vermutung auf jeder Ebene vollkommen unbefriedigend ist. Eine elegante, ausgesprochen Freudsche Variante des Biologismus bietet die Idee, daß Frauen nicht im selben Maße unter Kastrationsangst leiden wie Männer und daher die Abwehrstrategie, die der Sadismus darstellt, nicht nötig haben – der Grund hierfür liegt darin, daß Frauen tatsächlich keinen Penis besitzen, der abgeschnitten werden könnte und die Angst um einen Phantasiegegenstand nicht so intensiv sein kann wie die um einen echten.

Zweitens haben wir die verbreitete Idee, die sich gut in die in unserer Kultur vorherrschenden Geschlechterstereotypen einfügt, daß Frauen zwar pervers werden, dies aber bei ihnen in Form von Masochismus, nicht Sadismus auftritt. Auch dies kann als biologisch untermauert gesehen werden, da keine andere Erklärung für eine geschlechtsdifferenzierte Äußerung perverser Impulse angeboten wird; es wird einfach angenommen, da Männer aggressiv sind, werden sie wahrscheinlich Sadisten, während Frauen, da sie passiv sind, wahrscheinlich Masochistinnen werden. Diese Erklärung ist mit der ersten unvereinbar, da sie behauptet, Frauen *werden* pervers, während die erste behauptet, sie werden es *nicht*; doch beide Erklärungen beruhen auf der Prämisse der natürlichen, angeborenen Passivität der Frauen.

Die Theorie vom weiblichen Masochismus erhält gewissermaßen einen empirischen Dämpfer durch die Beobachtung, daß, was weiblicher Masochismus *genannt* wird, offenbar gar keine sexuelle Perversion ist; er ist ganz sicher nicht das, was männliche Masochisten praktizieren. Während ein männlicher Masochist sich PartnerInnen sucht, um sich auspeitschen und fesseln zu lassen, wobei er von dem Wunsch nach (sorgsam kontrollierter) Herrschaft auf dem Gebiet seines Sexuallebens geleitet wird, sind derartige weibliche Masochisten selten. Wie ein Experte sagt, Masochismus bei Frauen ist »eher ein Verhaltensproblem als eine Neurose«. (Allen, S. 165) Diese Beobachtung übersieht die entscheidenden sozialen Faktoren des sogenannten Masochismus bei Frauen (unterwürfiges Verhalten, Selbsthaß usw.) vollkommen, doch sie erkennt, daß perverse Sexualpraktiken, ob sadistisch oder masochistisch, überwiegend von Männern ausgeübt werden.

Eine weitere Erklärung, warum Männer und nicht Frauen Sadisten sind, verdient unsere Aufmerksamkeit. Diese Erklärung lokalisiert das Phänomen nicht so sehr in der Kastrationsangst als vielmehr in der unterschiedlichen Beziehung von Jungen und Mädchen zu ihren Müttern und im späteren Leben zu Frauen im allgemeinen. Für die meisten Kinder ist die Beziehung zur Mutter ihre erste und stärkste emotionale und körperliche Bindung. Alle tief empfundenen Emotionen sind auf sie gerichtet, das heißt, nicht nur Liebe, sondern auch Haß und Wut auf eine Gestalt, die dem Kind allmächtig erscheint. Dies gilt für Kinder beider Geschlechter, aber für Jungen und Mädchen ergeben sich zwei bedeutende Unterschiede mit möglichen Konsequenzen in späteren Jahren.

Erstens, um sich als Mann zu entwickeln, muß der Junge sich von der frühen Identifizierung mit der Mutter in einem Maße lösen, wie es für das Mädchen nicht notwendig ist. Infolgedessen wird das Mädchen eine im Kern stabile Geschlechtsidentität haben; die des Knaben ist weniger beständig, und er wird eher um sie fürchten. Zweitens, während das Mädchen männliche Sexualobjekte begehren wird, die somit nicht die zutiefst zwiespältigen Gefühle wecken werden, die sie für ihre Mutter empfindet, wird der Knabe seine intensiven Kindheitsemotionen mit seinem zukünftigen Begehren anderer Frauen vermischen. Das Resultat dieser zwei Faktoren ist, daß männliche Heterosexualität mehr als die weibliche starke Elemente von Angst und Neid, Phantasien von Rollenumkehrung und Rache an Frauen enthalten wird.

Die Idee, Perversion, einschließlich Sadismus, habe etwas mit Geschlechtsidentität zu tun, wurde von Robert Stoller in seinem Buch *Perversion: The Erotic Form of Hatred* (Perversion, die erotische Form des Hasses) entwickelt. Stoller ist ein Wissenschaftler, dem die aktuellen Debatten geläufig sind, aber er weist die Ansprüche der positivistischen Wissenschaft, sie habe etwas Brauchbares über Perversität zu sagen, zurück und wendet sich ebenso gegen »libertinistische« Strömungen, die Einwände dagegen erheben, daß er Verhaltensweisen »pervers« nennt. Er teilt die Freudsche Ansicht, bestimmte »Varianten« – tatsächlich diejenigen, die traditionell als pervers betrachtet werden – seien Formen von »vereitelter Heterosexualität« und entstünden als »ein Weg, mit der Bedrohung der Geschlechtsidentität fertig zu werden«. Gemeinsam ist ihnen das Element von Feindseligkeit oder Haß, durch Imagination erotisiert. Sie sind weder ererbt noch organisch begründet, sie sind keine erlernten Reaktionen oder statistisch atypische Varianten; sie sind *bedeutsam*, wie sich an der überragenden Rolle der Phantasie bei der Entstehung perverser Gelüste erkennen läßt. Stoller spottet über diese Strömungen der Forschung, welche die Bedeutung der Abweichung leugnen:

> Will bitte jemand Pädophilie in den Begriffen der Genetiker erklären? Oder Schuhfetischismus als Produkt eines in der Entwicklung konstanten Gehirnmechanismus? Oder Penis-Exhibitionismus als hormonalen Defekt? Oder den Drang, alte Frauen zu vergewaltigen als durch Umstände bedingt? Oder Nekrophilie lediglich als eine statistische Zahl im Außenbereich einer gekrümmten Kurve? (1976, S. 32)

Was in den Phantasien und Handlungen des perversen Individuums symbolisiert wird, ist die Umwandlung von Kindheitsdemütigungen in Triumph. »Das perverse Sexualverhalten eines Menschen ist über die Überreste, Trümmer und anderen Anzeichen der Geschichte seiner libidinösen Entwicklung verstreut.« (ebd., S. XIV)

Warum sind nun also Männer pervers und Frauen nicht? Stoller zufolge sind sie es deswegen, weil Männer gezwungen sind, ihre ursprüngliche Identifikation mit ihren Müttern aufzugeben; sie empfinden Wut über den Verlust dieses angenehmen Zustands, Angst, die Trennung nie zu vollziehen, und den Wunsch, sich an der Mutter zu rächen, weil sie sie in diese Lage gebracht hat. Rache ist es, die in der Perversion zum Vorschein kommt; ein »phantasierter Racheakt«, der dem Perversen bestätigt, daß er in Sicherheit und mächtig und seine stets bedrohte Maskulinität unbeschädigt ist. Von allen Formen perversen Verhaltens verhüllt Lustmord dieses Motiv am wenigsten. Er ist eine Tat aus tiefstem Haß gegen das begehrte Sexualobjekt und letztlich gegen die Mutter.

Nicht nur Stoller, sondern viele psychoanalytisch orientierte Autoren, die über Lustmord geschrieben haben, halten Mutterhaß für den wahren Grund, und dies erklärt angeblich, warum so viele

Mörder die Genitalien und Brüste ihrer Opfer verstümmeln. Ein Autor behauptet: »Der Sadist will die Brüste (sie symbolisieren die Mutter und ihre Beziehung zum Kleinkind) und, indem er die Brüste mit den Genitalien gleichsetzt, schließlich die Genitalien verletzen.« (Allen, S. 120) Dieser Verfasser erklärt übrigens Homosexuellenmord als Umwandlung von Mutterhaß; Männer werden mit Müttern und Gesäße mit Brüsten gleichgesetzt. Bei solchen Gedanken kommt der Verdacht auf, daß es keine Eventualität gibt, die nicht mit der Mutterhaß-These abgedeckt werden könnte; es bleibt eine unbefriedigende Beliebigkeit, auf die wir noch zurückkommen müssen.

Zunächst erhebt sich für uns jedoch die Frage, ob die psychoanalytische Theorie, die ganz sicher die bestentwickelte Betrachtungsweise von Lustmord ist, die wir bislang in diesem Abschnitt des Buches untersucht haben, von irgendwelchem Nutzen ist, wenn sie eine aufgezeichnete Fallgeschichte *post hoc* erklärt. Zwar ist uns kein Fall bekannt, wo ein Lustmörder analysiert wurde – Otto Fenichel hat diese Unterlassung 1954 beklagt, und soweit wir wissen, wurde sie nie gutgemacht –, doch vor kurzem erschien eine detaillierte, psychoanalytisch begründete Studie eines Mörders, *The Shoemaker* (Der Schuhmacher) von Flora Rheta Schreiber, die sich mit dem nordamerikanischen Mörder Joseph Kallinger befaßt. Schreiber ist keine Analytikerin, doch in ihrer Betrachtungsweise Kallingers ist sie Freudianerin, und ihre Kontakte zu dem Mörder und seiner Familie verschaffen ihr ungewöhnlich vollständige Kenntnisse von seinen Kindheitsbedingungen, die ihr durch eine Vielfalt unterschiedlicher Berichte und Perspektiven vermittelt wurden.

Der Schuhmacher

Flora Rheta Schreiber behauptet, Joseph Kallinger sei weder Lustmörder noch Psychopath, sondern ein Schizophrener, der durch psychopathische Wahnvorstellungen zum Töten getrieben wurde. Dennoch, die Verbrechen, für die er 1975 vor Gericht gestellt wurde, Einbrüche, Sexualvergehen und die Ermordung einer

Frau, weil sie sich weigerte, auf Kallingers Verlangen einem Mann den Penis abzubeißen –, liefern genügend Beweise für dieselbe Verschmelzung von Sexualität und Aggression, die den Lustmörder kennzeichnet. Weitere Beweise ergeben sich aus Kallingers Phantasieleben; er war häufig impotent, wenn er nicht beim Geschlechtsverkehr ein Messer in der Hand hielt und sich vorstellte, der Frau »den Bauch aufzuschlitzen oder die Brüste abzuschneiden... sie mit Nadeln zu stechen und... sie mit einer Zigarette oder einem heißen Eisen zu verbrennen«. (Schreiber, 1983, S. 168) Er hat sein Opfer Maria Fasching nicht vergewaltigt, erzählte Schreiber jedoch später, er habe einen Orgasmus gehabt, als er sie erstach. Wie kam es zu Kallingers Abnormität, und warum trat sie gerade in dieser Form auf? Schreiber erklärt sie im Zusammenhang mit zwei traumatischen Kindheitserlebnissen. Das erste stammte von der seelischen und körperlichen Grausamkeit, die Joseph seitens seiner Adoptiveltern widerfuhr. Mit sechs Jahren wurde er am Bruch operiert, und als er aus dem Krankenhaus kam, sagten ihm die Eltern, wegen Anzeichen von sexueller Neugierde bei Joseph beunruhigt, der Arzt habe den »Dämon« aus seinem »Vögelchen« (ihr Euphemismus für Penis) herausgeschnitten, so daß es immer klein und weich bleiben würde. Gleich danach hatte er einen realistischen Tagtraum von seinem Penis, der auf der Klinge eines großen Messers lag, das sein Vater zum Schneiden von Schuhsohlen benutzte. Die Verbindung der symbolischen Kastration durch die Eltern mit der Vision von dem Messer und den tatsächlichen Schmerzen und Verletzungen durch die Operation bildeten eine Basis für nachfolgende Wahnvorstellungen. Der zweite Vorfall ereignete sich zwei Jahre später, als eine Gruppe Jungen ihn mit vorgehaltenem Messer zwang, Fellatio an sich vollziehen zu lassen. Diese Vorfälle lassen sich vereinbaren mit dem, was Kallinger später tat, und sich dahingehend auslegen, daß er sich gegen Kastrationsangst zur Wehr setzte sowie Rache an den Eltern nahm, die ihn kastriert hatten. Als Erwachsener wollte Joseph morden, indem er einem Mann den Penis abbeißen ließ – »Ich bin der Kastrierer, nicht der Kastrierte« –, und er verübte seine Sexualvergehen in der Form, daß er Frauen zwang, Fellatio an ihm zu vollziehen. Dies ließe sich als »Umwandlung von Kindheitsdemütigungen in Triumph« interpretieren, da er die Szene, in der er ursprünglich das Opfer war, neu inszenierte, dabei jedoch diesmal die Rolle des Initiators übernahm und jemanden in Angst und Schrecken versetzte, wie es ihm selbst einst widerfahren war. Es ist auch offensichtlich, daß die Geschichte von Kallingers libidinöser Entwicklung die Voraussetzung für die spätere Assoziation von Sex und Messern schuf.

Es müssen jedoch einige Anmerkungen zum allgemeinen Nutzen von Schreibers Auslegung des Falles Kallinger gemacht werden. Erstens, Schreiber widmet der Frage der Geschlechtszugehörigkeit nicht die geringste Aufmerksamkeit. Zum Beispiel, da Kallinger von Jungen sexuell mißbraucht wurde, warum besetzte er dann in seiner Neuinszenierung die Rolle der Opfer mit *Frauen*? Ferner ist interessant, daß Schreiber auch ein Buch (*Sybil*) über eine Frau geschrieben hat, die infolge sexuellen Mißbrauchs in der Kindheit abnormal wurde. Sybil entwickelte jedoch später eine gespaltene Persönlichkeit; sie wurde keine Sadistin und verübte keine Sexualvergehen. Schreiber hat über diesen auffallenden Unterschied nichts zu sagen. Natürlich erkennen wir, daß die Psychoanalyse gewöhnlich nicht behauptet, eine voraussagende Wissenschaft zu sein, die uns mittels Assoziation unveränderlicher Ursachen und Wirkungen sagt, wie Menschen sich verhalten werden. Freudsche Erklärungen werden *post hoc* gegeben und sind mit individuellen Lebensgeschichten verknüpft. Aber über die entscheidenden sozialen Faktoren dieser Geschichten wird viel zuwenig gesagt.

Freudsches Denken neigte stets dazu, Sonderbarkeiten auszuklammern, selbst dann, wenn es sie untersuchte, und individuelle wie kulturelle Unterschiede mit einem Mythos zu interpretieren – dem ödipalen Drama, das als zeitlos und unveränderlich universell behandelt wird. So werden die zwei wichtigen Begriffe in der Freudschen Darstellung von Lustmord, Kastrationsangst und Mutterhaß, gewöhnlich nicht auf die patriarchalische Machtstruktur bezogen, die beiden zugrunde liegt. Es ist diese Machtstruktur, die die geschlechtliche Arbeitsteilung bedingt, durch welche Kinder in ihren frühen Jahren von den Müttern versorgt werden; es ist diese Machtstruktur, die den extremen Phallozentrismus des Freudschen Universums ermöglicht (und woher würden wir ohne ihn zur Kastrationsangst kommen?).

Psychoanalytische Schriften sind voll von rätselhaften Kreisläufen, die von der Unfähigkeit herrühren, zu entscheiden, ob das Seelenleben von Familienstrukturen bestimmt wird oder umgekehrt. Zum Beispiel interpretiert die Therapeutin Susanne Schad-Somers in einem Buch über Ätiologie und Behandlung von Sadomasochismus die Geschlechterteilung in unserer Gesellschaft als Methode, mit dem »sadomasochistischen Substrat«, wie sie es nennt, fertig zu werden, und sie bemerkt, Sexismus enthalte »ein von der Kultur geschätztes sadomasochistisches Arrangement... es ist in allen bekannten Gesellschaften evident«. (1982, S. 15) Hiermit meint sie offenbar, »die Gesellschaft« werde mit angeborenen sadistischen Neigungen fertig, indem sie diese in ihrer auf andere gerichteten (sadistischen) Form den Männern und in ihrer auf das Selbst gerichteten (masochistischen) Form den Frauen zuschreibt – so daß vermutlich alle zufrieden sind! Gleichzeitig aber behauptet sie, die Kleinfamilie selbst, wo dieses beschlossene »Arrangement« am offensichtlichsten ist, sei die Quelle sadomasochistischer Neigungen, insbesondere für den Mann mit seiner prekären Sexualität.

Sobald wir darüber nachdenken, auf welche Weise gesellschaftliche Arrangements das Seelenleben bestimmen müssen, mögen komplexe psychoanalytische Betrachtungsweisen des letzteren bei der Betrachtung des sadistischen Lustmordes durchaus überflüssig erscheinen. Denn in unserer Kultur sind jede Menge Praktiken und Darstellungen zugänglich, die dazu führen können, daß Männer Frauen hassen und verachten und ihre Sexualität auf äußerst sadistische Weise ausdrücken. Wir müssen nicht postulieren, daß Männer Frauen hassen, weil sie an die allmächtige Mutter erinnern; es wäre ebenso richtig zu sagen, Männer lernen ihre Mütter hassen, weil ihre Mütter Frauen sind, die machtlosen anderen; Männer wollen maskulin sein mitsamt allem, was dies in einer bestimmten Gesellschaft beinhaltet.

Den Gedanken, Lustmord habe soziokulturelle Wurzeln, möchten wir unbedingt unterschreiben. Er führt uns fort von der Psychoanalyse und anderen Betrachtungsweisen, die wir bislang untersucht haben, hin zu den mehr soziologisch ausgerichteten Kriminologien, die ihr Hauptaugenmerk auf Verhalten als etwas

Erlerntes und Erworbenes richten. Kann die Soziologie, insbesondere die Soziologie der Abweichung, Licht auf die Taten von Lustmördern werfen?

Soziologische Erklärungen für Lustmord

Im Gegensatz zu allen bisher untersuchten Theorien hat sich die Soziologie der Erklärung des Handelns von Individuen im Hinblick auf Ereignisse und Bedingungen in der Gesellschaft oder in der Kultur verschrieben. Die Erklärungsrichtung verläuft von der Gesellschaft zum Individuum und nicht vom tiefen Innern des Individuums zu seinen Handlungen. Aus unserer Sicht verkörpert die Soziologie eindeutig eine Verbesserung gegenüber biologistischen und psychologistischen Darstellungsweisen, und im folgenden werden wir diverse soziologische Betrachtungen von Verbrechen und Abweichung untersuchen.

Bisher haben wir die Begriffe »Verbrechen« und »kriminell« verwendet, als seien sie mehr oder weniger selbstverständliche, zweckdienliche Beschreibungen der Realität. Das kommt daher, weil wir die verschiedenen konkurrierenden Erklärungen von Lustmord in ihren eigenen Begriffen dargestellt haben. Natürlich mußten wir von Zeit zu Zeit darauf hinweisen, wie naiv die Verwendung von Kategorien wie »Verbrechen« sein kann und wie dies den Wert einiger kriminologischer Forschungsergebnisse untergräbt. Der Ausdruck »Verbrecher« oder »Krimineller« bezieht sich nicht einfach auf eine vorhandene Kategorie, sondern ist ein Begriff, der uns ein besonderes Weltverständnis aufzwingt. Er macht zudem »Kriminalität« zu einer pathologischen Befindlichkeit von Individuen und schickt die Forscher auf die Suche nach Ursachen im Individuum selbst.

Doch in der zweiten Hälfte des 20. Jahrhunderts haben Soziologen ernsthaft und ausführlich das ganze Gebiet der »Kriminologie« angezweifelt und ihre Grundbegriffe und Annahmen in Frage gestellt. Wir wollen nun die Entwicklung ihrer Kritik verfolgen, die ihren Untersuchungsgegenstand in »Soziologie der Abweichung«

umbenennt, und wir befassen uns insbesondere mit dem Problem der »radikalen Kriminologie«. Wir müssen natürlich unser Hauptinteresse im Auge behalten, das der Erklärung von Lustmord gilt, und dies bestimmt unsere Literaturauswahl; wir behaupten weder, eine vollständige Darstellung zu geben, wie die unterschiedlichen Traditionen und Schulen miteinander verbunden sind, noch auf ihre sämtlichen früheren und gegenwärtigen philosophischen, methodologischen und empirischen Abhandlungen einzugehen.[8]

Bevor wir uns jedoch der Soziologie der Abweichung zuwenden, müssen wir einen Bereich untersuchen, der einen vielversprechenden soziologischen Standpunkt einzunehmen scheint, wie sich dann aber herausstellt, doch mehr Gemeinsamkeiten mit der Hauptrichtung der Kriminologie aufweist, die wir an früherer Stelle betrachtet haben – die Viktimologie.

Viktimologie

Die Viktimologie fragt, warum Angehörige mancher Gruppen dazu neigen, von Angehörigen anderer Gruppen getötet oder angegriffen zu werden. Sie ist daher potentiell anti-individualistisch; sie befaßt sich nicht mit krimineller Pathologie, sondern mit dem breiteren sozialen Umfeld krimineller Handlungen.

Leider wissen Feministinnen nur zu gut, wie sehr die Heraushebung des Opfers zur Erhärtung bestehender Vorurteile und letztlich des Status quo verwendet werden kann. Wir kennen das aus Diskussionen über Vergewaltigung, wo der Umstand, daß Frauen als Gruppe von Männern als Gruppe vergewaltigt werden, zu einer ständigen Beschäftigung mit dem Verhalten und Charakter vergewaltigter Frauen geführt hat, hinter der die männliche Gewalt unsichtbar wird. Die Anwendung von Viktimologie auf Mord führt zu einer ebensolchen Verzerrung.

Zugegeben, einige Formen der Viktimologie sind in dieser Hinsicht weniger zweifelhaft als andere. Daß zum Beispiel viele Gewaltverbrechen in Notwehr begangen werden, ist eine unbestreitbare (wenn auch kaum neue) Schlußfolgerung. Marvin Wolfgang, ein amerikanischer Experte, führte eine Studie über »vom Opfer herbeigeführten Mord« durch, der von den amerikanischen Gerichten als Mord in der Hitze der Leidenschaft infolge entsprechender Provokation definiert wird. (Wolfgang u. a., 1970) Er berichtete, die größte Einzelkategorie solcher Morde seien diejenigen, die von Frauen an gewalttätigen Männern verübt werden. Wenn wir jedoch zu den ersten Arbeiten zurückgehen, die anerkanntermaßen die Quelle der Viktomologen für ihre systematische Analyse sind, stellen wir fest, daß von Hentig (1948), der Pionier auf diesem Gebiet, dazu neigt, sich ausschließlich auf Fehler der Opfer zu konzentrieren, Fehler, die weit über die bloße Auslösung der Gewalttat, die zu ihrem Tode führt, hinausgehen. Ein Blick auf diese Kriterien von »typischen Opfern« vermittelt ein deprimierendes Bild von Hentigs Sozialanalyse: geistig Behinderte, Immigranten, Frauen, Minderheiten, Alte usw. Und obwohl diese als soziale Kategorien dargestellt werden, weicht von Hentig auf eine höchst individualistische und sogar biologistische Betrachtung über Verhaltensstörungen, Unwissenheit und allgemeines Unvermögen bei Angehörigen bestimmter Gruppen aus.

Angesichts der Bedeutung der kulturellen Auffassung, daß manche Menschen »danach verlangen« (ein Buch über dieses Thema hat tatsächlich den Titel *They Asked for Death* – Sie verlangten nach dem Tod), gibt es relativ wenig Literatur über Viktimologie. Die dahinterstehende Idee hatte einen ungeheuren Einfluß auf vorbeugende Verbrechensbekämpfung und Rechtsprechung. Hierdurch unterscheidet sich die Viktimologie stark von anderen Zweigen der Soziologie, die, wie wir sehen werden, von den Fachleuten übergangen wurden. Ihr Einfluß ist in den Bemerkungen von Richtern, den Ansichten von Polizeibeamten und den Äußerungen von Antifeministen zu erkennen. Es besteht die Tendenz, sehr unkritisch zu sein gegenüber dem, was Provokation ausmacht; in der Praxis kann sie darin bestehen, daß eine Frau sich von einem Mann im Auto mitnehmen läßt (was als Signal ihres Einverständnisses zum Beischlaf mit ihm angesehen wird) oder daß sie, im Falle eines Mordes, als Prostituierte arbeitet, was, wie wir in der Einführung gezeigt haben, als ausgesprochenes »Verlangen nach einem gewaltsamen Tod« ausgelegt wird. Selbstverständlich führen solche Aktionen Gewalt nicht auf dieselbe Weise herbei wie, sagen wir, das Ziehen einer Waffe, doch im schlimmsten Falle mißt die Viktimologie dieses ganz verschiedene Verhalten mit ein und demselben Maß.

Es überrascht jedoch nicht, daß eine akademische Disziplin, die so sehr auf ein verbreitetes Vorurteil abgestimmt ist, Einfluß auf Recht und Gesetz genommen hat. Und das Resultat dieses Einflusses ist die Abschwächung jeder kritischen Schärfe, die die Viktimologie vielleicht einmal gehabt haben mag – schließlich könnten Viktimologen ja durchaus fragen, wieso der Umstand, daß eine Frau sich im Auto mitnehmen läßt, als Einverständnis mit Geschlechtsverkehr gedeutet werden kann. Ironischerweise wird die Bedeutung einer Gruppe von Mordopfern – gewalttätige Männer, deren Ehefrauen sie in Notwehr töten – immer von der kulturellen Überlegenheit einer anderen Gruppe, nämlich Frauen, die abends alleine ausgehen und daher Männer herausfordern, sie zu überfallen, zu vergewaltigen und zu töten, in den Schatten gestellt. Wie die Reaktion auf die Morde des Yorkshire Rippers in den 70er Jahren sehr deutlich zeigt, wird bei der Einstufung bestimmter Gruppen als »natürliche« Mordopfer von völlig falschen Voraussetzungen ausgegangen. Feministinnen haben damals darauf hingewiesen, daß der Tod von Prostituierten seitens Polizei oder Presse kaum der Beachtung für wert befunden wurde; Sir Michael Havers, der wegen der Morde gegen Peter Sutcliffe verhandelte, sagte, die eigentliche Tragödie bestehe darin, daß einige seiner Opfer *keine* Prostituierten waren.

Vor Gericht kam es zu einem bizarren Wettstreit zwischen den Psychiatern, die als Zeugen der Anklage, und denen, die als Zeugen der Verteidigung aufgerufen waren. Die Psychiater der Verteidigung behaupteten, Sutcliffe glaubte von Gott berufen zu sein, die Welt von Prostituierten zu befreien; er sei daher ein paranoider Schizophrener. Die Anklage behauptete, er sei im Gegenteil »schlicht und einfach böse«, ein typisches Sexungeheuer. Die Prämisse dieses Wettstreits scheint zu sein, daß, obwohl die Ermordung Prostituierter ein extremes Verhalten ist, der Wunsch, sie auszurotten, als ganz verständlich und nicht »schlicht böse« anzusehen ist. Daß zahlreiche viktimologische Studien dies nicht beachtenswert fanden, ist sehr beunruhigend.

Würden Viktimologen ihr Augenmerk auf die gesellschaftlichen und kulturellen Bedingungen richten, die die Kategorisierung von Prostituierten als »natürliche« Opfer von Lustmorden zur Folge haben, könnte ihre Arbeit von Nutzen sein. So aber führen sie uns zurück zum pathologischen Individuum als Mittelpunkt der Forschung und versuchen, das Verhalten von Prostituierten zu erklären anstelle der Beweggründe, die Männern den Wunsch einflößen, sie zu töten.

Die Viktimologie empfiehlt somit absurderweise den Opfern, ihr Verhalten zu ändern oder sich zu bilden oder eine andere Einstellung zu entwickeln, ohne gleichzeitig etwas über die politischen und kulturellen Strukturen zu sagen, die Gruppen als Opfer und (obwohl dies nie als Folge erörtert wird) andere Gruppen als Angreifer bestimmen. Die Viktimologie läßt Armut und mangelnde Ernährung außer acht und gibt zu verstehen, die Leute sollen aufhören zu hungern; sie läßt männliche Gewalt außer acht und gibt zu verstehen, die Frauen sollen sich selbst davor schützen, Opfer von Vergewaltigung und Mord zu werden.

Die Lerntheorie

Als wir an früherer Stelle in diesem Kapitel psychologische Betrachtungsweisen erörterten, bemerkten wir, daß ihre intellektuelleren Verfechter sich der Bedeutung von Lernen und erlerntem Verhalten bewußt waren, die gemeinsam mit einer Vielzahl anderer Faktoren bestimmen, ob jemand kriminell wird oder nicht. Lernen kann die Wirkung von Genen und Hormonen vermindern: es kann zwischen Persönlichkeit und Verhalten vermitteln; es kann in die Kausalkette vom Körpertypus zum Verbrechen eingreifen. Feldman zum Beispiel stellt biogenetische Faktoren in Beziehung zum Lernen, und Craft ist überzeugt, daß Psychopathie erlerntes Verhalten ist. (Feldman, 1977; Craft, 1966) Sehen wir uns nun das Thema Lernen näher an.

Das wissenschaftliche Verständnis des Lernphänomens steckt immer noch in den Kinderschuhen; es ist nicht möglich zu erklären, warum zwei Kinder in einer ähnlichen Situation verschieden schnell oder verschiedene Dinge lernen. Doch in jedem Falle krankt die Lernforschung unserer Ansicht nach an einem schwerwiegenden Fehler. Weil sie sich wiederum auf das Individuum (und manchmal auf seine unmittelbare Familie) konzentriert, wird die Frage, was tatsächlich erlernbar ist – was offensichtlich eine weitgehend *kulturelle* Angelegenheit ist –, vernachlässigt oder als selbstverständlich vorausgesetzt (was auf dasselbe hinausläuft). Daher sind Berichte, wie ein kleiner Junge aufwuchs und zum Lustmörder wurde, ebenso beliebig und verwirrend, wie wir es in der psychoanalytischen Literatur festgestellt haben; wie sollen wir ohne Analyse der Kultur und der Machtstruktur, in der wir leben, aus jemandem klug werden, der von einem brutalen Vater terrorisiert wurde und deshalb als Erwachsener Frauen tötet?

Genau diese Frage stellte sich im Zusammenhang mit dem Fall des »M 4-Mörders« John Steed, der im November 1986 wegen Ermordung einer Prostituierten und Vergewaltigung von drei weiteren Frauen zu lebenslänglich verurteilt wurde. Die Zeitung *The London Standard* vom 10. November berichtete wie folgt: »Die brutale Kindheit, die den M 4-Vergewaltiger John Steed zu einem frauenhassenden Mörder machte, kam heute bei der Gerichtsverhandlung ans Licht. Als Fünfjähriger sah er, wie sein Vater seine Mutter vergewaltigte, und dadurch sei seine Einstellung zu Frauen negativ beeinflußt worden, sagte sein Anwalt.« Der Bericht des Anwalts wird hier als ganz vernünftig wiedergegeben, aber wir finden ihn nicht so einleuchtend. Besonders merkwürdig erscheint uns, daß dieses Kindheitserlebnis, so traumatisch es auch war, ausgerechnet John Steeds Einstellung zu *Frauen* verzerrt haben sollte. Angesichts der Tatsachen wäre es weniger verwunderlich gewesen, wenn Steed eine Abneigung gegen seinen Vater oder Männer im allgemeinen entwickelt und Vergewaltiger überfallen hätte. Wenn dieser alternative Handlungsablauf undenkbar ist – wenn Steed das Trauma tatsächlich auf die einzig mögliche Weise, nämlich Identifikation mit dem Vater bewältigte –, läßt sich dies sicher nicht mit rein psychologischen Begriffen erklären. Die Mannwerdung und die Identifikation mit männlichen Rollenmodellen ist kulturell verordnet und inhaltlich von den Normen des Patriarchats bestimmt. Um zu verstehen, warum ein heranwachsender Junge Frauen als Haßobjekte sieht und Aggression mit männlicher

Sexualität verbindet, müssen wir über seine unmittelbare Umgebung hinausgehen und uns auf die von der Gesellschaft gutgeheißenen Bedeutungen und Begriffe konzentrieren, die zwangsläufig unser aller Leben durchdringen.

Die Subkulturtheorie

Eine Betrachtungsweise, die diesem Leitbild näher kommt, ist die Subkulturtheorie, die den Stellenwert von »Verbrechen« und »Gewalt« in den Wertvorstellungen bestimmter Gruppen oder Subkulturen untersucht. Der Begriff »Subkultur« hat sich im Laufe der letzten Jahrzehnte entwickelt. Anfangs wurden Subkulturen im Zusammenhang mit der beständigen, vorherrschenden Kultur gesehen, die in der Soziologie der Vereinigten Staaten und Großbritanniens als zur privilegierten, einflußreichen, leistungsorientierten Mittelschicht gehörig galt. (Downes und Rock, 1982, S. 115 f.) Die zahlreichen jungen Leute, die, an vorherrschenden Wertvorstellungen gemessen, zum Scheitern verurteilt sind, schaffen sich eigene Wertvorstellungen, Verhaltensnormen, in deren Sinne sie als erfolgreich gelten können. Diese Normen und Wertvorstellungen werden dann ein positiver Verhaltenszwang; in Einklang mit ihnen zu leben wird zur Lebensweise. Spätere Arbeiten über Subkulturen schränken dies etwas ein; sie stellen die Richtigkeit der Vorstellung von einer vorherrschenden Kultur in Frage und betonen statt dessen die Pluralität der Kulturen in jeder Gesellschaft, die einzelne »Sozialwelten« bilden, eine jede mit ihren eigenen Gesetzen und Normen.

Die subkulturelle Betrachtungsweise ist von Kriminologen übernommen worden. Wolfgang und Ferracuti (1982) gehen beispielsweise davon aus, daß es »Subkulturen der Gewalt« gibt und diese Subkulturen wiederum Gewalt *erklären* können. Ihre These betont Lern- und Sozialisierungsprozesse, und sie erhellen sie mit Beispielen aus Kulturen wie jener im sardischen Bergland, wo rituelle (aber sehr reale) Gewalt in Gestalt der *vendetta barbariana* eine Lebensweise ist; wer sich weigert, daran teilzunehmen und sich nach Vorschrift zu verhalten, wird gebrandmarkt.

Henry Lundsgaardes Buch *Murder in Space City* (1977) ist eine erweiterte Studie über die Art Subkultur, mit der sich Wolfgang und Ferracuti auseinandersetzen. Er erklärt bestimmte Mordbeispiele in Houston, Texas, mit der überkommenen »Grenzlandmentalität« und der Überlieferung ortsbestimmter kultureller Wertvorstellungen wie etwa das Recht eines Menschen, sich und sein Eigentum auf »traditionelle Weise« zu verteidigen. Houston steht bezüglich Mord weit oben auf der Weltrangliste und hat auch eine hohe Freispruchrate, da die Geschworenen im großen und ganzen die Wertvorstellungen der Tötenden teilen.

Die »klassischen« Studien innerhalb der Subkulturtheorie befaßten sich mit Stadtrandgemeinden, wo die Begehung von Verbrechen als Lösung des Dilemmas von Ausgeschlossensein und Armut gesehen werden kann; eine vernünftige Reaktion auf eine verrückte Situation. (Downes und Rock, S. 67) Die Chicagoer Richtung der Soziologie definierte Kriminalität in diesem Sinne – Delinquenten sind keine pathologischen Fälle, sondern Menschen, die ihre normale Lebensweise fortführen. Auf dieser Perspektive gründet unsere Allgemeinvorstellung von Hippies, Punks, Schwulen, feministischen Separatistinnen, Rockern, Lesben, Jazzmusikern und so weiter – Gruppen, die nicht unbedingt geographisch isoliert sind –, welche Subkulturen bilden. Diese Vorstellung hat wiederum Unmengen von soziologischen Untersuchungen hervorgebracht, die bei vielen Gruppen äußerst strenge Verhaltensregeln feststellen, welche sich die Mitglieder aneignen müssen. (s. z. B. Becker, 1963) In all diesen Arbeiten finden wir reichlich Beweise, daß in vielen Subkulturen männliche Gewalt und Sexismus, einschließlich Gewalt gegen Frauen, mit maskulinem Bewußtsein einhergehen. (s. z. B. Willis, 1978; Whyte, 1965) Diese Beweise werden im allgemeinen als zufällig betrachtet, und eine eingehende Diskussion wird nicht für erforderlich gehalten; neuere feministische Arbeiten haben einiges dazu beigetragen, das Gleichgewicht wiederherzustellen, doch die eingehende Beschäftigung mit männlicher Gewalt *per se* befindet sich innerhalb der Subkulturtheorie noch im Anfangsstadium.

Lustmörder sind offensichtlich keine Angehörigen einer Subkultur, weder im Sinne des Zusammenlebens an einem Ort noch im

Sinne gemeinsamer Treffpunkte und einer gemeinsamen Identität, wie sie Feministinnen oder Punks haben. Tatsächlich klammern sowohl Wolfgang und Ferracuti als auch Lundsgaarde »abnormale Mörder« definitiv aus ihrer Analyse aus und geben zu verstehen, in ihrem Fall sei eine individualistische und vielleicht biologische Erklärung angemessener. Dennoch sehen wir in der Subkultur-Forschung über die Konstruktion und das Ausleben der Maskulinität sowie die Vermittlung maskuliner Wertvorstellungen beträchtliche Erklärungsmöglichkeiten, wie die Gelüste von Lustmördern zustande kommen.

Die Etikettierungstheorie

Der Etikettierungstheorie zufolge hat die Soziologie der Abweichung zu erforschen, wodurch bestimmte Verhaltensweisen oder Handlungskategorien als deviant definiert oder *kriminalisiert* werden. Aus dieser Sicht ist es naiv, jede Tat *a priori* als kriminell hinzustellen, und die traditionelle Vorstellung vom Zusammenhang zwischen Devianz oder Abweichung und Kontrolle wird umgekehrt. Wie Lemert (1967) bemerkt, »beruhte die ältere Soziologie auf der Vorstellung, daß Abweichung zur Kontrolle durch die Gesellschaft führt. Ich bin zu dem Glauben gelangt, daß die umgekehrte Vorstellung, nämlich Kontrolle durch die Gesellschaft führe zu Abweichung, ebenso haltbar ist und womöglich die bessere Prämisse zur Erforschung von Abweichung in der modernen Gesellschaft darstellt.« Er meint hiermit, nur wenn die Kontrollinstanzen, wie Recht und Gesetz, Psychiater oder Polizei, sich mit etwas zu beschäftigen beginnen, wird dieses Etwas als Problem sichtbar. Kontrolle *erzeugt* tatsächlich das abweichende Verhalten, das angeblich ihre Existenz rechtfertigt. So gab es zum Beispiel kein Problem der »mütterlichen Deprivation« (Liebesentzug), bis Kinderpsychologen, Erziehungswissenschaftler, Sozialarbeiter und so weiter darüber zu sprechen begannen. Durch den Versuch, das Verhalten von Müttern zu kontrollieren, definierten diese Kontrollierenden das Verhalten sogleich als abweichend und falsch. Diese Sichtweise schließt einige krasse Absurditäten der traditionellen Kriminologie aus. Zum Beispiel haben wir immer wieder bemerkt, daß Kriminologen einen unzureichenden Begriff von Verbrechen haben und ihre naive Verfechtung der Idee von der Existenz einer Kategorie konkreter Straftaten sie dahin führt, die kulturellen Prozesse außer acht zu lassen, durch welche verschiedene Verhaltensweisen zu verschiedenen Zeiten und an verschiedenen Orten als »normal« oder »abweichend« definiert werden. Indem wir sagen, Verbrechen ist ein *relativer* Begriff, stellen wir die ganze Suche nach invariablen biologischen Merkmalen, die das kriminelle Individuum kennzeichnen, in Frage.

Der »relative« Begriff Verbrechen zahlt sich auch politisch aus. Die Kriminologie neigte dazu, den Zusammenhang von Verbrechen und Gesellschaftsklasse als Anzeichen dafür zu begreifen, daß entweder Armut Verbrechen oder daß etwas anderes beides erzeugt. Doch in Studien erwiesen sich reiche Leute aus der Oberschicht als häufige Gesetzesbrecher. Die Tatsache, daß sie nicht *kriminalisiert* werden, hat Soziologen wie Stephen Box zu der Behauptung geführt, Kontrolle durch die Gesellschaft ziele unverhältnismäßig auf die Armen, die *a priori* als abweichend abgestempelt werden. Diese Argumentation führt Etikettierungstheorie und »Kontrollismus« zusammen.

Eine strenge Etikettierungsthese würde behaupten, es gebe kein Verbrechen, wenn es nicht als solches etikettiert ist: der unentdeckte Lustmörder ist kein Verbrecher, solange er nicht ertappt wird. Obwohl diese These keinen allgemeingültigen Standpunkt wiedergibt (und an dieser Stelle soll gesagt sein, daß wir es absurd fänden, Lustmord als ein »beliebiges« Vergehen wie Marihuanarauchen hinzustellen), ist sie eine subtile Analyse und erfaßt, in welchem Ausmaß Oberschicht-Delikte wie Steuerhinterziehung und Betrug alltäglich sind und unbemerkt bleiben, bis die Kontrolle durch die Gesellschaft sich auf sie richtet. Eine etwas mildere These könnte auch Selbstetikettierung einbeziehen: Handlungen können als abweichend definiert werden, wenn die Täter selbst sie als solche begreifen. Eine Frau, die gewohnheitsmäßig Milchflaschen zerstört, tut es vielleicht gerade, um gesellschaftliche Normen zu mißachten, und ob sie tatsächlich erwischt und als kriminell etikettiert wird, berührt ihre Vorstellung von dem, was sie tut, vielleicht in keiner Weise. Hier ist wiederum zu vermerken, daß Individuen der Oberschicht bezeichnenderweise das Etikett »abweichend« ablehnen.

Wie steht es mit Lustmördern? Soweit uns bekannt ist, akzeptieren sie die Bezeichnung »abweichend« nicht im Sinne der von der Forschung über Selbstetikettierung gelieferten Beschreibung. Einige scheinen durch die Lust am Verbotenen motiviert und genießen den Kampf mit der Polizei (vgl. Jack the Ripper); ihre Abweichung ist eindeutig Teil ihrer Rolle als Kulturhelden. Für andere ist die Tatsache, daß sie »Gesetzesbrecher« sind, das letzte, was ihnen in den Sinn käme. Und es ließe sich tatsächlich behaupten, der Lustmörder wisse oder glaube immer, daß er gegen etwas viel Grundlegenderes verstößt als gegen den Buchstaben des Gesetzes.

Ein Arbeitsfeld, das sich gut auf Lustmörder anwenden ließe und mit der Etikettierungstheorie verwandt ist, ist die *Rollentheorie*, deren Verfechter sich allerdings nicht mit Verbrechen und Abweichung als solchen befaßt haben.[9] Die Rollentheorie geht von der Existenz fertiger »Drehbücher« aus, die Richtlinien liefern, wie sozial Handelnde sich in einer bestimmten Situation zu verhalten haben. Bezeichnenderweise können Mitglieder einer Gesellschaft in Rollen wie, sagen wir, »Verkäufer« oder »Sekretärin« schlüpfen, weil es zum kulturellen Allgemeinwissen gehört, wie solche Personen sich verhalten. Jemand, der eine Stellung als Verkäufer annähme und dann *nicht* wissen würde, wie er sich verhalten soll, und zu Kunden entsprechend höflich und aufmerksam wäre, würde von der Gesellschaft als wunderlich angesehen. Niemand erwartet, daß Mitgliedern unserer Gesellschaft eigens *beigebracht* werden muß, wie sich ein Verkäufer verhält.

Eine drastische Demonstration der Macht, die Rollen und »Drehbücher« bei der Gestaltung des Verhaltens ausüben, vermittelt ein berühmtes Experiment von Haney und seinen Mitarbeitern. (Haney u. a., 1973) Eine Gruppe männlicher amerikanischer College-Studenten beteiligte sich an einem Experiment, bei dem einige Studenten die Rolle von Gefangenen spielten, denen die Menschenrechte verwehrt wurden (sie wurden gefangengehalten und mußten Sträflingskleidung tragen), während andere die Wärter spielten. Das Experiment war auf drei Wochen angelegt, mußte aber nach fünf Tagen abgebrochen werden, weil die »Wärter« ihre »Gefangenen« so schlecht behandelten; sie haben sie körperlich mißhandelt, mit Essensentzug bestraft und so weiter. Es war eine erschreckende Veranschaulichung, mit welcher Leichtigkeit »normale« junge Männer der Freude an Brutalität anheimfallen konnten und welche Macht von einer *Rolle* ausgeht, hinter der sich die einzelnen verstecken können, wobei ihr Verhalten und Handeln offensichtlich vom »Drehbuch« diktiert wird.

Dieses Experiment war ein Beispiel für Rollenzuteilung; ein Lustmörder ist dagegen ein Rollen*empfänger*. Das Verblüffende ist jedoch, daß es eine klar bestimmte Rolle für Männer gibt, die sie übernehmen können, wenn sie wollen. Lustmörder haben ein kulturell festgelegtes Repertoire an Darstellungen von sich und ihren Taten (von »Ich weiß nicht, was über mich kam« bis »Ich habe die Straßen gesäubert«); sie können sich als Lustmörder verstehen und wissen, was solche Menschen treiben.

Die Rollentheorie muß sich vorwerfen lassen, ein Bild vom sozial Handelnden als »Kulturtrottel« heraufzubeschwören, als Verhaltensroboter, der über keinen freien Willen verfügt. Aber einerlei, ob wir denken, ein Etikett wird akzeptiert und das Verhalten entsprechend darauf abgestellt, oder es wird in eine fertige Rolle geschlüpft und diese dann gespielt – wir sollten dabei nicht vergessen oder unterschätzen, in welchem Maße dies ein *Entschluß* ist, eine vom Individuum initiierte Tat. Betrachten wir zum Beispiel das Tagebuch von Ronald Frank Cooper, das wir im Vorwort zitiert haben. Bevor er daranging, seine detaillierten Kenntnisse der Rolle des Lustmörders zu beweisen, schrieb Cooper: »Ich habe beschlossen, ein Homosexuellenmörder zu werden.« Auf das Vorhandensein einer »Lustmörder«-Rolle in der Kultur hinzuweisen heißt keineswegs zu erklären, warum irgendein sozial Handelnder sie übernimmt.

Die soziologischen Theorien, die wir hier erörtert haben, versäumen, die Zwänge zu untersuchen, die soziale Strukturen und Einteilungen bei der Wahl verfügbarer Rollen und Bezeichnungen auf den Handelnden ausüben. Vielleicht gibt es letztlich keine Erklärung dafür, warum ausgerechnet Ronald Frank Cooper ein Lustmörder wurde, aber es muß nicht eigens darauf hingewiesen werden, daß es kein »Drehbuch« für eine weibliche Entsprechung gibt, kein Modell, wie sich eine Frau verhalten soll oder warum. Es ist kein Zufall, daß Myra Hindley, die einzige plausible Kandidatin für eine Lustmörderin, von der je berichtet wurde, nie eine Selbstdarstellung geliefert hat. Wir können uns nicht vorstellen, daß eine Frau sich hinsetzte und wie Cooper beschrieb: »Ich habe beschlossen, eine Homosexuellenmörderin zu werden.« Wie die Dinge liegen, sind Etikettierungstheorie und Rollentheorie außerstande, diese Tatsache zu erklären.

Radikale Kriminologie

Die radikalen Kriminologen Mitte der 70er Jahre haben sowohl auf die soziologische Theorie des allmählichen »Abweichens« als auch auf den bestimmenden Einfluß der bourgeoisen positivistischen Kriminologie reagiert, die von neuen Vorstellungen von Abweichung unberührt geblieben ist. (Downes und Rock, S. 203 f.) Die radikale Kriminologie nahm sich vor, erfolgreich zu sein, wo die Etikettierungstheorie bedauerlicherweise versagt hatte, und die positivistische Hauptströmung mit ihren eigenen Begriffen in Frage zu stellen, indem sie die Kausalpfeile von der Gesellschaft auf das Individuum richtete statt umgekehrt.

Die radikalen Kriminologen betonen beharrlich die Verknüpfungen von »Verbrechen« und Kapitalismus. Statt mit »Etiketten« und »Kulturen« um die Sache herumzureden, wollten die Radikalen sagen, wenn die Arbeiterklasse kriminell ist, dann macht die kapitalistische Gesellschaft sie dazu. Auf ähnliche Weise haben sie sich bemüht, die Vergehen der Reichen und Mächtigen zu protokollieren und als die niederträchtigen Taten zu benennen, die sie sind; sie zeigen, daß ein guter Vertreter des Kapitalismus und ein Krimineller – ein Veruntreuer, Mörder, Ausbeuter und Vertragsbrecher – nur durch eine hauchdünne Linie getrennt sind. Wiederum können die Begriffe Etikettierung und Kontrolle verwendet werden, um zu erklären, warum die Verbrechen der Mächtigen nicht gesehen oder benannt werden, warum wir für die Existenz von Unterschicht-»Räubern« und »Rowdys« sensibilisiert werden, aber nichts von Wirtschaftsverbrechen, vermeidbaren Tötungen oder von regierungsgelenktem Völkermord hören. (Box, 1983, S. 12)

Vom feministischen Standpunkt ist ein Problem bei alledem, daß »Verbrechen« als Kampfstätte dargestellt wird, wo Staat und herrschende Klasse mit einem kriminalisierten Proletariat ringen – die Machtdimension des *Geschlechts* wird übersehen (tatsächlich gibt es einige Linke, denen es peinlich ist, wenn die Schwestern so taktlos sind, mit dem Finger auf Männer der Arbeiterklasse und ihre Gewalt gegen Frauen zu zeigen). Unter dem Druck des Feminismus hat sich jedoch etwas in Richtung auf die Behebung dieses Mangels bewegt. Stephen Box' Buch *Power, Crime and Mystification* enthält ein Kapitel über Vergewaltigung und Sexualvergehen; diese werden als Verbrechen der Mächtigen definiert, zusammen mit Wirtschaftsvergehen und Verbrechen der Polizei. Dies beweist, daß der Feminismus kleine Fortschritte bei der Veränderung der Begriffe in der politischen/akademischen Diskussion macht; Box stellt eindeutig das Monopol der Klassenanalyse in der radikalen Kriminologie in Frage. Hierin folgen ihm Matthews und Young in ihrem jüngsten Buch *Confronting Crime* (1986), das ein Kapitel über die Verurteilung von Vergewaltigern enthält.

Es gibt natürlich auch eine neue feministische Kriminologie, deren Hauptinteresse den Auswirkungen von Geschlechtsunterschied und männlicher Macht auf den Prozeß der Kriminalisierung sowie den Erfahrungen von Frauen vor Gericht und im Gefängnis gilt. Feministinnen sind auch in der Soziologie des Rechts aktiv, wobei dem Familienrecht besondere Aufmerksamkeit zuteil wird.

Wie ist die radikale Einstellung zu Lustmord? Die Antwort lautet, die radikale Kriminologie hat sich überhaupt nicht mit dem Thema befaßt. Angesichts des wachsenden Interesses für Vergewaltigung und Sexualdelikte erfordert dies eine Erklärung: Warum wird zu Lustmord geschwiegen? Wir schreiben dies verschiedenen Faktoren zu.

Erstens, wir glauben, die Radikalen akzeptieren (wenn auch widerwillig) generell das feministische Argument, Vergewaltiger sind nicht abnormal, sondern das Produkt einer sexistischen Kultur. Doch viele Leute akzeptieren nur äußerst zögernd, daß dies auch bei Mördern der Fall sein könnte. Ihr Zögern wird verstärkt durch den eingefleischten, vom gesunden Menschenverstand bestimmten Glauben an das schwer geistesgestörte Sexungeheuer, das an einem individuellen pathologischen Zustand leidet. Das Ungeheuer ist zudem äußerst selten; dies unterstützt nicht nur die Idee, daß es eher abnormal denn Teil der Kultur ist, es gibt auch vielen Forschern das Gefühl, sie würden ihre Zeit besser mit der Betrachtung jener Verbrechen verbringen, durch die gewöhnliche Leute beständig gefährdet sind.

Uns kommen etliche Gegenargumente in den Sinn. Eins ist theoretisch: Sich mit einer individuellen, pathologischen Darstellung von Lustmördern zu begnügen, wenn eine solche Darstellung sonst nirgends toleriert wird, ist ein Rückzug in den Essentialismus und sollte von allen Radikalen verworfen werden. So unangenehm es ist, es zuzugeben, es gibt viele Anzeichen dafür, daß Lustmord ebensosehr ein kulturelles Phänomen ist wie Vergewaltigung. Er ähnelt Vergewaltigung tatsächlich in mancher Hinsicht: Er ist geschlechtsspezifisch (d. h., er wird von Männern verübt, vorwiegend an Frauen), er ist ein Hauptbestandteil kultureller, insbesondere pornographischer Darstellungen, er hat eine ähnliche Diskussion wie Vergewaltigung hervorgerufen, in der biologistische Erklärungen gesucht werden oder den Opfern die Schuld gegeben wird oder die Täter als unmenschlich, als »Tiere« bezeichnet werden. Wenn radikale Kriminologen sich mit Vergewaltigung auseinandergesetzt haben, könnten sie sich auch mit Lustmord befassen.

Ein weiteres Argument ist pragmatischer. Wenn wir zögern, uns mit dem Lustmörder zu befassen, weil er außergewöhnlich und sehr selten ist, lohnt es sich, im Auge zu behalten, daß er in der Kultur nichtsdestoweniger keine Randerscheinung ist. Wir meinen hiermit, Sexualmord – die Angst davor – ist ebenso stark, wenn nicht stärker, im Bewußtsein von Frauen und von Eltern kleiner Kinder, besonders Mädchen, präsent wie die Angst vor Vergewaltigung – auch wenn Vergewaltigung statistisch wahrscheinlicher ist. Darüber hinaus macht die Tatsache, daß der Lustmörder außergewöhnlich ist, ihn womöglich zu einer interessanten Fallstudie von Maskulinität als generelles Phänomen (nach dem Grundsatz, das Abnormale hebt das Normale oft klarer hervor). Wenn wir akzeptieren, daß Lustmörder ein wenn auch untypisches und ausgefallenes Produkt ihrer Kultur sind, können wir hoffen, gerade aus ihren Exzessen das kennenzulernen, was sich gewöhnlich in der männlichen Sexualität verbirgt. Und wenn sich etwas ändern soll, ist dies ein zwingend notwendiger Schritt.

Schlußfolgerung

Erklärungen des Mörders als Abweichender oder Devianter haben in den vergangenen hundert Jahren viele Formen angenommen. Der Mörder ist körperlich oder geistig behindert, er ist zurückgeblieben, er hatte ein Kindheitstrauma, oder er hat sein asoziales Verhalten womöglich erlernt; vielleicht gehört er einer Subkultur an, die dieses Verhalten belohnt, vielleicht spielt er ganz bewußt eine Rolle.

Offensichtlich sind einige dieser Darstellungen für den Mördertypus, den wir in diesem Buch betrachten, zutreffender als andere. Einige sind plausibler und vielversprechender als andere. Doch obwohl sie eine heterogene Ansammlung sind, haben sie zumindest eines gemeinsam: das Fehlen einer ernsten Betrachtung der Frage, warum Lustmörder männlich und nicht weiblich sind. Viele freilich verzeichnen diesen Aspekt als empirische Verallgemeinerung, häufig in Gestalt der Feststellung, daß Lustmörderinnen »ungewöhnlich« oder »selten« sind.[10] Nicht eine einzige Darstellung vermag dies jedoch hinreichend zu erklären; viele sehen es als so offensichtlich, so »natürlich« an, daß sie nicht einmal eine Erklärung versuchen, während diejenigen, die Abweichung eher als gesellschaftlich denn natürlich bedingt akzeptieren, trotzdem sehr wenig über die Einwirkungen patriarchalischer Machtstrukturen auf abweichendes Verhalten zu sagen haben.

Es ist allmählich an der Zeit für uns, eine ausführliche Analyse von Lustmord und seinem Ursprung in einer bestimmten patriarchalischen Kulturform vorzulegen. Aber bevor wir zur Schlußfolgerung dieses Buches gelangen, müssen wir unsere Darststellung vorhandener Abhandlungen abrunden, indem wir untersuchen, wie ihre Ideen in bezug auf eine Anzahl einschlägiger Fallgeschichten aufgenommen wurden. Indem wir spezielle Fälle von Lustmord betrachten, werden wir zeigen, wie der »Held« und der »Abweichende« zusammenkommen; wie die abstrakten Analysen der vorangegangenen Kapitel auf reale Menschen und konkrete Ereignisse anzuwenden sind.

4

Der personifizierte Mörder

Wir haben am Ende des vorigen Kapitels erklärt, was wir mit der Betrachtung von Fallgeschichten zu erreichen hofften: veranschaulichen, wie unterschiedliche Ideen und Betrachtungsweisen auf konkrete Fälle angewendet wurden. Diese allgemeine Absichtserklärung muß sogleich spezifiziert werden, da die Dinge gewöhnlich nicht so einfach liegen, wie die Erklärung vermuten läßt. Es geht nicht um »existente« Ideen, die dann auf Vorkommnisse »angewendet« werden; häufiger entstehen vielmehr Ideen zusammen mit Vorkommnissen und verkehren sich danach in allgemeine Theorien, deren eigentlicher Ursprung dem Blick entschwindet.

Für alle, die mit der einschlägigen Literatur vertraut sind, ist zum Beispiel offensichtlich, daß praktisch alles, was in psychiatrischen Nachkriegslehrbüchern über den »sadistischen Lustmörder« gesagt wurde, tatsächlich nur auf einer Handvoll Beispielen beruht, deren Fallgeschichten immer wieder verwendet werden, bis sie zu abstrakten »Typisierungen« erhoben sind. Der Düsseldorfer Massenmörder Peter Kürten ragt besonders aus einer ganzen Reihe von Abhandlungen heraus, nicht weil er ein typisches Beispiel ist, sondern weil Karl Berg 1938 eine auf ausführlichen Gesprächen mit ihm basierende Studie, »Der Sadist«, veröffentlichte. Da Kürten lange Zeit über seine Gelüste und sein Verhalten nachgedacht hatte, lieferte er Berg einen bemerkenswert vollständigen, interessanten Bericht, der »Der Sadist« zu einem recht ungewöhnlichen Dokument machte, da ihn nachfolgende Autoren häufig zitierten, wodurch Kürten zum Maßstab wurde, an dem alle vergangenen und zukünftigen Sadisten gemessen werden. Und doch entsteht häufig der Eindruck, Kürten selbst sei lediglich ein gutes Beispiel einer generellen, von jeher existierenden klinischen Kategorie. Tatsächlich zeigt er, wie stark ein ins Allgemeinbewußtsein eingegangener bekannter Fall unsere Reaktionen auf Mord prägen kann.

Bergs Arbeit ist freilich eine »klinische« Fallgeschichte – abgehandelt auf eine Art, die aus der Mode gekommen ist. Heutzutage ist die Fallgeschichte eines berüchtigten Mörders, vielleicht durch den Einfluß von Detektivromanen und auf wahren Fällen beruhenden Kriminalgeschichten, mehr eine Art »Dossier«, oft von einem Journalisten mit dem journalistischen Interesse an der Aufdeckung »sämtlicher Fakten« verfaßt. In vielen Fällen wird dadurch die Bedeutung des Mörders herabgesetzt: Ludovic Kennedys *Ten Rillington Place*, die Geschichte des nekrophilen Christie, wurde geschrieben, um einen Justizirrtum darzulegen (Christies Nachbar Timothy Evans wurde für die Ermordung seiner Frau und seines Kindes gehenkt, die tatsächlich von Christie umgebracht worden waren), und nicht, um zu erklären, warum Christie tat, was er tat, während Gerold Franks Studie *The Boston Strangler* (Der Würger von Boston) nicht als Biographie Albert de Salvos, sondern als Porträt einer Stadt in Angst konzipiert war.

Journalistische Fallgeschichten dieser Art variieren in ihren Ambitionen, ernsthafte Analysen zu liefern, von schnell »hingehauenen« Sensationsbüchern bis zu gewichtigen Abhandlungen. Es gibt natürlich auch eine mehr »literarische« Richtung; da schreiben Intellektuelle über Mord, um Licht auf die Gesellschaft zu werfen, in der er geschieht. Simone de Beauvoir erwähnt in ihrer Autobiographie das Interesse, das sie und ihr Kreis an diversen *causes célèbres* ihrer Zeit bekundeten, mit der Begründung:

> Gide, die Surrealisten und Freud selbst hatten uns überzeugt, daß in jedem Menschen... ein unzerstörbarer Kern des Finsteren lauert, etwas, das gesellschaftliche Konventionen nicht aufbrechen kann... das aber hin und wieder auf besonders skandalöse Weise hervorbricht. Wir glaubten, jedesmal, wenn ein solcher Ausbruch erfolgte, würde ein Stück Wahrheit enthüllt, und diejenigen, die die Freiheit herbeiführten, fanden wir besonders beeindruckend... Gerichtsverhandlungen fanden unsere Beachtung nicht weniger denn Verbrechen; die grausigere Sorte warf die Frage nach der individuellen und kollektiven Verantwortung auf. (Beauvoir, 1962, S. 129)

Wir haben uns bereits zu der Einstellung von de Beauvoir und ihrem Freundeskreis zu Mord als Quelle der »Freiheit« und als Aspekt des Umfeldes eines Menschen geäußert (s. 2. Kapitel). Aber der letzte oben zitierte Satz läßt vermuten, daß für sie Mord nicht nur das Herz der Finsternis enthüllt, das »in jedem Menschen lauert«, sondern auch, und das ist vielleicht wichtiger, die Gesellschaftsordnung, die individuelle Mörder zu dem gemacht hat, was sie sind, und die gewissermaßen die Art ihrer Verbrechen bestimmt hat. Wir mögen nicht alle Mörder sein, aber wir sind alle mit der Gesellschaft verflochten, die sie hervorbringt. Diese soziologische Einstellung zu Mord, die jede Analyse, welche sich ausschließlich auf das Individuum konzentriert, in Frage stellt, ist weit weniger in den englischsprachigen Ländern verwurzelt als auf dem Kontinent (es gibt allerdings Ausnahmen wie etwa Orwells Essay »Decline of the English Murder« und Capotes »In Cold Blood«). Vor allem in England wird Mord gerne als Aufhänger für die Diskussion anderer Themen betrachtet (Prostitution und Slum-Sanierung im Fall Jack the Ripper; Scheckbuch-Journalismus und Inkompetenz der Polizei im Fall Yorkshire Ripper; die Verletzlichkeit obdachloser junger Homosexueller im Fall Dennis Nilsen). Dem Mord wird keine tiefgreifende eigene Bedeutung zuerkannt; er gilt nicht als von Interesse für Intellektuelle. (Es wurde festgestellt, daß es trotz der Fülle an verbreiteten Schriften über wahre Kriminalfälle in England unmöglich war, eine weniger schauerliche Literatur zu etablieren; Versuche, eine beachtenswerte, mit den französischen *causes célèbres* vergleichbare Reihe über Strafprozesse einzuführen, sind mehrmals gescheitert, und es gibt keine ernstzunehmenden Magazine, die sich mit Kriminalität beschäftigen.) Infolgedessen fehlt es an sozialen oder politischen, von Marxismus und/oder Feminismus durchdrungenen Analysen von Mordfällen; selbst die jüngsten Studien über Sutcliffe und Nilsen von den Journalisten Gordon Burn (1984) und Brian Masters (1986), die bei den britischen Intellektuellen großen Anklang fanden, sind vollkommen untheoretisch und individualistisch. Es gibt feministische Kommentare zum Fall Sutcliffe, aber sie beschränken sich auf wenige (und kurze) Artikel sowie ein einziges Buch – von einer feministischen französischen Schriftstellerin.[1]

Kurz gesagt, das englischsprachige Schrifttum über Lustmord ist spärlich in der Quantität, schwankend in der Qualität und bietet nicht die Art Erklärung, nach der wir als Feministinnen suchen. Sie liefert jedoch gute Beispiele für die Betrachtungsweisen, die wir in diesem Buch erörtert haben; sie beziehen geschickt eine ganze Reihe von Begriffen ein, so daß sie ein detailliertes Bild von einem einzigen Fall ergeben. In diesem Kapitel gehen wir auf eine Reihe von Mördern ein, und indem wir verschiedene Quellen verwenden, von den kurzlebigen (Zeitungen) bis zu den sich gewichtig gebenden (ausführliche Biographien und Studien), analysieren wir die verschiedenen Berichtsstränge, die sich in den Abhandlungen über sie finden: Themen und Betrachtungsweisen, die wir bereits erläutert haben, im Zusammenhang mit den zwei Bildern von »Helden« und vom »Abweichenden«.

»Ripper«: Ein Jahrhundert Prostituiertenmorde

Ich knöpfe mir Huren vor und werde nicht aufhören,
sie aufzuschlitzen, bis man mir Handschellen anlegt.

»Jack the Ripper«, Brief an die Polizei, 1888

Ich habe nur die Straßen gesäubert.

Peter Sutcliffe zu seinem Bruder, 1981

Wir möchten sowohl Veränderungen als auch Beständigkeit im Schrifttum über Jack the Ripper und Peter Sutcliffe, den Yorkshire Ripper, aufzeigen, zwei durch fast hundert Jahre getrennte Prostituiertenmörder. Insbesondere wollen wir allgemeine Themen in der Behandlung der zwei Fälle herausgreifen: den Konflikt zwischen Abhandlungen über Krankheit und Sünde, die Darstellung von Prostituierten als »natürliche« Opfer und die Verdunkelung von Geschlechtszugehörigkeit und männlicher Sexualität.

Ernstes Schrifttum über Jack the Ripper ist untypisch für die biographische Darstellungsweise von Fallgeschichten. Weil seine Identität nie nachgewiesen wurde, hat »Jack« den Status eines populären Volksteufels erlangt, ähnlich wie Dracula oder Frankensteins Monster. Wir stellen ihn uns vor, wie er durch neblige Londoner Straßen schleicht, mit Zylinder und wehendem schwarzen Mantel, und mit seinem Stock pocht.

Die wenigen über die Laufbahn des Rippers bekannten Fakten geben kaum Anlaß zu solchen Phantasiebildern: Er beging zwischen August und November 1888 etwa ein halbes Dutzend Morde im Bezirk Whitechapel im Londoner East End. Die Opfer waren allesamt Frauen, die in Armut lebten, sich regelmäßig oder gelegentlich als Prostituierte betätigten, um sich zu dem Lohn durch Gelegenheitsarbeit oder zu der mageren Wohlfahrtsunterstützung ein Zubrot zu verdienen. Das Markenzeichen des Rippers war die weitgehende Verstümmelung der Leichen seiner Opfer. Eine Vorstellung vom Ausmaß dieser Verstümmelungen gibt folgender Bericht der *Pall Mall Gazette* vom 10. November 1888 über die Entdeckung der Leiche von Mary Jane Kelly. Diese plastische Schilderung, die heutzutage untersagt würde, um Nachahmungstäter abzuhalten, gibt, wenngleich auf quälende Weise, Aufschluß über die Realität von Lustmorden.

> Die Frau lag splitternackt auf dem Rücken auf dem Bett. Ihr Hals war vom einen Ohr bis zum anderen aufgeschlitzt, bis hinunter zur Wirbelsäule. Ohren und Nase waren sauber abgetrennt. Die Brüste waren ebenfalls säuberlich abgeschnitten und lagen auf einem Tisch neben dem Bett. Bauch und Unterleib waren aufgeschlitzt, und das Gesicht war kreuz und quer geschlitzt, so daß die Züge der Ärmsten vollkommen unkenntlich waren. Nieren und Herz waren aus dem Körper herausgetrennt und lagen neben den Brüsten auf dem Tisch. Die Leber war ebenfalls entfernt worden und lag auf dem rechten Oberschenkel... die Beine waren abgeschnitten.[2]

Der Mörder wurde nie gefaßt und ungeachtet vieler späterer Mutmaßungen auch nie endgültig identifiziert. Er ist jedoch mythologisiert worden; er kommt in Erzählungen, Büchern, Theaterstücken, Opern, Filmen und sogar in Kinderspielen und -reimen vor. Er hat eine umfangreiche, sonderbare Literatur hervorgebracht, eine Kreuzung zwischen grauenhaft und ausgesprochen verschroben, die sich zumeist mit der Frage befaßte, wer er gewesen sein mochte.[3]

Fast ein Jahrhundert nach den Whitechapel-Morden geschah in mehreren Städten im Norden Englands eine Reihe von Morden an (hauptsächlich) Prostituierten. Dreizehn Frauen starben zwischen 1975 und 1980, und einige weitere überlebten Mordanschläge. Wie in dem früheren Fall wurden die Opfer verstümmelt, dieses Mal durch zahlreiche Stichwunden in Brüste, Unterleib und Scheide; wie in dem früheren Fall erhielt die Polizei Mitteilungen eines Mannes, der sich »Jack the Ripper« nannte – allerdings wurde das berüchtigte »Ripper-Tonband« nicht von dem wahren Mörder erstellt.

Peter Sutcliffe wurde im Mai 1981 für die »Yorkshire Ripper«-Morde vor Gericht gestellt. Ein Antrag auf verminderte Zurechnungsfähigkeit wurde abgelehnt, und Sutcliffe wurde zu mindestens 30 Jahren Gefängnis verurteilt. Nachdem im Gefängnis Geistesstörungen bei ihm aufgetreten waren, wurde er schließlich in eine Nervenklinik verlegt.

Angesichts der Macht des Jack-the-Ripper-Mythos und des Ausmaßes, in welchem er das Nationalbewußtsein durchdringt, ist es kaum verwunderlich, daß die Yorkshire-Morde so begriffen wurden: Sutcliffe als neuer »Jack«, der sogenannte »Yorkshire-Ripper«. Obwohl er nichts mit der Tonkassette zu tun hatte, die der Polizei von Yorkshire zugeschickt wurde, hätte Peter Sutcliffe den Zusammenhang gut selber herstellen können; wir wissen, daß Jack the Ripper ein prominentes Exponat im viktorianischen Wachsfigurenkabinett in Morecambe war, das Sutcliffe häufig besuchte. (Burn, 1984, S. 155 ff.)

Doch die Ähnlichkeiten waren nicht *ausschließlich* konstruiert, und dies spiegelt sich in zeitgenössischen Erörterungen wider. Bei allen, die mit dem Fall des Yorkshire Rippers vertraut sind, stellt sich beim Lesen der Zeitungen von 1888 ein starkes Déjà-vu-Gefühl ein. Es wird klar erkenntlich, daß die Kommentatoren der Verbrechen von Peter Sutcliffe in vieler Hinsicht einfach die Stellungnahmen von vor 100 Jahren wiederholten. Wir können diese Kontinuität zwischen den zwei Rippers am besten veranschaulichen, wenn wir wichtige Themen herausgreifen, die ihre Fälle gemeinsam haben. Beginnen wir mit der Idee von Krankheit und Sünde.

Widersprüchliche Diskurse über Sünde und Krankheit als Erklärungen für Lustmord bestimmen Schriften über die zwei Rippers auf viel komplexere Weise, als wir uns vorzustellen vermögen. Sehen wir uns verschiedene zeitgenössische Darstellungen an, können wir nicht einfach einen historischen Fortschritt von der Vorstellung von der Sünde (im Fall Jack the Ripper) bis zur Idee von der Krankheit (im Fall Peter Sutcliffe) feststellen. Beide Ideen bestanden in jedem der beiden Fälle nebeneinander: Jack the Ripper wurde von Anhängern der aufkommenden wissenschaftlichen Sexualforschung als »Opfer« einer »Manie« bezeichnet; Sutcliffe wurde von einem Gericht, das traditionelle Hartnäckigkeit bewies, indem es vollkommen gegen den klinischen Strich bürstete, als »schlichtweg böse« bezeichnet. Ohne die zahlreichen historischen Unterschiede zu bestreiten, muß gesagt werden, es gibt auffallende Ähnlichkeiten.

Ein unleugbarer Unterschied zwischen ihnen war, wie vielleicht zu erwarten, daß der Begriff Lustmord *per se* im letzteren Fall selbstverständlicher war. 1888 druckten die Londoner Zeitungen eine Anzahl Theorien über die Motive von Jack the Ripper, die in den 1970er Jahren niemand aufgestellt hätte, von der Theorie von Burke und Hare, der Mörder habe Geschlechts- und Fortpflanzungsorgane entfernt, um sie für medizinische und wissenschaftliche Zwecke zu verkaufen, bis zu der Theorie der wissenschaftlichen Soziologen, er sei über die Zustände in den Londoner Slums erzürnt gewesen und habe die Behörden zum Handeln veranlassen wollen.

Andererseits waren, wie wir bereits gesehen haben, die Ideen von Sexualverbrechen und Lustmord 1888 schon vorhanden, und viele Leute nahmen an, der Ripper habe ein sexuelles Motiv gehabt. Diese Annahme verbarg sich in der Tat häufig hinter dem allseits bekannten Ausdruck »Sexungeheuer«. 1888 hatte dieser Ausdruck eine Anzahl Bedeutungen, die heutzutage viel weniger wichtig sind: Das Bild vom Ungeheuer, das sich die Viktorianer machten, war bestimmt von Rassismus und Klassenvorurteilen, so daß selbst eine ernsthafte Analyse des Rippers von fremdenfeindlichen und antisemitischen Stereotypen durchsetzt war. Eine sehr verbreitete Theorie war, der Ripper sei Jude und befolge das angebliche Talmud-Gebot, Männer müßten Geschlechtsverkehr mit einer Christin sühnen, indem sie sie unmittelbat danach töteten. Das Londoner East End war in den 1880er Jahren von vielen Jüdinnen und Juden bevölkert, und ernstzunehmende Zeitungen wie die *Pall Mall Gazette* waren sehr darauf bedacht, diese Theorie zu diskreditieren. Dennoch war die *Gazette* nicht darüber erhaben, die Bestialität anderer »Rassen« und Völker anzuführen; einmal bemerkte sie zum Beispiel: »Wir müßten uns schon in die ungarische Wildnis begeben oder die Darstellungen des Lebens der niederen französischen Bauern untersuchen, ehe wir von einer gräßlicheren, abstoßenderen Tragödie berichten könnten.« (8. Sept. 1888) Ein anderer Kommentator behauptete zuversichtlich: »In Frankreich wird die Ermordung von Prostituierten seit langem praktiziert, und sie wurde als nahezu ausschließlich französisches Verbrechen angesehen.« (1. Dez. 1888)

Anspielungen auf »Bauern« und die Unterschicht waren so beharrlich wie Anspielungen auf »finstere Ausländer«. Tatsächlich wurden die bösen Neigungen der »Wilden« der Arbeiterklasse ausdrücklich mit den Zuständen in den Slums verknüpft: »Der Wilde der Zivilisation, wie wir ihn zu Hunderten in unseren Slums erzeugen, ist ebenso imstande, seine Hände in Blut zu waschen, wie ein beliebiger Sioux, der einen Feind skalpiert hat.« (8. Sept. 1888)

Vorstellungen wie diese, insbesondere die Bezeichnung des Mörders als »Wilder«, erhielten theoretische Unterstützung durch Lombrosos positivistische Kriminologie mit ihrer Behauptung, Kriminelle seien atavistische Rückfälle in frühere Stufen der menschlichen Evolution und daher mit »unzivilisierten« oder »primitiven« Völkern vergleichbar. Der Mr. Hyde in uns allen könnte auf ähnliche Weise als ein Rückfall hingestellt werden, und seine Existenz, so hieß es, könnte der Fähigkeit einer Gesellschaft, zivil und human zu sein, natürliche Grenzen setzen.

Die *Gazette* bemerkte zu einem der Morde:

Diese erneute Erinnerung an das Potential abstoßenden Barbarentums, das im Menschen schlummert, wird ein begrüßenswerter Schock sein für den zufriedenen Optimismus, der annimmt, der Fortschritt der Zivilisation habe die sozialen, moralischen und rechtlichen Riegel und Gitter überflüssig gemacht, die den Mr. Hyde der Menschheit davor bewahren, unter uns sichtbare Gestalt anzunehmen. (8. Sept. 1888)

Wie wir aufgezeigt haben, spielt sowohl der pessimistische als auch der biologistische Aspekt dieser Sichtweise in Abhandlungen über Lustmord eine zentrale Rolle.

Die Bezugnahme der *Gazette* auf den »Mr. Hyde der Menschheit« ist ein interessantes Beispiel für die Bedeutung des Jekyll-und-Hyde-Mythos im Schrifttum über Jack the Ripper: Ein auf Stevensons Geschichte basierendes Theaterstück wurde im »Herbst des Schreckens« tatsächlich aufgeführt und bot einen willkommenen Rahmen für das Verstehen zeitgenössischer Geschehnisse. Zumal durch die Fiktion von der »gespaltenen Persönlichkeit« konnten die Kommentatoren der erschreckenden Möglichkeit Ausdruck geben, der Mörder könne weder eine »Slumbrut« noch Ausländer sein. Tatsächlich wurden die eher rituellen Handlungen des Rippers zuweilen als Beweis für eine gewisse aristokratische Finesse angesehen: »Er verrichtete sein blutiges Werk mit der Lust des Wilden, aber mit dem Geschick des Weisen.« (14. Sept. 1888) Dieser »Wilde« freilich hatte im wirklichen Leben ein Vorbild im Marquis de Sade (der im Stile der Sensationspresse als »der wahnsinnige Marquis« bezeichnet wurde). Außer in dem Sinne, daß Klassenzugehörigkeit Ansehen garantiert, scheint uns de Sade ein seltsames Jekyll-und-Hyde-Beispiel; sein Leben und seine Schriften waren ganz und gar Hyde und kein bißchen Jekyll. Dennoch nimmt er in der ganzen Diskussion über Sünde und Krankheit einen bedeutenden Platz ein, da beide Lager sich imstande fühlten, ihn für sich zu vereinnahmen.

Gelegentlich zeigen Passagen in der *Pall Mall Gazette* den Gegensatz zwischen beiden Betrachtungsweisen auf. Nehmen wir zum Beispiel folgenden Kommentar:

Der Mörder ist ein Opfer einer erotischen Manie, die oft in Gestalt einer unbeherrschbaren Blutgier auftritt. Sadismus, wie diese nach dem wahnsinnigen Marquis genannt wird... ist der Mehrheit unseres Volkes glücklicherweise fremd, so daß es den Leuten schwerfällt, an die Möglichkeit zu glauben, bloße Schwelgerei könne solch grauenhafte Früchte tragen. (10. Sept. 1888)

Dieser Kommentar macht einen eindeutigen Unterschied zwischen dem mehrheitlichen Verständnis von Sadismus als »bloße Schwelgerei« (die *Gazette* hatte selbst zwei Tage zuvor de Sades Blutgier als Resultat des »zügellosen Schwelgens in den schlimmsten Leidenschaften« erklärt) und einer pseudo-wissenschaftlichen oder medizinischen Betrachtung als abnormale Geistesverfassung oder »Manie«, etwas »Unbeherrschbares«, dessen Opfer der Mörder ist. Im Fall Jack the Ripper sehen wir die Definition von Lustmord in einer frühen und relativ verwirrenden Fassung; der Täter befindet sich in einem Übergangsstadium, indes gebildete Leute neuere wissenschaftliche Entwicklungen zum Vergleich heranziehen.

Eine der eindeutigsten klinischen Beurteilungen Jack the Rippers stammt von Dr. Thomas Bond, der einen Bericht über einen der Morde schrieb, nachdem er die Leiche des Opfers untersucht hatte. Bond charakterisierte den Mörder als »einen Mann, welcher periodisch von manischer Mordlust und Erotik befallen wird. Die Art der Verstümmelungen deutet auf einen sexuellen Zustand des Mannes hin, den man als Satyriasis bezeichnen könnte.« (Rumbelow, 1975, S. 155) Dieses medizinische Verständnis von Mr. Hyde und die gleichzeitige Außerachtlassung seiner geistigen Dimension stellt eines der wichtigsten Ähnlichkeitsmomente zwischen den Fällen Jack the Ripper und Peter Sutcliffe dar.

In einer Zusammenfassung der Theorien (»Wer ist der Mörder und wie kann er gefaßt werden? – Eine kurze Darstellung der Mutmaßungen der Öffentlichkeit«) druckte die *Pall Mall Gazette* vom 2. Oktober 1888 die Vermutung, der Mörder glaube sich womöglich »von oben gesandt, das Laster durch Morden auszurotten«. Der Verfasser des Artikels bezeichnete diese Mutmaßung als

»sinnlos und absurd«. Wie dem auch sei, im Fall Peter Sutcliffe tauchte dieselbe Mutmaßung wieder auf. Diesmal diente sie einem ganz anderen Zweck: Peter Sutcliffes Behauptung, er höre Gottes Stimme, die ihm auftrage, hinzugehen und die Straßen von Prostituierten zu befreien, wurde nicht zur Verteidigung herangezogen, sondern als Mittel, um auf verminderte Zurechnungsfähigkeit zu plädieren. Den Geschworenen kam es nicht darauf an, ob Gott zu Sutcliffe gesprochen hatte – diese Möglichkeit stand nicht zur Debatte –, sondern ob Sutcliffe ernsthaft glaubte, Gott habe gesprochen; in diesem Fall wäre er eindeutig schizophren.

Sutcliffes Prozeß und die Diskussionen über seinen Fall drehten sich um die Frage, war er verrückt oder schlichtweg bösartig? Genau wie in den Zeiten Jack the Rippers waren die vorgebrachten Alternativen Sündigkeit oder Krankheit. Tatsächlich stellte sich die Frage bei Sutcliffe weitaus krasser, da von ihr das Urteil abhing – des Mordes oder des Totschlags schuldig. Die Presseberichterstattung vertrat vielfach den Standpunkt, eigentlich stünden die Psychiater und nicht Sutcliffe vor Gericht.

Der Gedanke liegt nahe, in den aufgeklärten 1980er Jahren stünde von vornherein fest, das, was Sutcliffe getan hatte, seien Taten eines Wahnsinnigen gewesen; doch dem war nicht so, insbesondere nicht, was die allgemeine Öffentlichkeit betraf. Die öffentliche Meinung drückte sich auf vielen Wegen aus, von Eingaben, die die Erhängung des Rippers forderten, bis zu Plakaten mit der Aufschrift: »Der Ripper ist ein Feigling.« Verblüffend waren auch die Aussagen der Verwandten der ermordeten Frauen, die gerne zum Sexungeheuer-Vokabular griffen. Die Mutter von Jayne McDonald, des ersten Opfers, das keine Prostituierte war, sagte zum Beispiel im November 1980 im Fernsehen: »Ich glaube, Sie sind der Teufel persönlich. Sie sind ein Feigling. Sie sind kein Mensch, Sie sind ein Ungeheuer.« Sutcliffe selbst benutzte dieselbe Sprache: »Sie sind alle in meinem Gehirn und erinnern mich, was ich für ein Ungeheuer bin. Der bloße Gedanke an sie erinnert mich daran, was ich für ein Monstrum bin.« (Burn, S. 293)

Aber war Sutcliffe ein Monstrum aus bewußter Verderbtheit, oder wurde er durch die Täuschungen der Psychose in ein Monstrum verwandelt, ganz so, wie die Pulver Jekyll in Hyde verwandelten?

Da er nach Absatz zwei des Homicide Act auf verminderte Zurechnungsfähigkeit plädiert hatte, wendete sich das Gericht genau dieser Frage zu. Zwei alternative Antworten wurden vorgebracht: Die Anklage stellte fest, der Mann sei ein Sexualsadist, der zu seinem Vergnügen getötet hatte, während die Verteidigung behauptete, die Morde seien nicht sexuell motiviert, sondern Teil eines moralischen Kreuzzuges, angeregt durch die Stimme Gottes, die Sutcliffe befahl, die Welt von Prostituierten zu befreien.

Daß dieser Gegensatz zwischen »Sadismus« und »die Straße säubern« fast einheitlich als ganz logisch betrachtet wurde, enthüllt eine Menge über unser Allgemeinverständnis. Doch die Prämissen, ohne die er sinnlos wäre, müssen sich einiges an Kritik gefallen lassen.

Zum Beispiel wurde anscheinend ohne weiteres akzeptiert, daß es dem Gericht lediglich auf die Frage, ob Sutcliffe an Sinnestäuschungen litt, und nicht auf den Inhalt seiner Täuschungen ankam. Wie allgemein bekannt ist, sind Sinnestäuschungen irrational, und dies führt zu der Annahme, daß sie auch bedeutungslos sind und eine Erklärung weder benötigen noch zulassen. Doch irrationales Verhalten ist nicht unbedingt bedeutungslos; insbesondere Sutcliffes Verhalten ist vollständig interpretierbar, und darüber hinaus ist die Bedeutung dieselbe, einerlei, ob das Verhalten durch Sinnestäuschung »ausgelöst« wurde oder nicht. Die Feministin Wendy Hollway schrieb kurz nach dem Prozeß: »Die Erklärung, es sei eine Sinnestäuschung gewesen, zeigt nicht, *warum* die Stimme Sutcliffe sagte, er solle Frauen töten. Ob es die Stimme Gottes, die Stimme des Teufels oder die projizierte Stimme von Sutcliffes Haß war, ist unerheblich: das Gesagte entstammt einem verallgemeinerten, als gegeben hingenommenen Frauenhaß.« (in: Kanter u. a., 1984, S. 17) Hollway weist ferner auf folgendes hin: Indem die psychiatrische Betrachtungsweise ausschließlich darüber disputiere, ob Sutcliffe eine Stimme hörte, ohne sich dem zuzuwenden, was die Stimme tatsächlich *sagte*, werde verhüllt, wie weit der »abnormale« Sutcliffe anderen, normalen Männern glich.

Genauso, wie sie die Bedeutung von Sutcliffes angeblichen Sinnestäuschungen ignorierten, übergingen sein Verteidiger und seine

Psychiater entschlossen die Bedeutung dessen, was er seinen Opfern angetan hatte. Diesen Zug haben alle »Ripper«-Morde gemeinsam; seit Jack the Ripper wird immer wieder behauptet, ein Prostituierten-Mörder sei kein Sexungeheuer, sondern er glaube, »der Welt einen Gefallen zu tun«, indem er sich »Huren vorknöpfe«. Daher sprach die Verteidigung bei Sutcliffes Prozeß den Morden jede sexuelle Bedeutung ab. Sie waren lediglich Teil der Straßensäuberungsmission, und daß Sutcliffe Helen Rytka vergewaltigte, während sie starb, Emily Jackson ein Holzplanke in die Scheide rammte und wiederholt mit einem Schraubenzieher auf Josephine Whitaker einstach, signalisierte nur die abgestumpfte Sensibilität des Schizophrenen, nicht das Begehren des Sexualsadisten.

Die Anklage widerlegte diese Darstellung nicht mit der Reaktion, die uns so naheliegend scheint, daß nämlich Sexualsadismus nicht unvereinbar ist mit einem pathologischen Haß auf Prostituierte und einem Sendungsbewußtsein, sie zu töten. Sie behauptete vielmehr, Sutcliffes Verhalten könne nur als das eines Sexungeheuers interpretiert werden, und überließ es den Psychiatern zu diskutieren, wie das klinische Bild des Sexungeheuers tatsächlich aussieht. Dr. Terence Kay sagte für die Verteidigung aus, die Sexungeheuer-Diagnose treffe auf Sutcliffe nicht zu, denn:

> Ein sadistischer Mörder kann sehr selten eine Beziehung zu erwachsenen Frauen haben und ist daher sehr selten verheiratet; zweitens hat er ein reiches sexuelles Phantasieleben, er träumt von Sex und ist gewöhnlich... sehr darauf erpicht, über seine Phantasien zu reden; drittens, solche Menschen regen ihre Phantasie mit Pornographie an und interessieren sich für Foltern, Peitschen und Damenunterwäsche. (zit. in Burn, S. 436)

Es muß darauf hingewiesen werden, daß Kays Bemerkungen selbst in ihrer wissenschaftlich-empirischen Ausdrucksweise absurd sind, da es nämlich schwierig ist, sich auf einen einzigen heterosexuellen Massenmörder unserer Zeit zu besinnen, der zu der Zeit, als er seine Verbrechen verübte, allein lebte (Kürten, Christie und De Salvo waren verheiratet, Brady hatte Myra Hindley,

Neville Heath war geschieden und wieder verlobt), und noch schwieriger, »wissenschaftlich« zu beweisen, daß Sutcliffe kein »reiches sexuelles Phantasieleben« hatte. Was »Folter, Peitschen und Damenunterwäsche« betrifft, ist Kay anscheinend einem schweren Fall von »Robert-Brittain-Syndrom« erlegen, der Neigung, mehrere beliebige Feststellungen aus der klinischen Praxis zu nehmen, einen Kausalzusammenhang zwischen ihnen und Lustmord zu vermuten und somit die Feststellungen selbst der eigentlichen Definition von Lustmord anzupassen!

Aus feministischer Sicht hält keiner der beim Prozeß gemachten Unterschiede einer genauen Prüfung stand. Eine Feministin kann keinen Widerspruch zwischen sadistischem Lustmord und einem Wahnsinnskreuzzug gegen Prostituierte sehen, sie neigt vielmehr zu der Ansicht, daß dies alles derselben Wurzel entstammt, nämlich dem westlichen Christentum und seiner Einstellung zur Sexualität. Die christliche Tradition setzt Sexualität mit Sünde und Vergnügen gleich; die Wollust mag den Körper erfreuen, aber sie gefährdet die Seele. In einer patriarchalischen Kultur, wo es dem Mann gelang, sich zum universellen Subjekt zu machen, besaß er die Macht, sich und der Welt zu zeigen, daß die ambivalenten, durch Sexualität erzeugten Gefühle – Lust und Gefahr, Begehren und Abscheu – auf eine Frau projiziert werden, auf die Prostituierte, die zugleich Objekt der Begierde und Objekt der Verachtung ist. Die Prostituierte funktioniert hier als Archetyp; sie vertritt den sexuellen Aspekt aller Frauen. Somit sind die ambivalenten Reaktionen, die die Prostituierte hervorruft, Teil der Empfindungen, die ein Mann allgemein gegenüber Frauen hegt. Der Wunsch, Prostituierte zu töten, unterscheidet sich somit nicht scharf von Sadismus; er ist nur ein anderes Ergebnis derselben Verschmelzung von Sex, Grenzüberschreitung, Haß und Tod.

Wenn wir uns dem christlichen Echo aus der Tiefe des kulturellen Bewußtseins zuwenden, ist es nicht mehr so verwirrend, daß im Sutcliffe-Prozeß das Dilemma »krank oder sündig« so deutlich zutage trat. Wenn es Sutcliffe Lust bereitete, dreizehn Frauen zu töten, beging er eine Sünde, die Sünde der Wollust und Unreinheit, für die eine bestimmte Strafe angemessen schien. Aber wenn er selber versuchte, die Sünde – das heißt, die durch die Gestalt der

Hure personifizierte Sünde – auszumerzen, dann litt er eher an Größenwahn. Die Sünde auszumerzen ist Gottes Vorrecht, und ein Mensch, der sich dies anmaßt, erweist sich als wahnsinnig. Der ganze Prozeß baute auf der Gleichsetzung von Sex mit Sündigkeit und von Frauen mit Sex auf, einer Gleichsetzung, die so vertraut war, so uralt, daß es nahezu unmöglich war, sie in Frage zu stellen.

Unsere Analyse mag allmählich klingen wie der alte libertäre Ruf, alles Böse auf der Welt sei auf »Unterdrückung« zurückzuführen, zumal auf die christliche Unterdrückung des Sex. Diesen Standpunkt vertreten wir nicht. Wir sagen nicht, wenn Sex »freigelassen« würde, wenn die Ströme des Begehrens unkontrolliert fließen würden, dann verschwände Lustmord von der Bildfläche. Das Christentum konstruiert Sexualität als eine Quelle von Schuld und Schande, als etwas Begehrtes und doch Lasterhaftes; dies übt deutlich einen starken Einfluß auf das sadistische und mörderische Verlangen aus, das wir erörtert haben. Doch wir müssen abermals auf die *Geschlechtszugehörigkeit* achten; daß *Frauen* als Quelle für Sex und somit für Lasterhaftigkeit, die Sex darstellt, konstruiert werden, ist nicht Folge des Christentums an sich, sondern der fundamentaleren historischen Tatsache, daß christliche Kulturen patriarchalisch und frauenfeindlich sind. Dies gilt auch für nichtchristliche Kulturen, und deshalb treffen wir auch anderswo auf sadistisches und mörderisches Verlangen; dieses äußert sich allerdings in einer etwas anderen Form, die die vorherrschenden Vorstellungen anderer Traditionen widerspiegelt.

Gerade weil ihnen dies bewußt ist, waren Feministinnen im großen und ganzen nicht begeistert von der sogenannten modernen »Befreiung« des Begehrens. Diese mag bis zu einem gewissen Grade die Zwänge der traditionellen christlichen Haltung durchbrochen haben, aber sie hat uns nicht von den patriarchalischen Strukturen befreit, die sogar noch entscheidendere Faktoren für unsere Sexualität und unser Begehren sind. Dies ist ein sehr wichtiger Aspekt, auf den wir im letzten Teil dieses Buches noch zurückkommen werden.

Im Fall Sutcliffe wurde das Thema »Sünde oder Krankheit« benutzt, um die tiefere Bedeutung von Prostituiertenmord zu verschleiern. Daß die Prostituierte weibliche Sexualität symbolisiert, die von unserer Kultur gehaßt und gefürchtet und als bestrafenswert erachtet wird, mag in feministischen Kreisen ganz offensichtlich sein; Kommentatoren in der Öffentlichkeit jedoch waren in diesem wesentlichen Punkt maßlos begriffsstutzig. Sie nahmen Haß auf Prostituierte als vollkommen selbstverständlich hin und übersahen dabei seine Bedeutung als Indikator für Frauenfeindlichkeit.

Die Tatsache, daß die Opfer der Morde von Yorkshire und Whitechapel Prostituierte waren, hat den Verlauf der öffentlichen Diskussion tiefgreifend beeinflußt und wurde erneut benutzt, um das Thema Frauenfeindlichkeit zu verschleiern. Eine bemerkenswerte Folge war eine verbreitete Gleichgültigkeit und sogar Feindseligkeit gegen die ermordeten Frauen. Der Staatsanwalt im Fall des Yorkshire Rippers gab eine bezeichnende Bewertung einer Prostituierten ab, als er bemerkte: »Einige Opfer waren Prostituierte, aber das vielleicht Traurigste an diesem Fall ist, daß einige keine waren.« (zit. in Hollway, S. 21) Doch die Hauptfolge war in beiden Fällen die Ablenkung der Aufmerksamkeit von den Lustmördern und ihrem Verlangen, während das Verhalten der Opfer und die »moralische« Frage der Prostitution ins Rampenlicht gerückt wurden.

Wir haben an früherer Stelle bereits bemerkt, daß die Ermordung Prostituierter oft als klassisches, »vom Opfer herbeigeführtes« Verbrechen betrachtet wird. Die Viktimologie ist die Kodifizierung dieser schon viel früher in Fach- und allgemeinen Diskussionen über die Morde Jack the Rippers vertretenen Ansicht durch die Sozialwissenschaftler des 20. Jahrhunderts. Charles Warren, der für den Fall zuständige Polizeichef, erklärte im Oktober 1888 der Presse: »Die Polizei kann nichts tun, solange die Opfer unwissentlich ihrer eigenen Vernichtung Vorschub leisten. Sie gehen mit dem Mörder an einen verschwiegenen Ort und bringen sich in die Lage, abgeschlachtet zu werden, ohne daß ein Laut zu hören ist.« (*Pall Mall Gazette*, 4. Okt. 1888)

In den 1970er Jahren war nicht so sehr die Rede von Prostituierten, die ihrer eigenen Vernichtung Vorschub leisten, als von dem tragischen Unvermögen des Mörders, sich auf Prostituierte zu beschränken. Die Beunruhigung wegen der Yorkshire-Morde eskalierte dramatisch, als der Ripper Jayne McDonald ermordete, eine »anständige« junge Frau. Unmittelbar danach erschien in der *Yorkshire Evening Post* ein offener Brief an den Mörder: »Wie war Ihnen gestern zumute, als Sie erfuhren, daß Ihr blutbefleckter Kreuzzug so entsetzlich schiefgegangen war? Daß Ihr rachsüchtiges Messer ein so unschuldiges Ziel getroffen hatte?« (zit. in Burn, S. 181) Die Verdammung von Prostituierten als natürliche und ihr Schicksal verdienende Opfer war in der öffentlichen Diskussion über den späteren Fall viel einmütiger als zu Jack the Rippers Zeiten. Dies spiegelt vermutlich die Tatsache wider, daß die Viktorianer sich einer anderen Darstellung der Prostitution zuwandten, deren Ideen in den 1880er Jahren um die Zeit der Whitechapel-Morde einen Gipfelpunkt erreichten. Wir meinen die Darstellung der »gefallenen Frau«, der Prostituierten, die durch ein Zusammenwirken ihrer moralischen Schwäche mit der Armut und der Brutalität der städtischen Slums hervorgebracht wurde. Die Gestalt war Gegenstand der bourgeoisen Sorge und von praktischen Versuchen, sie durch Philanthropie zu retten. Sie wurde bis zum Überdruß von Autoren erörtert, die über den Ripper schrieben, und wir wollen uns nun deren unterschiedliche Stellungnahmen ansehen.

Art und Ausmaß der Prostitution im viktorianischen London sind von HistorikerInnen inklusive einiger Feministinnen dokumentiert worden.[4] Es ist beachtenswert, daß das Thema Prostitution für feministische und andere Reformbewegungen der 1880er Jahre lebendig war und voll im öffentlichen Bewußtsein stand, als die Jack-the-Ripper-Morde geschahen. Erst drei Jahre zuvor hatte ein Skandalartikel, »The Maiden Tribute of Modern Babylon«, in der *Pall Mall Gazette* »enthüllt«, wie Mädchen der Arbeiterklasse zum Nutzen aristokratischer Lebemänner in die Prostitution verkauft wurden. Jenes Jahrzehnt hatte auch den Höhepunkt der Feldzüge gegen die Contagious Diseases Acts (Gesetze über ansteckende Krankheiten, die dem Staat die Macht gaben, Prostituierte und angebliche Prostituierte, die in Garnisonstädten lebten, zu kontrollieren) erlebt. Es bestand somit beträchtliche Besorgnis über das Schicksal der Frauen, die der Begierde der Männer (und besonders der Männer der Oberschicht) auf Gedeih und Verderb ausgeliefert waren.

Judith Walkowitz hat darauf hingewiesen, daß diese Form der Besorgnis immer zwei Richtungen einschlagen kann. Feministinnen (zum Beispiel Josephine Butler) versuchten sie als Waffe im Kampf um die Frauenemanzipation zu benutzen, wobei sie auf die wirtschaftliche Unterdrückung der Frauen und ihre politische Ohnmacht (die durch das Wahlrecht zu beheben wäre) hinwiesen und für einheitliche Maßstäbe bezüglich der sexuellen Moral eintraten. Aber diese fortschrittlichere Einstellung mußte stets mit einer von Männern beherrschten, reaktionären Initiative zum »Schutz« wehrloser Frauen wetteifern, wodurch die Macht der Familie und der Männer noch verstärkt wurde. Aus dieser Sicht wurde Prostitution nicht als Reaktion unterdrückter Schwestern auf wirtschaftliche Not betrachtet, sondern es handelte sich dabei um »gefallene Frauen«, die der Lenkung und des Schutzes bedurften.

Zur Zeit der Whitechapel-Morde brachten die Zeitungen haufenweise Artikel über gefallene Frauen. Ein typischer ergreifender Beitrag über das Londoner East End und seine BewohnerInnen war »Heimatlos und ohne Freunde« überschrieben; der Verfasser jammerte hinsichtlich der Prostituierten: »Was für weibliche Wracks, was für hoffnungslose, geschundene menschliche Überreste!« (*Pall Mall Gazette*, 15. Nov. 1888) Zwei Wochen zuvor hatte die *Pall Mall Gazette* eine (vermutlich von einer Reform- oder religiösen Gruppe organisierte) Petition von »Frauen der Arbeiterklasse« abgedruckt, die sich auf das »Leben derjenigen unserer Schwestern« bezog, »die der Anständigkeit verlustig gegangen sind und ein trauriges, unwürdiges Leben führen«.

Diese Art von sentimentalem und moralisierendem Schrifttum war nicht die einzige Darstellungsform der Prostitution; wie die feministische Historikerin Sheila Jeffreys (1985) gezeigt hat, gab es auch viele eher radikal-feministische Analysen. Doch die »gefallene Frau« war viel weiter verbreitet und wirkte sich sicher stärker auf die Diskussion über die Ripper-Morde aus. Ihre Wirkung war keineswegs eine positive, da sie das Wesen der Prostitution nicht nur falsch darstellte, sondern auch durchblicken ließ, das Problem in Whitechapel sei nicht so sehr die Existenz eines Rippers als vielmehr die Existenz der Prostituierten selbst, als ob Lustmörder lediglich auf vorherrschende Sitten reagierten und nicht Teil und Produkt von ihnen seien, als ob, wären Prostituierte und Slums beseitigt worden, die Lust der Ripper am Töten sich verflüchtigt hätte wie Tau. Die Außerachtlassung des Themas männliche Gewalt, im Gegensatz zum Thema gefallene Frauen, im Mittelpunkt der Diskussion der Fälle von Yorkshire und Whitechapel war es, was Feministinnen kritisierten, obwohl das gewohnte Denken, das hinter der Formulierung »gefallene Frauen« steckt, so eingefleischt war und ist, daß jegliche feministische Reaktion nur einen minimalen, äußerst begrenzten Eindruck machte. Wenn wir die öffentlichen Äußerungen von Feministinnen betrachten, entdecken wir abermals auffallende Ähnlichkeiten zwischen 1888 und den späten 1970er Jahren.

Die Frauen, die im Fall des Yorkshire Rippers die Stimme erhoben, lenkten die Aufmerksamkeit auf die Kontinuität von Sutcliffes Verhalten und »normalen« Männerphantasien, wie sie in Pornographie, Literatur und Kunst zum Ausdruck kamen. Sie protestierten gegen die den Frauen die Schuld zuweisende Unterscheidung zwischen »unschuldigen« Opfern und Prostituierten und wiesen auf das generelle Widerstreben der Gesellschaft hin, männliche Gewalt gegen Frauen ernst zu nehmen.

Ähnliche Argumente waren 1888 zu hören. Es wurde darauf hingewiesen, daß Gewalt gegen Frauen allgegenwärtig war und sehr häufig verziehen wurde. Mrs. Fenwick Miller schrieb in einem Brief an die *Daily News*:

Woche für Woche, Monat für Monat werden Frauen getreten, geschlagen, angefallen, bis sie zermalmt, zerhackt, erstochen, von Vitriol entstellt, zerfressen, mit glühenden Schürhaken ausgeweidet und absichtlich in Brand gesteckt sind – und dieses Wüten wird, wenn die Frau stirbt, »Totschlag« genannt; bleibt sie am Leben, ist es ein gewöhnlicher Überfall. (zit. in *Pall Mall Gazette*, 2. Okt. 1888)

Mehr als neunzig Jahre später dieselbe Botschaft: In unserer Kultur herrscht unablässig männliche Gewalt vor, und Morde nach Art der Ripper sind nur zu erwarten.

Bislang haben wir uns nur mit der allgemeinen Auffassung von Recht, Psychiatrie und Zeitungskommentaren befaßt. Diese Auffassung bestimmt unsere abstrakte Vorstellung vom »Ripper« als generische Gestalt oder Type. Doch wie sieht es mit den privaten, speziellen Zwängen aus, die den einen Mann zum Ripper machen und den anderen nicht? Mit dieser Frage betreten wir das Gebiet der biographischen Fallgeschichtsschreibung. Wir beabsichtigen nicht, die verschiedenen »Biographien« von Jack the Ripper zu betrachten, da keine aufschlußreiche Biographie über jemanden geschrieben werden kann, über dessen Leben und Identität wir nichts wissen. Wir werden uns jedoch ansehen, wie Sutcliffes Werdegang in biographischen Darstellungen behandelt wurde.

Es gibt mehrere Studien über den Fall des Yorkshire Rippers. Drei wurden 1981 im Anschluß an den Prozeß geschrieben: Beatties *The Yorkshire Ripper Story*, Cross' *The Yorkshire Ripper* und Yallops *Deliver Us from Evil*. Zwei wurden nach längerem Nachdenken verfaßt: Burns 1984 erschienene Studie *Somebodys's Husband, Somebody's Son* und Nicole Ward Jouves *The Streetcleaner*, erschienen 1986.

Wir wollen nicht näher auf die »rasch hingehauenen« Bücher eingehen, da sie zwangsläufig auf hastigen Recherchen basierten und – in einigen Fällen allzu offensichtlich – für die Konsumenten von Sensations- und moralisierenden Berichten über Verbrechen konzipiert waren (Beatties Buch war tatsächlich von dem Sensationsblatt *Daily Star* mit herausgegeben worden). Alle lassen sich weitschweifig über polizeiliche Inkompetenz aus, und alle liefern die bekannten Darstellungen vom Ripper als Sexungeheuer unter Verwendung des Vokabulars, das wir schon im zweiten Kapitel erörtert haben. Yallop gibt mit seinem Buch *Deliver Us from Evil* den Ton an; er ist offensichtlich der Meinung, es mit einer mysteriösen, unausweichlichen Boshaftigkeit zu tun zu haben, die von der Gesellschaft im ganzen nicht begriffen werden kann, aber doch mit etwas mehr Eifer hätte verfolgt werden sollen. Das Buch ist aus mehreren unwahrscheinlichen Blickwinkeln heraus verfaßt: Es erzählt teils aus der Sicht des Mörders, teils aus der Yallops und teils – unverzeihlicherweise – aus der Sicht eines Opfers, der Studentin Barbara Leach, deren Briefe um des rührseligen Effekts willen verwendet wurden.

Burn und Ward Jouve sind ehrgeiziger; beide bemühen sich um eine soziologische und psychologische Analyse des Falles Sutcliffe. Obwohl sie eine ganz unterschiedliche Methodik anwenden – Burn die hartnäckige journalistische Recherche und Ward Jouve die linguistische / psychoanalytische Untersuchung anhand einer strukturalistischen Theorie –, gelangen sie zu auffallend ähnlichen Resultaten. Sutcliffe war seinem sozialen Milieu entfremdet, und seine Konflikte lagen in der maskulinen Sexualität. *The Streetcleaner*, von einer Feministin verfaßt, sieht diesen Aspekt ausgesprochen politisch, doch interessanterweise ist auch Burn gezwungen, auf feministische Ideen einzugehen. Sein Buch bietet tatsächlich eine ausführlichere Dokumentation von Sutcliffes Verhältnissen – Nicole Ward Jouves Buch greift stark auf das von Burn zurück –, und wir werden es daher in den Mittelpunkt dieses Kapitels stellen. Das Besondere – und bislang Einmalige – an Ward Jouves Studie ist die Hervorhebung der Bedeutung, die der Fall für Frauen hat, und wir werden uns ihren Ansichten im Schlußkapitel zuwenden.

Wie der Titel *Somebody's Husband, Somebody's Son* andeutet, geht es Burn darum, hervorzuheben, daß Sutcliffe nicht bösartig war; oberflächlich betrachtet war er *alltäglich* und tatsächlich attraktiver als die meisten seiner Angehörigen, Freunde und Arbeitskollegen. Wenn diese Darstellung die feministische Behauptung auf den Plan ruft, männliche Gewalt sei ein Kontinuum, welches abscheuliche Taten wie die von Sutcliffe als eher »normales« Verhalten gegenüber Frauen werte, so ist das keineswegs Zufall. Gordon Burn mag zwar keine flammenden politischen Reden halten, doch der Einfluß der politischen Debatten der 1970er Jahre ist in seiner Materialauswahl deutlich zu sehen. Burn liefert wissentlich die Art von Details, aus denen sich ein authentisches feministisches Porträt eines Rippers zusammensetzen läßt. Das heißt, in seiner Sammlung und Zusammensetzung veranschaulichender Einzelheiten – Anekdoten, Zitate, Beschreibung von Vorfällen –

macht Burn ausdrücklich auf die Tatsache aufmerksam, daß Sutcliffe ein Mann war und keine Frau.

Burn gibt sich Mühe, das Arbeiterviertel Bingley als ein soziales Milieu zu schildern, wo Frauenfeindlichkeit an der Tagesordnung ist. Er zitiert Bemerkungen, die dort zu hören sind: »Weiber sind gut zum Speckbraten und zum Bumsen.« Peter Sutcliffe wuchs in einer Kultur auf, die Wert auf eine bestimmte übertriebene Form von Männlichkeit legte und jede auffallende Abweichung von derselben bestrafte. Um die Auszeichnung »ein ganzer Kerl« zu erringen, ergingen sich die Männer in Sutcliffes Familie, seine Freunde und Arbeitskollegen in Betätigungen wie Innereien essen, Bodybuilding, Bagatelldelikten, Saufereien, Schlägereien und Gelegenheitssex – einschließlich mit Prostituierten. Burn vermutet, Peter habe Schwierigkeiten gehabt, der Welt eine angemessene, maskuline Persönlichkeit zu präsentieren. Er trank relativ wenig, prügelte sich selten, es fiel ihm schwer, sich an Frauen heranzumachen oder herrisch zu Prostituierten zu sein (sein Verhalten veranlaßte oft zu der Bemerkung, er sei »zu nichts nütze«). Wie sein Vater zu Burn sagte: »Er war im wahrsten Sinne des Wortes ein Muttersöhnchen.« (Burn, S. 99)

Aus diesen Beobachtungen läßt sich schließen, daß Peter Sutcliffe unter der Sorge um Geschlecht und Maskulinität litt, die laut Robert Stoller zu Frauenhaß führt. Doch er litt noch an etwas anderem: einer morbiden Besessenheit von einer Reihe Wachsfiguren, die die Abscheulichkeit der weiblichen Sexualität verbildlichten.

Diese Figuren, die Sutcliffe regelmäßig besuchte, befanden sich in einem Raum im Obergeschoß eines Wachsfigurenkabinetts in Morecambe. Interessanterweise stammten sie aus viktorianischer Zeit, sie waren ein Relikt des lüsternen Interesses jener Epoche für dekadente oder krankhafte Sexualität, wo Schauerromanhorror und wissenschaftliche Klassifikation zusammentrafen. Gordon Burn beschreibt die Wachsexponate folgendermaßen:

Die Torsi sind lebensgroß, kopflos, beinlos und weiblich. Es sind neun, und die Querschnitte ihres Unterleibs verraten ihre Funktion, nämlich einem viktorianischen Laienpublikum »die neun Phasen der Schwangerschaft« deutlich zu machen. Die Zeit hat jedoch die Bestimmung verwischt und die sich entwickelnden Föten nebst den schimmernden inneren Organsträngen mit einer einheitlich ochsenblutroten Farbe übergossen, so daß der Eindruck von klaffenden Wunden rund um den Nabel entsteht, die fortschreitend größer, blutiger und geronnener werden. (S. 158)

Schwangerschaft war nicht der einzige modellierte »Zustand«, es gab auch mehrere Vitrinen mit syphilitischen Organen.

Die von Schanker befallenen Schamlippen triefen von Eiter unter einer grauen Wolke von Schamhaaren… Vier Babygesichter sind unkenntlich von diesem grünen Schorf und den gräßlichen triefenden Wunden, die ein unerschöpfliches Thema bilden und den Raum mit Bildern von Fäkalien und Eiter füllen. Eine Hand steckt tief in einer Wunde, die Finger umschließen einen deformierten Fötus… [Eine] Brustwarze… ist verfärbt und dick verkrustet, und die bloßen, wächsernen, weißen Brüste sind mit venerischen Wunden und Ausschlag bedeckt. (ebd., S. 185 f.)

An eines dieser gespenstischen Tableaus von besudelter Mutterschaft war ein Couplet von prophetischer Bedeutung geheftet: »Ungeheuerlich zeigt sich das Laster, so kraß, allein schon ein Blick erfüllt dich mit Haß.« Wie die Viktorianer, die Wachsarbeiten populär machten, war Peter Sutcliffe fasziniert und abgestoßen vom Laster, das er, gemäß der kulturellen Konvention, als Eigenschaft der prostituierten Frau mit ihrem pockenverseuchten Körper und einer Reihe klaffender Wunden sah.

Von allen Arten des Lustmords ist Prostituiertenmord das deutlichste Beispiel für die Lust am Töten, deren Hauptkomponente Frauenhaß ist. Eine der Behauptungen, die wir in diesem Buch aufstellen, lautet jedoch, daß Mordgelüste nicht *nur* frauenfeindlich sind. Die Männlichkeit, mit der sie verbunden sind, schließt Frauenhaß ein, kann aber nicht darauf reduziert werden. Was sie sonst noch umfassen, ist deutlicher bei einer anderen Kategorie von Lustmördern zu erkennen, dem Typus, den wir als »Sadist« bezeichnen wollen.

Sadisten: Die Ungeheuerlichkeiten von Brady und Hindley

*Ich dachte nicht, daß er einen Knacks hatte,
ich hielt ihn für intellektuell.*

David Smith über seine Beziehung zu Ian Brady

*Es gibt Bücher, die sind nicht für alle Leute geeignet,
und es gibt Leute, die sind nicht für alle Bücher geeignet.*

Pamela Hansford Johnson, On Iniquity, 1967

1966 wurde ein junges Paar vom Schwurgericht in Chester des Mordes in drei Fällen für schuldig befunden. Ian Brady und Myra Hindley hatten mindestens zwei Kinder in ihre Wohnung in Manchester gelockt; Fotografien von einem Opfer, der zehnjährigen Lesley Ann Downey, die mit nichts als einem Knebel aufgenommen war, wurden zusammen mit einer Tonbandaufnahme ihrer flehentlichen Bitten an ihre Peiniger, während diese sie auszogen und knebelten, als Beweise vorgelegt. Die Leichen der Kinder (wer von beiden sie tötete und wie, wurde nicht ermittelt) wurden im nahe gelegenen Moor verscharrt; die Mörder fotografierten sich auf den nicht gekennzeichneten Gräbern und verbrachten die Nächte Wein trinkend in Anwesenheit ihrer Opfer. Brady hatte zudem einen siebzehnjährigen Homosexuellen mißbraucht und dann abgeschlachtet. Er tat dies in Gegenwart von Myras Schwager David, der den Vorfall schließlich der Polizei meldete.

Die Moormörder, als die sie bald bekannt waren, warfen einige sehr unbequeme Fragen auf, vor allem für die liberal Denkenden jener Zeit, Fragen zu Kultur und Darstellung, insbesondere zur Beziehung von Darstellung und Handlung. Da wir diese Punkte für wesentlich halten, werden wir diesen Aspekt des Falles detailliert betrachten. Der Fall ist aber auch deshalb für uns von großem Interesse, weil er uns die einzige Frau präsentiert, die an Lustmorden beteiligt war und dafür verurteilt wurde, Myra Hindley. Stellt sie unsere These in Frage, ist sie die Ausnahme, welche die Regel bestätigt, oder eine irreführende Abweichung? Wir müssen uns eingehend mit der Rolle Hindleys und ihrer Deutung befassen.

In der Art, wie sie nach den bestehenden Darstellungsweisen eine definitive Identität oder Mörderrolle aufgebaut haben, die sie auf sich selbst und auf sich gegenseitig zurückwarfen, indem sie eine neue, private Selbstdarstellung schufen, gleichen Ian Brady und Myra Hindley vielen anderen Mördern, die wir betrachtet haben. In ihrem Fall nahm diese Darstellung eine Form an, die die Öffentlichkeit besonders abstoßend fand und die stark gegen sie sprach: Sie machten Bandaufnahmen und Fotografien von der Demütigung eines Opfers und hielten dann ihre Anwesenheit auf den zwei geheimen Gräbern fest. Jonathan Goodman bemerkte, diese zwei »waren Voyeure, *écouteurs* ihrer eigenen Verruchtheit – sie fanden mindestens soviel Befriedigung durch den Schatten ihrer Taten wie in den Taten selbst«. (1973, S. 10) So abstoßend wir ihre besondere Form der Selbstdarstellung finden, sie ist analog zu der Befriedigung, die andere Mörder aus offenkundigeren, »akzeptableren« Darstellungsweisen schöpfen: das ausführliche Bekenntnis von Pierre Rivière, die Briefe, die Jack the Ripper der Polizei schickte, die drei Tagebücher von Ronald Frank Cooper, Kürtens Aussage vor Berg, Nilsens Gedichte – durch die Darstellung seiner Tat behauptet der Mörder seine Stellung in unserer Kultur.
Insbesondere Brady war durchdrungen von der Kultur des Mordens als Transzendenz, die wir untersucht haben. Die Schlüsselbücher dieser Denkweise waren de Sades *Justine*, Hitlers *Mein Kampf* und Dostojewskis *Schuld und Sühne*. Diese drei Werke haben das Thema von Faust oder dem Übermenschen gemeinsam, der die konventionelle Moral transzendiert, der für seine Freiheit und Macht tötet. Somit war Brady in einem exakteren Sinne Sadist als viele, die als solche bezeichnet wurden. Er hat nicht nur Grausamkeit und Mord erotisiert, sondern er hat auch die gesamte dahinterstehende Philosophie adaptiert. David Marchbanks schrieb kurz nach dem Prozeß: »Er war ein Schüler der Philosophie des Amoralismus und des uneingeschränkten Rechts des Individuums, sich an jedem beliebigen Bösen zu ergötzen, da das Böse ebenso Teil von Instinkt und Natur des Menschen sei wie das Gute«. (1966, S. 41)

Als Brady 1983 dem Journalisten Fred Harrison begegnete, verbreitete er sich ausführlich über die Bedeutung von Dostojewskis Romanfigur Raskolnikow in seinem Leben und Werdegang als sadistischer Mörder. Raskolnikow ist der »napoleonische« Mörder in *Schuld und Sühne*, der eine alte Frau tötet und sich später mit den Worten rechtfertigt:

> Ich habe ganz einfach gemordet. Um meinetwillen, einzig und allein um meiner selbst willen habe ich es getan... für mich kam es darauf an zu wissen, und zwar möglichst schnell zu wissen, ob ich eine Laus bin wie alle anderen oder ein Mensch. Bringe ich es fertig, die Grenzen zu überspringen, oder nicht? Habe ich den Mut, mich zu bücken und zuzugreifen, oder nicht? Bin ich eine zitternde Kreatur oder habe ich das *Recht*... (S. 459)

Auch Brady glaubte ein »Mensch« zu sein, der »das Recht« hatte. – Ein Grund für Dostojewski, den Roman *Schuld und Sühne* zu schreiben, war ein Unbehagen über Ideen, die Raskolnikow vertrat, die er als »unausgegoren« bezeichnete und die damals in Rußland in Mode waren. Ironischerweise haben die Taten von Ian Brady, der sich als Raskolnikow der Gegenwart betrachtete, in England ein ähnliches Unbehagen über die »unausgegorenen« Ideen der 1960er Jahre hervorgerufen.

Die öffentliche Diskussion konzentrierte sich zur Zeit der Morde auf die Rolle der tabufreien Gesellschaft bei der Förderung von Verbrechen wie die von Brady und Hindley. Bei der Lektüre von Auszügen des Verhandlungsprotokolls stellt sich zuweilen Unsicherheit ein, ob Brady wegen der Ermordung von Kindern vor Gericht stand oder wegen des Lesens von Pornographie, zum Beispiel bei absurden Verhören wie diesem:

Ankläger: »War das die Kost, die Sie konsumiert haben, pornographische Bücher, Bücher über Gewalt und Mord?«
Brady: »Keine pornographischen Bücher. Man kann sie an jedem Zeitungskiosk kaufen.«
Ankläger: »Waren es schmutzige Bücher, Brady?«
Brady: »Das hängt von der schmutzigen Phantasie ab.«

Ankläger: »Lassen Sie mich ein, zwei Titel nennen.«

Richter: *»Instrumente der Folterkammer. Sexuelle Anomalien und Perversionen.«*

Brady: »Die sind von Ärzten geschrieben. Es sind wissenschaftliche Bücher.«

Ankläger: »Haben Sie sich auf medizinischer Ebene dafür interessiert?«

Brady: »Nein, aus erotischen Gründen.«

Ankläger: »Das ist natürlich die Atmosphäre Ihrer Phantasie. Ein pornographischer Sumpf, nicht wahr?«

Brady: »Nein. Es gibt bessere Sammlungen als die in Herrenhäusern im ganzen Land.« (Goodman, S. 191)

Hier liegt der Disput über die Beziehung zwischen Darstellung und Handlung zugrunde. Das Gericht vertritt die bekannte Ansicht, die Lektüre von Pornographie führe zwangsläufig zur Verübung von Verbrechen; deswegen versucht es nachzuweisen, Bradys Phantasie sei ein »pornographischer Sumpf« gewesen. Doch Brady weist diesen Standpunkt zurück und bringt das aufgeklärtere Argument vor, es käme »auf die schmutzige Phantasie« an, was eine Darstellung bedeute. Er deutet noch ein anderes Problem an: das elitäre Denken bei vielem, das zu diesem Thema gesagt wird. Sein Hinweis auf die »von Ärzten geschriebene« und von Angehörigen der Aristokratie gesammelte Literatur gibt Aufschluß darüber, daß die Lektüre von Pornographie weit verbreitet ist, auch wenn die Privilegierten und Gebildeten ihre Vorlieben unter anderen Bezeichnungen verstecken. Somit weist Brady das grobe Bild des Gerichts zurück, das ihn entweder als durch seine Lektüre verdorbenen Gimpel oder als erstaunliche Ausnahme in bezug auf seine Vorlieben hinstellt. (In diesem Zusammenhang ist es interessant, wie wenig Dostojewskis Roman, verglichen mit Hitler und de Sade, beim Prozeß zur Sprache kam. Es hätte die Obrigkeit sicher irritiert, wenn sie hätte anführen müssen, daß ein Klassiker Brady verdorben hatte!)

Die vereinfachende Verknüpfung von Pornographie und Mord wurde nicht nur vom Gericht hergestellt, sondern auch von der Allgemeinheit. Bei jeder Gelegenheit wurde auf der Mitwirkung der Gesellschaft bei der Hervorbringung der Moormorde herumgeritten, von einem Artikel im *Sunday Express* unter der Überschrift »Sind Brady und Hindley die Alleinschuldigen?«, der die laxe Moral jener Zeit beklagte, bis zu den »persönlichen Reflexionen« von Pamela Hansford Johnson, die ein Jahr nach dem Prozeß unter dem Titel *On Iniquity* veröffentlicht wurden.

Hansford Johnsons Buch ist ausgesprochen typisch für die zutiefst konservative politische Haltung, von der so viele Kommentare über die Moormorde geprägt waren. Hansford Johnson zwingt uns, uns mit der Existenz des Bösen abzufinden – der Existenz von Ungeheuerlichkeiten, die als solche bezeichnet werden und nicht hinter Euphemismen wie »Pathologie« oder »Abweichung« versteckt werden sollten. Böse Gelüste müssen unterdrückt und nicht ermutigt werden: Das freizügige, liberale Klima der 60er Jahre ließ den Sadismus erblühen und legitimierte die Perversion.

In einer berühmten Arbeit über die radikale Kriminologie, *Policing the Crisis* (1978) von Stuart Hall und seinen Mitarbeitern, wird das Jahr 1966 als Ende des Konsensus bestimmt. Die öffentliche Hysterie über die Moormorde wird als Faktor beim Umschwenken zu »Recht und Ordnung« erwähnt; Hansford Johnsons Buch wird unter anderem mit der abfälligen Bemerkung zitiert: »Die Moral schlägt zurück.« (S. 239)

Die Arbeiten von Pamela Hansford Johnson und ihresgleichen stellen ganz klar einen moralischen Gegenschlag wider die gesellschaftlichen Veränderungen der 1960er Jahre dar – Pornographie, sexuelle Freizügigkeit und soziale Degenerierung, die an der Tagesordnung waren. Aber sie bargen auch eine Erkenntnis, welche die Linke nicht wahrhaben wollte und will, nämlich daß Vorkommnisse wie die Moormorde und Menschen wie Brady keine zufälligen Abweichungen, sondern Erzeugnisse der Kultur sind. Zumindest Hansford Johnson ortet das Problem in der allgemeinen Haltung und nicht in individueller Krankheit; *Policing the Crisis* vermittelt im Ton sowie in dem, was nicht ausgesprochen wird, den Eindruck, einige wenige Lustmörder rechtfertigten keine Sorge um die Kultur.

Diese bemerkenswerte Umkehrung der üblichen Ordnung, wobei die Rechten behaupten, ein Problem sei ein soziales, während die

Linken Zuflucht zum Individualismus (oder zum Stillschweigen) nehmen, ist nicht auf *Policing the Crisis* beschränkt, und wir wollen die Verfasser nicht besonderer Kritik unterziehen. Dieses Schauspiel kann regelmäßig im Zusammenhang mit dem Thema »sexuelle Freiheit« und Pornographie beobachtet werden. Die Linke bemüht sich seit den 60er Jahren, die Behauptung von Leuten wie Mary Whitehouse zu widerlegen, pornographische Darstellungen könnten Gewalttaten wie Vergewaltigung und Lustmord *verursachen*. Auch wir stehen der Idee der Verursachung skeptisch gegenüber und befinden sie als unerheblich für die Erklärung menschlichen Handelns. Aber damit soll nicht gesagt sein, Lustmord sei nicht kulturell bedingt oder habe mit den vorherrschenden Darstellungsformen nichts zu tun. Im Gegenteil, ohne die Fülle der Darstellungen von Mord und Mördern, Sexualität und Tod, die wir in den vorangegangenen Kapiteln analysiert haben, wäre das Verhalten von jemand wie Ian Brady unvorstellbar und unbegreiflich. Darstellungsformen tragen zur Entstehung und Formulierung von Wünschen bei, indem sie den Menschen bestimmte Objekte, bestimmte Strömungen, bestimmte Bedeutungen darbieten. Welche Bestrebungen und Vergnügungen verfügbar, welche Praktiken, Identitäten und Träume auch nur denkbar sind, wird in großem Maße von der Kultur bestimmt. Unsere Kultur hat gewalttätige, pornographische Träume; sie strebt nach (männlicher) Freiheit und Transzendenz. Nicht zufällig existiert in ihr der sadistische Lustmord. Daß unsere Wünsche selbst soziale Konstruktionen sind, ist genau der Punkt, der rechtsgerichteten Analytikern entgeht. Für Pamela Hansford Johnson verkörpern Erscheinungen wie die Moormorde und Nazismus eine immerwährende, unwandelbare »dunkle Seite« der menschlichen Natur, die zu unterdrücken die zivilisierte Gesellschaft sich unentwegt bemühen muß (hier klingt Hobbes' Naturzustand an). Für eine Feministin dagegen sind Wünsche selbstverständlich von gesellschaftlichen Strukturen, Institutionen und Darstellungsformen (zum Beispiel Kleinfamilie, Arbeitsteilung, Aufklärungsphilosophie, Religion, Filme, in denen wirkliche Morde gezeigt werden, etc.) geprägt. Da sie Konstruktionen sind, können Wünsche innerhalb verschiedener Strukturen, Institutionen und so weiter neu konstruiert werden. Unterdrückung ist nicht die einzig denkbare Strategie für diejenigen, die sich eine neue Welt der umgewandelten Wünsche vorstellen können.

Ein derartiger Utopismus ist Konservativen mit ihrem statischen Begriff vom »gefallenen Menschen« nicht zugänglich. Doch seltsamerweise ist er auch den meisten Marxisten fremd, die den Themen, die Sexualmord aufwirft, weiterhin ausweichen. Warum enthalten sich marxistische Autoren 20 Jahre nach den Moormorden immer noch jeglicher Kritik an den Formen heutiger sexueller Gelüste?

Wir vermuten, dies hängt teils mit der überwältigenden Dominanz der liberalen Denkweise in der anglo-amerikanischen Gesellschaft und den infolgedessen im Brennpunkt stehenden individuellen Freiheiten zusammen, wodurch die Frage, woher unsere Wünsche stammen, insgesamt heruntergespielt wird. Es besteht die Neigung zu der Annahme, wie die Feministin Sheila Jeffreys sagt, »das es ein Wesen der Sexualität gibt, das, obwohl in der Vergangenheit zeitweise unterdrückt, sich nach und nach von den auferlegten Restriktionen freikämpft«. (a. a. O., S. 2) Doch mehrere einflußreiche moderne marxistische Autoren haben den Begriff vom Wesen der Sexualität in Frage gestellt. Sie rühmen statt dessen den sogenannten »neuen Pluralismus«, eine farbige Vielfalt von Sexualitäten, die den Bereich, dem eine erotische Bedeutung zugemessen werden kann, erweitert: neue Zusammenhänge, neue Praxen, neue Körperteile. Für sie ist das »Wesen der Sexualität« unzweifelhaft die Freudsche polymorph-perverse Anlage (nur daß das Unwissen des Kindes bezüglich sexueller Bedeutungen und Grenzen bewußt durch Erotizismus ersetzt wurde – das Kind ist polymorph, die neuen Pluralisten sind pervers). Insbesondere im Hinblick auf sadomasochistische Erscheinungen hat Jeffrey Weeks diese Strömung der nach-aufklärerischen Suche nach Transzendenz zugeschrieben: »Hier geht es eindeutig um eine Politik der Grenzüberschreitung, wo Wünsche dazu da sind, die Ordnung zu zerrütten, und wo Zerrüttung und Grenzüberschreitung die Schlüssel zum Vergnügen sind.« (1985, S. 216) Uns gibt dies zu verstehen, der neue Pluralismus sei nicht radikal genug oder vielleicht überhaupt nicht radikal. Die Lust zu töten zerrüttet die soziale und sexuelle

Ordnung nicht, eine Beobachtung, die den generellen Aspekt verdeutlicht, daß, was als Perversität gilt, nur innerhalb der Grenzen der patriarchalischen Kultur polymorph ist. Wie wir später eingehender erläutern werden, ist jegliche Sexualität stark geprägt von den historischen Gegebenheiten Geschlecht und Macht. So wird die sexuelle »Vielfalt« im 20. Jahrhundert durch die Annahme eines transzendenten (d. h. maskulinen sexuellen) Subjekts vereinheitlicht. Wir meinen nicht, das sexuelle Subjekt ist biologisch männlich, sondern das Begehren selbst ist maskulinisiert und von Zweiteilungen des eigenen und des anderen Ich, Subjekt und Objekt, abhängig gemacht worden, die irgendeine Version der sozialen / sexuellen Hierarchie, männlich : weiblich, voraussetzen. Wir sagen »irgendeine Version«, weil uns bewußt ist, daß einige Frauen und Feministinnen heutzutage bestrebt sind, selbst transzendente Sexualobjekte zu sein. Diese Frauen konstruieren ihre Wünsche neu, aber immer noch innerhalb der Grenzen bestehender Machtstrukturen. Sie nehmen keine radikale Neukonstruktion der westlichen Sexualität im allgemeinen vor.

Wenn die Linke stillschweigend über die Moormorde hinwegging – außer um das moralische *Recht* anzugreifen –, ist dies gewiß ein Anzeichen für ein Versagen der Vorstellungskraft, für die Unfähigkeit, aus der patriarchalischen Denkweise auszubrechen. Das Begehren, das immer noch gerühmt wird, ist von derselben Art, wie sie von de Sade verherrlicht, von Dostojewski beschrieben und von Ian Brady in die Tat umgesetzt wurde.

Myra Hindley: Bei Frauen ist es anders

Wann immer wir das Hauptanliegen dieses Buches erläutert haben, wurden wir gefragt: »Und was ist mit Myra Hindley?« Hindley ist das einzig mögliche Gegenbeispiel zu unserer Behauptung, daß Lustmörder Männer sind, und bei der Betrachtung eines problematischen Falles wie ihrem müssen wir nachdrücklich auf die Grenzen dessen hinweisen, was wir wissen können. Bei Myra Hindley haben wir einen Prozeß, ein Urteil – schuldig der Ermordung zweier Kinder – und eine Menge Ansichten. Bei ihren männlichen Entsprechungen haben wir nicht viel mehr, aber das Fehlen jeglichen beständigen Kulturkodex, der uns helfen könnte, Hindleys Motive und Verhalten zu erfassen, macht ihren Fall viel rätselhafter als die Fälle der Männer.

Hatte Myra Hindley Lust zu töten? Bezog sie sexuelle Befriedigung aus den gemeinsamen Taten des Paares? Welche Rolle spielte sie genau bei diesen Taten? Benutzte sie wie Brady sadistische Rituale zur Bestätigung ihrer transzendenten Subjektivität? Wir wissen nicht, wie sie auf diese Fragen antworten würde, aber wir kennen die Antworten, die die Kultur hervorbrachte, und diese sind letztlich von größerer Bedeutung. Schriften über Hindley machen sehr deutlich, daß ihre Taten nicht dieselbe Signifikanz besaßen wie Bradys; sie waren abgegrenzt durch den Geschlechtsfaktor und das Fehlen jeglichen Vokabulars für die Mordlust einer Frau – ein solches Vokabular existiert bis heute nicht. Seit die Moormorde ans Licht kamen, gibt es zwei gegensätzliche Betrachtungsweisen über Myra Hindley. Beide sind anhand geschlechtsspezifischer Stereotypen strukturiert, und beide bestreiten, daß Hindley in derselben Weise Ausführende eines Lustmordes gewesen sein könnte wie Brady.

Die erste dieser Betrachtungsweisen, zu der sich Psychiater bekennen, behauptet, Hindley sei schlicht von Brady verdorben worden – Fred Harrison drückt das so aus: »Er setzte einen verrückten Wirrwarr von bösen Ideen an die Stelle der Alltagshaltung, an die Myra in Gorton gewöhnt war.« (1986, S. 58) Sie beging die Verbrechen (welche auch immer) ganz unter Bradys Einfluß. Wir könnten dies nach dem Theaterstück von Shaw, in dem ein Professor ein Cockney-Blumenmädchen in das von ihm gewünschte Bild verwandelt, als »Pygmalion-Theorie« bezeichnen. Es handelt sich um eine hintergründig ersonnene Geschichte von einem gebieterischen, überlegenen Mann, der das ansonsten leere Gehirn seiner Schülerin mit Ideen füllt, die sie nur, weil es seine sind, und nicht aus einer unabhängigen Einsicht akzeptiert.

Die Pygmalion-Theorie wird in bezug auf Hindley häufig klinisch aufpoliert, indem behauptet wird, sie habe an *folie à deux* gelitten, einem Zustand, bei dem die Geisteskrankheit eines Individuums sich auf einen geliebten Menschen oder nahen Verwandten überträgt. Brady war ein »Psychopath«, und laut Harrison hatte »Myra teil an Ians Geisteskrankheit; ihr Charakter ist mit seinem verschmolzen« (ebd.). Wieder springt das Thema Geschlechtszugehörigkeit ins Auge, wenngleich die Beurteilung als *folie à deux* dies zu übertünchen sucht; uns scheint, in unserer von Männern beherrschten Gesellschaft ist die Anpassung einer Frau und die Verschmelzung ihres Charakters mit dem eines Mannes ein durchaus übliches Ergebnis der Sozialisation und der Zwänge innerhalb heterosexueller Beziehungen. Wenn Myra Hindley sich die Ideen ihres Freundes zu eigen machte, wenn sie sich veränderte, um sich ihm anzugleichen, ist das an sich nichts Ungewöhnliches. Die Frage ist vielmehr, warum die meisten Autoren annahmen, Bradys Ideen seien Myra fremd gewesen, *es sei denn*, sie habe unter einem bösen Bann gestanden.

Diese Annahme basiert eindeutig auf dem sexistischen Klischee vom »Mutterinstinkt«, der gewährleistet haben müßte, daß insbesondere sexueller Mißbrauch und die Ermordung von Kindern Myra Hindley abgestoßen hätten. Fred Harrisons schwülstige Ausführungen sind durchaus repräsentativ: »Wie konnte eine Frau gegen den schützenden Mutterinstinkt verstoßen, der den Genen in dem zwei Millionen Jahre umspannenden Evolutionsprozeß eingepflanzt wurde?« (ebd., S. 17) Wir sehen nun, Myra Hindleys wahres Verbrechen war Selbstüberhebung; sie verging sich gegen die von Gott oder der Natur festgelegte Geschlechterrolle! Aber wenn es auf Harrisons Frage überhaupt eine Antwort gibt – und wir müssen bedenken, dies wurde 1986 geschrieben, nicht 1966 –, dann muß sie lauten, Myra Hindley tat es aus Liebe. Ihre natürlichen Beschützerinstinkte gegenüber Kindern konnten nur durch die Hingabe an einen Mann besiegt werden. Für Anhänger der Pygmalion-Theorie macht die Liebe Frauen so selbstverständlich zu Närrinnen, daß ihnen gar nicht einfällt zu fragen, ob Hindley nicht nur Brady, sondern auch die von ihm entwickelten Ideen attraktiv fand. Wenn ja, wäre es interessant zu ergründen, warum, aber diese Untersuchung würde hier zu weit führen.

Die zweite Betrachtungsweise des Falls Myra Hindley ist ganz anders, aber ähnlich klischeebestimmt und fußt ebenfalls auf der verbreiteten Prämisse, eine Frau, die Lustmord an Kindern duldet, und erst recht eine, die sich daran beteiligt, ist ein vollkommen unnatürlicher Ausbund an Verderbtheit. Doch statt ihr unnatürliches Verhalten dem schlechten Einfluß eines mörderischen Svengali* zuzuschreiben, nehmen Vertreter dieser Theorie es als Anzeichen, daß die Frau viel gemeiner ist als irgendein Mann. Diese »Lady Macbeth«-Theorie – nach der Shakespeare-Figur, die ihren Mann bedrängt, in Verfolgung seiner ehrgeizigen Bestrebungen einen Mord zu begehen – ist häufig auf Myra Hindley angewendet worden. Während des Prozesses kam die Überzeugung auf – und hat seither ständig an Stärke gewonnen –, Myra Hindley sei gewissermaßen die »Macht hinter dem Thron« gewesen; John Deane Potter schrieb in seinem 1966 erschienen Buch *The Monsters of the Moors*:

> Alle, die Myra im Zeugenstand sahen, stimmen überein, daß sie eine intelligentere, vermutlich zähere Persönlichkeit war als ihr Geliebter… War Myra tatsächlich die dominante Partnerin? Hat sie, als sie seine Ansichten und Prahlereien hörte, etwas Frauentypisches gesagt wie : »Laß uns nicht träumen und in Phantasien ergehen. Laß sie uns wahrmachen«? (S. 226)

Anscheinend ist dies die Alternative zur Beschreibung von Frauen als Geschöpfe der Männer: sie als Versucherinnen zu zeigen, die Männer zum Bösen verführen. Die Betrachtungsweise unserer Kultur – und nicht nur bei diesem Thema – weist den Frauen nur die Rollen zu, die sie auf Extreme festlegen; sie verkörpern die reine Unschuld oder die bodenlose Gemeinheit, Schneewittchen oder die böse Königin.

Im Fall Myra Hindley scheint die Königin Schneewittchen zu bezwingen. Während Deane Potter sie als der böse Geist begriff, der Brady überredete, seine Gelüste in die Tat umzusetzen, sehen andere sie als selbständig Handelnde. Ann West, die Mutter des Mooropfers Lesley Ann Downey, sagte in einem Interview: »Meiner Meinung nach hat Hindley meiner Lesley das Leben genom-

---

* Bekannter Hypnotiseur, dessen Geschichte 1954 mit Hildegard Knef verfilmt wurde.

men, und würde sie heute entlassen, wäre kein kleines Mädchen mehr sicher.« (»Why We Can Never Forgive«, *Woman's Own*, 9. Aug. 1986) Auf den ersten Blick mutet diese Feststellung erstaunlich an; entgegen der kulturellen Überzeugung wird hier Hindley, nicht Brady, in der Rolle des unersättlichen Sexungeheuers gesehen, wohingegen, wie immer wir Hindleys Verhalten betrachten, es kaum *mehr* wahrscheinlich ist, daß sie die Kinder getötet hat. Doch nicht allein Mrs. West bringt Hindley weit mehr Haßgefühle entgegen als Brady; seit das Paar vor mehr als 20 Jahren ins Gefängnis kam, verkörpert vor allem Hindley das Wesen beider Bosheit.

Dies mag wohl mit Hindleys Bemühungen um bedingte Haftentlassung und mit Lord Longfords Anstrengungen zu ihren Gunsten zusammenhängen (Brady sagte, er wolle nicht entlassen werden). Doch es hat auch mit der Doppelmoral zu tun, nach der Sadismus und ungeheuerliches Verhalten beurteilt werden. Frauen werden nicht nur strenger beurteilt als Männer, weil die Normen unterschiedlich sind und mehr von ihnen erwartet wird, sie werden auch leicht zu Zielscheiben der allgemeinen Frauenfeindlichkeit, welche die gesamte Kultur durchdringt. Ironischerweise läßt sich der unverhältnismäßige, irrationale Abscheu, mit dem Myra Hindley weithin betrachtet wird, auf ähnliche Einstellungen zu Frauen zurückführen wie die, die wir bei so vielen Lustmorden beobachten.

Was immer Myra Hindley sich bei ihrem Tun gedacht haben mag, als sie für Brady als Saint-Fond die Juliette spielte, ihre Geschlechtszugehörigkeit setzte ihrer Fähigkeit zur Verwirklichung von Transzendenz und Grenzüberschreitung natürliche Grenzen. Dies ist durch die Art, wie sie und Brady dargestellt wurden, anschaulich illustriert. Obgleich Hindley kein willenloses Opfer war – wie die arme Lesley Ann Downey –, so war sie auch nicht das *Subjekt* der Fotografien. Im Gegenteil, sie ist, wie Lesley Ann, das Objekt von Bradys Blick und Bradys Begehren. Auf einigen Bildern ist sie so postiert, daß die Male von Bradys Peitsche auf ihrem nackten Körper zu sehen sind. Auf diesen Bildern bestätigt Myra Hindley die maskuline Transzendenz ihres sadistischen Liebhabers.

Letztlich stellt Myra Hindley eine Anomalie dar. Offensichtlich eine rätselhafte Ausnahme von der Regel, wird sie dennoch mittels der üblichen Konventionen gedeutet; statt neue Begriffe von Weiblichkeit im Stile der »de Sadeschen Frau« zu erzeugen, wird ihre Existenz benutzt, um uralte weibliche Archetypen zu bestätigen. Anstatt eine neue weibliche Identität zu definieren, wirft Myra Hindley Probleme über die Grenzen der weiblichen Individualität auf, die noch nach 20 Jahren schwer lösbar sind.

Nekrophile: Dennis Nilsen, der unheilbare Romantiker

Friedvoll auf dem Bett so weich
schönes Fleisch du – tot und bleich.

Monochrome Man: Sad Sketches von Dennis Nilsen

Dennis Nilsen erdrosselte zwischen 1978 und 1983 sechzehn junge Männer. Er entledigte sich ihrer Leichen so gut er konnte, indem er sie im Garten seiner Londoner Wohnung verscharrte oder sie zerschnitt und in Müllsäcke steckte, sie in der Toilette hinunterspülte oder kochte, bis nur noch Knochen übrig waren. Schließlich wurde er gefaßt, weil die Rohre seines Hauses verstopft waren – wie sich herausstellte, mit menschlichen Überresten.

Die beiden Nekrophilen, die wir in diesem Kapitel behandeln, Dennis Nilsen und John Christie (der 1953 hingerichtet wurde, nachdem er sechs Frauen ermordet hatte, deren Leichen in seinem Haus und seinem Garten entdeckt wurden), unterscheiden sich von den Prostituiertenmördern, Sadisten und Massenmördern durch die Bedeutung, die der Schauplatz ihrer Taten in der allgemeinen Vorstellung gewinnt. Unser Entsetzen über das, was sie getan haben, wird gemessen am Entsetzen über ihre Häuser. Die erschreckende Faszination der Öffentlichkeit sowie der Journalisten und Autoren, die uns alles darüber berichten, gilt den immerwährenden Fragen, wie konnten sie das ertragen, wie konnten sie das tun? Wie konnte einer in einem Haus voller Leichen *leben*?

Christie und Nilsen haben beide getötet, um an eine Leiche zu kommen. Christie hatte Geschlechtsverkehr mit seinen weiblichen Opfern, sobald sie tot waren. Nilsen pflegte eine längere, komplexere Beziehung mit den Leichen – er verwahrte den Leichnam eines Jungen ungefähr zwei Wochen unter den Dielenbrettern, holte ihn regelmäßig hervor, setzte ihn neben sich in einen Sessel, während er fernsah, liebkoste ihn, wusch ihn, sprach zu ihm und hatte Geschlechtsverkehr mit ihm. Christie war panischer darauf bedacht, die Leichen seiner Opfer zu verstecken, da er während des größten Teils seiner mörderischen Laufbahn mit seiner Frau zusammenlebte (er tötete sie schließlich etwa ein Jahr, bevor er verhaftet wurde). Nilsens einsame Häuslichkeit machte seine erotische, sinnliche Beziehung mit den Leichen möglich.

Doch was vermag, abgesehen von diesen banalen Fakten über ihr jeweiliges häusliches Leben, Licht auf die Taten dieser Männer zu werfen? Wir wollen uns hier mehr auf Nilsen als auf Christie konzentrieren, weil das Buch *Killing for Company* (1986) von Brian Masters lange Auszüge von Nilsens schriftlichen Äußerungen über sich selbst enthält. Während er in Untersuchungshaft auf seinen Prozeß wartete, schrieb Nilsen, um einen zufriedenstellenden Bericht über seine Taten und Empfindungen bemüht, täglich lange Briefe an Masters und füllte 50 Notizbücher mit Erinnerungen, Gedichten und Bemerkungen. Unsere Informationen über Christie sind weniger lebendig; sie stammen größtenteils aus dem Buch *Ten Rillington Place* (1971) von Ludovic Kennedy, das geschrieben wurde, um die Unschuld von Timothy Evans zu beteuern; Evans wurde 1950 für die Ermordung seiner Frau und seines Babys gehenkt, die in Wirklichkeit von Christie ermordet worden waren. Kennedy schenkt der Bedeutung, die die Morde für Christie selbst hatten, natürlich wenig Beachtung.

Wie dem auch sei, beide Biographen befolgen die Konvention, mit dem Anfang zu beginnen – bei der Kindheit ihrer Protagonisten. Als Nilsen fünf und Christie acht Jahre alt waren, wurden ihnen die Leichname ihrer Großväter gezeigt. Christie, der große Ehrfurcht vor seinem Großvater hatte, erlebte ein starkes Gefühl von Heiterkeit und Freude. (Kennedy, S. 31) Nilsen empfand eine geheimnisvolle Erregung und war insgeheim verwirrt über das Unvermögen seines Großvaters, zu erwachen. (Masters, S. 45) Kennedy wie Masters berichten, daß durch diese Tode die kleinen Jungen in Haushalten voll dominanter Frauen zurückblieben und dort aufwuchsen. (S. 45 bzw. S. 49)

Beide Biographen gehen jedoch auf Nummer Sicher. Anscheinend werden vor allem deshalb diese Kindheitstraumata berichtet und die Bemerkungen über »dominante Frauen« abgegeben, weil es so üblich ist. Erklärungen von Ungeheuerlichkeiten wie Nekrophilie *müssen* mehr oder weniger psychologische Erklärungen sein. Aber Kennedys späterer Bericht setzt voraus, daß Christie ein wahrhaft *sündhafter* Mensch war; der Schlüssel zu seinem Verhalten ist Sünde, nicht Krankheit; er ist besessen vom Bösen in einem Ausmaß, das das Begriffsvermögen der Wissenschaft übersteigt.

In einem Artikel in *The Observer* äußert auch Masters seine Besorgnis, Nilsens Bösartigkeit könne ansteckend und er, Masters, könne kontaminiert sein. Das Böse wirkt auf eine Weise, wie, wissen wir nicht, die mit dem Verstand nicht zu begreifen ist. Als Nilsen Masters sein Wohnungsinventar übergab – Fernsehapparat, Küchengeräte und so weiter –, fragte er sich: »Könnte die Nähe dieser Gegenstände einen furchtbaren Einfluß ausüben? Die Vorstellung schien abwegig, doch die Reaktion einiger meiner Freunde bewies, daß sie eine Saite irgendwo jenseits der Logik zum Klingen brachte. Mein Arzt erträgt es nicht, über das Thema zu reden, so unwohl ist ihm dabei.« (Masters, 1985) Das wissenschaftliche Monopol auf die Erklärung menschlichen Verhaltens ist in der Praxis kein absolutes; Freuds Grundsatz, daß das Kind der Vater des Menschen sei, wird letztlich als nicht zwingend angesehen, wenngleich sich Kennedy und Masters daran anlehnen. Präwissenschaftliche Vorstellungen von »Sünde« und »Bösartigkeit« scheinen den Fall wirksamer zu lösen.

Der Konflikt zwischen vernünftiger Wissenschaft und metaphysischem Fundamentalismus wird auch in Nilsens schriftlichen Selbstdarstellungen sichtbar. Nilsens Bemühen, sich selbst sich und Masters zu erklären, zeigt genau, warum unser Versuch einer aufschlußreichen Darstellung von Lustmord durch direkte Gespräche mit Lustmördern nicht erleichtert worden wäre. Ein solcher Kontakt hätte den Grad der Annäherung unserer Darstellung an »die Wahrheit« nicht erhöht. Denn Nilsen liefert keinen Bericht dessen, was er getan hat und warum. Das liegt nicht nur an den Schwierigkeiten des Erinnerns, da unser Begreifen der Vergangenheit immer von der Gegenwart durchströmt ist (wenngleich dies für Nilsen ein ganz reales Problem ist. Seine Darstellungen sind mit Widersprüchen in den Einzelheiten gewürzt – zum Beispiel, ob das Opfer auf dem Bett oder dem Fußboden lag). Was noch bezeichnender ist, er hat echte Schwierigkeiten, sich zu erinnern, *warum* um alles in der Welt er den betreffenden Mann erdrosselt hat, und dies ist nicht einfach ein Versagen des Gedächtnisses, wie wir sehen werden.

Manchmal schildert er sein Motiv als Zwang: »Ich konnte die Macht und die Kämpfe des Todes fühlen – eine Reihe von Eindrücken –, des absoluten Zwanges zu *handeln*, in diesem Augenblick, plötzlich.« (Masters, 1986, S. 133) Ein andermal rationalisiert er seine Taten mit dem Hinweis, er erlöse die Opfer von ihrem Elend, schenke ihnen Beistand und Trost. (ebd.) Manchmal fühlt er sich losgelöst und distanziert von seinen Taten: »Ich hatte anscheinend keinen Teil [an den Morden], ich stand nur dabei und sah es geschehen – ausgeführt von zwei anderen Schauspielern –, wie eine zentrale Kamera« (ebd., S. 144), oder er erlebt sich sogar als gespaltene Persönlichkeit: »Ich stellte mich immer vor das ›innere Ich‹, das ich liebte... Er handelte einfach, und ich mußte im kalten Tageslicht alle Probleme für ihn lösen.« (ebd., S. 289) Manchmal aber übernimmt er die volle Verantwortung für sich. »Es würde mir nicht anstehen, der gerechten Strafe zu entkommen. Ich bin ein verantwortungsloser, selbstsüchtiger Schweinehund, der alles verdient, was ihm widerfahren wird. Die Gesellschaft hat das Recht, mich einen kalten, wahnsinnigen Mörder zu nennen. Keine andere Bezeichnung ist meinem Wirken angemessen.« (ebd., S. 188) Auf der Suche nach Selbstdarstellung greift Dennis Nilsen nach allen Kategorien unserer Kultur, versucht, sie seinem »Wirken« anzupassen, und findet sie alle äußerst mangelhaft – denn es ist klar, daß die letzte Bezichtigung eine verzweifelte ist; er erlebt sich *nicht* als »kalten, wahnsinnigen Mörder« (mit anderen Worten, als Psychopathen), aber da er etwas sein muß, könnte es ebensogut dies sein.

In seinem Dilemma, da er feststellt, daß die Sprache nicht hinreichend beschreiben kann, was er ist, und er außerstande ist wettzumachen, woran es der Sprache gebricht, macht Dennis Nilsen deutlich, in welchem Maße unsere Realität durch Diskurse begrenzt ist. Denn während keine unserer Kategorien »meinem Wirken angemessen« ist, treffen sie zugleich allesamt zu; alle erscheinen uns sinnvoll, alle helfen uns, Nilsens Taten zu begreifen. Die Kultur verfügt über eine Vielfalt an Klischees, die Nilsens Erleben einordnen können: die gespaltene Persönlichkeit, der von einem unwiderstehlichen Zwang Angetriebene, der Schaulustige, der Mann mit einer Mission, der kalte, wahnsinnige Mörder. Nilsen ist von diesem Aufgebot von Begriffen verwirrt, wie es zum Beispiel Brady nicht war; Brady hatte sich in eine Kategorie eingepaßt, er hatte eine Rolle gewählt und gelernt und dem Text gemäß gespielt. Nilsen war in diesem Sinne kein selbstbewußter Rollenspieler, dennoch ist er ein vollgültiges Mitglied unserer Kultur und beherrscht seine Sprache, und wenn er »in sich geht« und über das nachzudenken versucht, was er getan hat, greift er zu *allen* und *nur zu diesen* kulturellen Kategorien.

Alle Mitglieder unserer Kultur haben diese Begriffe zur Verfügung; wir verwenden sie gewöhnlich gedankenlos, doch wenn wir unser zukünftiges Handeln bedenken, müssen wir dies durch die »Brille« dieser Begriffe tun; wenn wir zu interpretieren versuchen, was andere Menschen tun, können wir es nur im Rahmen dieser Begriffe; wenn wir auf unsere Vergangenheit blicken, können wir sie nur nach dem von unserer Kultur vorgegebenen Muster ordnen. Natürlich sind solche Kategorien nicht für alle Zeit festgelegt; neue können entstehen (der Feminismus zum Beispiel hat in jüngerer Zeit neue Wege zur Betrachtung der Welt eingeführt). Unsere intellektuellen Bindungen, Vorurteile und Dogmen geben uns das Handwerkszeug, um zu entscheiden, welche Kategorie »die beste« ist. Dem Fazit seiner schriftlichen Äußerungen nach glaubte Nilsen nicht ernsthaft, ein Psychopath, ein »kalter, wahnsinniger Mörder« zu sein. Andererseits sticht in seinen Äußerungen eine Reihe von Ordnungskategorien hervor, die wir als besonders relevant und hilfreich erkannt haben, wenn es darum geht, Licht auf den Lustmord zu werfen. Diese Ordnungskategorien sind die Vorstellung von Transzendenz sowie die ästhetischen Normen, die wir von der romantischen und der existentialistischen Bewegung übernommen haben. Sie betonen besonders die Bedeutung des *Blicks*. Für uns ist Nilsens bedeutsamste Selbstdarstellung seine Darstellung als Schauender.

Wir haben Dennis Nilsen »Der unheilbare Romantiker« genannt. Wir tun dies in zweifachem Sinne: erstens im zeitgenössischen Sinne des Genres romantischer Roman, der hauptsächlich auf Frauen abzielt, jedoch sämtliche Kulturformen durchdringt. Dieses Genre lobt die Monogamie; Nilsen litt schrecklich unter der Angst (oder dem Wissen), seine Liebhaber würden nicht bei ihm bleiben, und er scheint sich ehrlich nach einer festen Beziehung gesehnt zu haben. »Ich erinnere mich gedacht zu haben, da es Morgen sei, würde er aufwachen und mich verlassen... ich erinnere mich gedacht zu haben, ich wolle ihn über Neujahr bei mir behalten, ob er wollte oder nicht.« (ebd., S. 110) Nilsens Anhänglichkeit an die Leichen seiner Opfer und insbesondere seine Beschreibung dieser Beziehungen enthalten viele Motive von Romantik in diesem Sinne: Hervorhebung körperlicher Schönheit, sinnliche Sexualität. Genau wie der Held in einer Frauenzeitschrift ist Nilsen begeistert, einen schönen Körper zu besitzen und darüber zu verfügen. (ebd., S. 125) Wie in einem Kitschroman hat er manchmal das Gefühl, der Körper sei »viel zu vollkommen und schön für das jämmerliche Ritual des gewöhnlichen Geschlechtsverkehrs«, aber oft gewinnt seine Leidenschaft die Oberhand. (ebd., S. 130)

Zweitens erinnert uns Nilsens Bewunderung für den *toten* Körper unweigerlich an die romantische Tradition des ästhetischen Wertes des Todes und der Begeisterung für das Schauerliche. »Ich verehrte *die Kunst* (unsere Hervorhebung, d. Aut.) und den Akt des Todes, wieder und wieder«, schreibt er. (ebd., S. 277) Nilsen hatte sich lange Zeit durch die Betrachtung der Abbildung einer toten Schönheit sexuell anregen lassen. Bevor er tötete, benutzte er Talkumpuder, Kohlestift und blaßblaue Farbe, um seinen Körper wie einen Leichnam aussehen zu lassen; für Blut nahm er Koschenillefarbe. Er betrachtete seine totengleiche Gestalt im Spiegel, wenn er auf seinem Bett lag; er malte sich aus, er sei tatsächlich eine

Leiche und ein Mann grabe ihn aus seinem Grab und masturbiere über ihm. (ebd., S. 105 f.) Sein Umgang mit wirklichen Leichen entsprach weitgehend dieser Phantasievorstellung – indem er den Leichnam unter den Dielenbrettern hervorholte und masturbierte. Nilsen wusch, puderte und schminkte auch die Leichen und betrachtete dann beide im Spiegel: Nilsen, zurechtgemacht wie der Tod, neben einem echten Toten.

Nilsens eigene Worte berechtigen uns, diese Taten als Akte der Selbstbestätigung zu interpretieren: »Ich dachte nur an das erhebende Vergnügen, das diese Gefühle mir bereiteten« (ebd., S. 260) oder »Ich machte mir genug aus ihnen, um sie zu töten... Ich habe mich hauptsächlich mit Selbstzerstörung befaßt... Ich tötete mich selbst, aber sterben tat immer der Zuschauer« (ebd., S. 264), und dann:

> Ich habe das alles für mich getan. Aus reiner Selbstsucht... Ich verehrte die Kunst und den Akt des Todes, wieder und wieder. Es ist so einfach... Ich tat mir eine Ehre an... Ich tötete sie, wie ich gerne getötet worden wäre... im Hochgenuß des Todesaktes. Hätte ich es an mir selbst getan, hätte ich es nur einmal erleben können. Tat ich es an anderen, konnte ich den Todesakt wieder und wieder erleben. (ebd., S. 277)

Erinnern wir uns an de Sades sexuelles Universum, wo die Objekte der Begierde total verzehrt werden müssen und wo »alle Leidenschaften Opfer fordern«. Für de Sade und seine existentialistischen Anhänger ist Erotik grenzüberschreitend und Grenzüberschreitung erotisch. Nilsen, der Nekrophile, ist der Grenzüberschreiter *par excellence*.

Aber dies ist nicht alles, was Nilsen ist, und viele Motive des Sadismus fehlen bei seinen Taten (zum Beispiel war der Mißbrauch des lebendigen Menschen für sein Vergnügen unerheblich). Sicher ist Nilsen insofern ein transzendentes Subjekt, als er das Objekt seiner Begierde tötet, aber darüber hinaus wird seine Subjektivität bestätigt, *wenn er sie anschaut*. Nilsens Phantasieleben und später seine Morde waren nicht bloß Handlungen; wie er selbst sagt, waren sie *Kunst*. Anfangs betrachtete Nilsen sich im Spiegel als Objekt, als eine Darstellung. Später puderte und verschönerte er die Leichen seiner Opfer und sah sie an. Er schuf eine neue Darstellung – er und der Leichnam im Spiegelbild. Er fotografierte die Leichen mit einer Polaroidkamera und fertigte Zeichnungen von ihnen an; einige sind in Masters' Buch reproduziert.

Viele LeserInnen werden einwenden, dies zeige nur, wie verhängnisvoll es ist, daß manche Menschen, so wie Nilsen, Phantasie und Realität nicht unterscheiden können. Diese Ansicht vertritt Brian Masters. (ebd., S. 259) Darstellungen sollten mit der »Realität« nichts zu tun haben und haben es auch normalerweise nicht. Hieraus folgt, daß Kritik an Darstellungsweisen (beispielsweise feministische Kritik an Pornographie) irregeleitet und unerheblich ist und zudem auf unannehmbare Weise zur Zensur und Beurteilung dessen neigt, was die Menschen lesen und sehen dürfen oder nicht. Doch Susanne Kappeler (1988) behauptet, »Realität« und »Darstellungen« seien nicht so leicht zu unterscheiden, wie diese Argumentation vermuten läßt. Wir möchten diese Behauptung nun in bezug auf Nielsen und andere Lustmörder untersuchen.

Kappeler behauptet, Darstellungen würden, weit davon entfernt, nichts mit der Realität zu tun haben, *produziert*, und diese Produktion sei eine menschliche Tätigkeit, die in der Gesellschaftswelt, dem Reich der Realität, stattfindet. Wir können ein Beispiel anführen, das nichts mit der Debatte um Pornographie / Zensur zu tun hat; es stammt aus John Bergers Klassiker *Ways of Seeing* (1972). Berger weist darauf hin, daß die Herstellung eines typischen Ölgemäldes im 18. Jahrhundert, das einen bürgerlichen oder aristokratischen Herrn mit Gattin, Kindern, Vieh, *objets d'art* und Land darstellt, sich *sowohl* auf die vorausgehende Existenz einer bestimmten Gesellschaftsstruktur beruft – eine gewisse Verteilung des Reichtums und die Aufwertung einer bestimmten Lebensart –, damit es verstanden werden kann, *als auch* diese Gesellschaftsstruktur, Verteilung und Aufwertung bestätigt.

Ein zeitgenössischer Pornograph muß sich, um eine Fotografie für eine pornographische Zeitschrift anzufertigen, bereits in einem bestimmten Arbeitsverhältnis mit einem Modell befinden (Zahlender / Bezahlte, Anweisender / Angewiesene). Dieses ungleiche Verhältnis wird im Produktionsprozeß vorausgesetzt, genau wie jeder Fabrikant mit dem Material seines Gewerbes umzugehen weiß. Sodann aber dient das Produkt, das pornographische Bild, der fabrizierte Gegenstand, zur Bestätigung dieses Verhältnisses zwischen Erzeuger und Erzeugtem, Mann und Frau, Subjekt und Objekt.

In diesem Sinne ist Nilsen wie der Produzent. Wenn sein Blick auf der gewaschenen und gepuderten Leiche eines Jungen ruht, so ruht er auf einem Bild, das er fabriziert hat. Dieses Bild ist auf genau dieselbe Art Teil einer Realität wie das Spiegelbild von sich und der Leiche auf dem Bett (ebenfalls ein Bild, auf dem Nilsens Blick oft ruhte). Sind diese Bilder wirklicher als das Polaroidfoto, das er vielleicht später betrachtet? Sicher nicht, wenn wir den Prozeß berücksichtigen, durch den das Bild entsteht. Die Produktion der Leiche, des Spiegelbildes und der Fotografie setzen eine gesellschaftliche Beziehung voraus, nämlich die Beziehung zwischen Mörder und Ermordetem, Produzent und Produziertem, Subjekt und Objekt.

In seinem Sexualleben ist Nilsen das Subjekt des Blicks, er ist der Betrachter. Was immer er ansieht, ist von ihm hergestellt worden; was er betrachtet, ist sein Objekt, sein Phantasiegebilde. Es gibt bei Dennis Nilsens Sexualität keine »Realität«, die sich von seiner »Phantasie« unterscheidet; er ist nicht zufällig von der einen in die andere geschlüpft oder hat beide nur verwechselt. Vielmehr ist es in Dennis Nilsens Welt erotisch, ein Objekt, eine Darstellung zu betrachten. Im Betrachten ist man Herr all dessen, was man überblickt.

Nilsens ästhetische Normen sind die des Schauerromans, und obgleich dieser in unserer Kultur noch immer eine große Bedeutung hat, wird Nilsen dadurch für viele von uns etwas weniger leicht verständlich. Aber seine Vorstellungen von Schönheit sind nicht der springende Punkt. Wenn Nilsen ein Spiegelbild oder einen »echten« Leichnam oder eine Fotografie betrachtet, sind dies alles ähnliche Darstellungen. (Die Prostituierte in der Bradford Street, dürfen wir hinzufügen, ist ebenso eine Darstellung wie das Modell auf der Mittelseite von Peter Sutcliffes Exemplar von *Mayfair*. Die Prostituierte wurde produziert oder produzierte sich selbst als käufliche Ware, als Gegenstand, von dem sie weiß, daß Männer davon phantasieren.) Leiche, Spiegelbild, Fotografie. Darstellungen. Objekte. Nilsen, der Betrachter, ist mit seinen eigenen Worten »nahe bei sich und fern – er ist der Komparse, der ins Geschehen eingreift«. (Masters, 1986, S. 303 ff.) Der Hersteller von Bildern, das Subjekt von Darstellungen ist ein mächtiger Akteur in der realen Welt. Und die Frage lautet: Wer produziert in unserer Kultur die Darstellungen? Wer ist der Betrachter? Der archetypische Blick ist der männliche Blick, und nur wenn wir die Geschlechtszugehörigkeit berücksichtigen, können wir begreifen, was Taten wie die von Nilsen bedeuten.

Nordamerikanische Serienmörder: Sie treiben ihr Unwesen auf der Straße

Wenn es das Schicksal des Menschen im 20. Jahrhundert ist, mit dem Tode zu leben... dann ist die einzige lebensspendende Lösung, die Bedingungen des Todes als unmittelbare Gefahr zu akzeptieren, sich von der Gesellschaft loszulösen, ohne Wurzeln zu existieren, sich auf die ungewisse Reise zu den aufrührerischen Erfordernissen des Ich zu begeben. Kurz gesagt... die Entscheidung heißt, den Psychopathen in sich zu ermutigen, den Bereich des Erlebens zu erforschen, wo Sicherheit Langeweile und daher Krankheit bedeutet, und in der Gegenwart zu existieren, in dieser ungeheuren Gegenwart, die ohne Vergangenheit oder Zukunft ist... Diese Bewunderung der Gegenwart enthält die Bestätigung von Hip...

Norman Mailer, »The White Negro«, 1957

Sobald ich es getan habe, vergesse ich es.

Henry Lee Lucas, Serienmörder, 1985

Um die Mitte der 1970er Jahre nahmen die Polizeibehörden in den Vereinigten Staaten einen alarmierenden Trend wahr, der bis dahin entweder nicht vorhanden oder nicht bemerkt worden war. Es war das Auftauchen des »Serienmörders«, der vergewaltigend, mordend und die Menschen in Scharen, ja zu Hunderten peinigend in der Weite Nordamerikas umherzieht. Theodore (»Ted«) Bundy soll 36 Frauen ermordet haben; er selbst setzt die Zahl noch höher an, weigert sich jedoch, sie preiszugeben. Henry Lee Lucas hat gestanden, zwischen 200 und 360 Menschen ermordet zu haben.

Serienmord ist ein interessantes Beispiel für eine neue Kategorie, die erst durch den Diskurs darüber geschaffen wird, da den Fakten nach viele der heute als Serienmörder bezeichneten Männer sich nicht sehr von den früheren Massenmördern unterscheiden. Zwar betont die Flut von Büchern, Aufsätzen und Fernsehdokumentationen das »Willkürliche« oder »Motivlose« bei Serienmord, doch eine nähere Untersuchung des Phänomens enthüllt Serienmord als eine Variante des Lustmordes; die Täter waren ausnahmslos Männer, sie waren bestrebt, ihre Sexualobjekte zu töten (die Mehrzahl der Opfer waren daher Frauen; einige Männer wurden von homosexuellen Mördern umgebracht und etliche Kinder beiderlei Geschlechts wurden ermordet), und die Morde waren regelmäßig von Erscheinungen wie Vergewaltigung, Quälerei und Verstümmelung begleitet.

Trotz der deprimierenden Üblichkeit dieses Ablaufs wurde in Nordamerika darüber geredet, als sei es etwas ganz Neues. Das Federal Bureau of Investigation (FBI) gründete eine Abteilung für Verhaltenswissenschaft, die Persönlichkeitsprofile der Serienmörder erstellt, die bei den polizeilichen Ermittlungen helfen sollen. Wie vorauszusehen, weisen sie eine unheimliche Ähnlichkeit mit den Lustmörder-Stereotypen des »Helden« und des »Abweichenden« auf und sind ein besonders leuchtendes Beispiel für die Inhaltsleere sogenannter wissenschaftlicher Beschreibungen auf diesem Gebiet.

Detaillierte Einsichten in die Praktiken des FBI vermittelt eine Fernsehdokumentation aus dem Jahre 1984 mit dem Titel »No Apparent Motive« (Kein offensichtliches Motiv). Der Titel dieser Sendung betont das offenbar Willkürliche an Serienmorden und die daraus resultierende Hilflosigkeit der Justizbehörden bei dem Versuch, einen Mörder zu finden, der irgendwer, irgendwo auf dem Kontinent sein und jeden Moment wieder töten kann. In dem Bemühen, das Feld einzuengen, beruft das FBI eine Fallkonferenz ein, an der V-Männer, Polizisten und psychiatrische Sachverständige teilnehmen. Der V-Mann Bob Resler eröffnet die Sitzung mit einer Erklärung des Zwecks dieser Versammlung: »Legen Sie mir einen bestimmten Fall vor, lassen Sie mich eine Einschätzung dieses Falles vornehmen, und ich sage Ihnen, welche Kategorie von Personen diese Art von Verbrechen verübt.« Die Polizei von North Carolina präsentiert ihm einen Fall von »Lustmord«, in dem die Brüste und Geschlechtsteile des Opfers »beschädigt« waren und eine Flasche in die Scheide gerammt wurde. Die Leiche war nicht weit von einem Weg abgeladen worden, obgleich hundert Meter weiter ein reißender Strom fließt. Resler beginnt mit der »Bestimmung der Person, nach der gesucht wird«; einer »Person [*sic!*], die wohl irgendeine Animosität gegen Frauen hegt«. Leider sind seine weiteren Bemerkungen ebensowenig dienlich. Er erklärt der (vermutlich verblüfften) Polizei: »Ich denke, Sie haben es hier mit einem Serienmörder zu tun, einem Mann, der, wenn er ein solches Verbrechen begeht, schon früher Verbrechen beging und mit großer Wahrscheinlichkeit in Zukunft derartige Verbrechen begehen wird.« Das Abladen der Leiche am Weg sagt Resler folgendes:

> Was ich hier sehe, ist vielleicht ein Kerl, dem alles egal ist, es ist ihm egal, ob die Leiche dort gefunden wird, mehr noch, er will, daß sie gefunden wird, er verhöhnt die Polizei. Ich frage mich zudem, ob unser Mann nicht ein nützliches Mitglied unserer Gesellschaft ist, geachtet und bei den Nachbarn nicht im geringsten verdächtig... Viele derartigen Individuen führen eine Art Geheimleben in dem Sinne, daß sie und nur sie allein von ihrem Tun wissen, und doch führen sie, wenn sie nicht verbrecherisch tätig sind, ein scheinbar ganz normales Leben... Jemand, der 20 oder 30 Morde begeht, ist oft ein sehr netter Bursche, nett in der Unterhaltung und im Umgang, und nicht abnormal.

Ein Psychiater fügt hinzu:

> Die meisten von ihnen sind ganz normal und sehr freundlich. Wenn Sie zum Beispiel in eine Kneipe gehen und was trinken, und Sie sitzen da und reden mit so einem, und er wird plötzlich Ihr guter Freund, dann können Sie ihm nicht ansehen, daß etwas mit ihm nicht stimmt. Es sind ganz normale Leute.

Unter dem Deckmantel, uns etwas *Wissenschaftliches* zu erzählen (»diese psychologischen Profile, die oft ins Schwarze treffen«), formuliert diese FBI-Fallkonferenz lediglich die Klischees neu, mit denen sie begann, nämlich, daß Serienmörder ganz beliebige Leute sein können und nicht von normalen Menschen zu unterscheiden sind.

Das FBI erkennt deutlich, obwohl von »Personen« die Rede ist, daß Serienmörder *Männer* sind, doch die Diskussion über Serienmord spielt den Geschlechtsfaktor herunter, vielleicht, weil die Kommentatoren lieber die Sinnlosigkeit des Verbrechens betonen und es dem zuschreiben, was als zunehmende Entfremdung des Individuums von der Gesellschaft, vornehmlich der modernen nordamerikanischen Gesellschaft, gesehen wird.

Der Serienmörder ist eindeutig eine rein amerikanische Erscheinung. Nicht nur, weil andere Kulturen es nicht mit Serienmord in diesem Ausmaß zu tun hatten, oder gar, weil sich bei ihnen keine Diskussion darüber entspann (wie gesagt, viele Serienmörder weisen eine große Ähnlichkeit mit den uns bekannten Massenmördern auf; ein oft angeführtes Beispiel, der »Green River Killer« ist tatsächlich ein »Ripper« mit einer Liste von Opfern, die nicht viel größer ist als die von Sutcliffe). Der wahre Grund, weshalb der Begriff Serienmord in Nordamerika und nirgends anders entstand, ist seine Abhängigkeit von einer bestimmten Darstellung von Nordamerika selbst, seiner Kultur, seinen Symbolen, seinen Helden. Der Serienmörder ist, wie wir gleich erläutern werden, das amerikanische Gegenstück von Genets oder Wilsons existentialistischem Rebellen.

Viele Kriminologen und Soziologen haben versucht, Serienmord mit der Kultur in Verbindung zu bringen, in der er verübt wird, aber meistens übersehen sie dabei die Frage der in dieser Kultur verfügbaren Darstellungsformen und verlegen sich statt dessen auf mehr materielle Faktoren. Oft werden die unermeßliche Größe der Vereinigten Staaten und die Mobilität ihrer Bevölkerung ins Feld geführt. Einem höheren Polizeibeamten zufolge ist dies die Erklärung, weshalb Serienmörder imstande sind, so viele Menschen zu töten:

Angenommen, Sie nehmen einen frühen Flug von New York nach Chicago, beseitigen einen Fremden auf der Straße, nehmen dann ein Flugzeug nach Boston, töten dort wieder jemanden und fliegen dann nach New York zurück. Sie können zu Hause die Spätnachrichten sehen, bevor die Polizei in einer dieser Städte überhaupt erfährt, daß jemand vermißt wird. (Jacobson, 1985)

Doch dies erklärt kaum den *Wunsch* des Mörders, so viele Menschen zu töten. Die bloße Existenz einer Straße wie des Interstate Highway 5 von Kalifornien zum Staate Washington löst noch nicht das Problem, warum der »I-5 Killer« Randall Woodfield zigtausend Kilometer die Straße hinauf und hinunter fuhr und nach Leuten Ausschau hielt, die er ermorden könnte. Der Lebenslauf von Männern wie Woodfield und Lucas läßt vermuten, daß die Menge der Opfer für manche Serienmörder in einer Weise bedeutsam ist, wie sie es nicht immer für alle Massenlustmörder war.

In dem Versuch, die Frage nach dem Motiv zu beantworten, bringen manche Soziologen Serienmord mit den Frustrationen in Verbindung, die eine freie Gesellschaft erzeugt, wo der »amerikanische Traum« von Erfolg und Wohlstand für jeden, der dafür arbeitet, erfüllbar sein soll. In Wahrheit ist der Traum eine ideologische Fiktion; die nordamerikanische Gesellschaft ist nicht wirklich frei, aber die Vorstellung, daß sie es sei, enttäuscht die Erfolglosen doppelt und erfüllt sie mit einem Zorn, der sich oft in Zerstörungswut und Gewalt verkehrt. Serienmörder sind bemüht, »jemand zu sein« – den Platz in der Wertschätzung der Leute einzunehmen, den die Gesellschaft ihnen verwehrt hat. (Andererseits sind, wie Bob Resler uns gewiß sagen würde, viele Serienmörder »nützliche Mitglieder unserer Gesellschaft«.)

Es wird auch darauf hingewiesen, wie »gesetzlos« die nordamerikanische Gesellschaft ist – das heißt, wie sehr es ihr an dem Gemeinschaftssinn mangelt, der strenge Verhaltensnormen bewahrt. Einige Serienmörder sind offensichtlich überhaupt nicht in der Gemeinschaft verwurzelt, sondern lassen sich nur am Rande der Gesellschaft treiben (ebenso wie ein bedeutender Anteil ihrer

Opfer). Auch dies gilt nicht für alle, die als Serienmörder bezeichnet werden, doch auf jemanden wie Henry Lucas würde die Theorie zutreffen. Lucas und sein Partner Otis Toole streiften gut acht Jahre lang ziellos und mordend durch die Vereinigten Staaten. Man kann hier kaum von einem »Geheimleben« dieser Männer sprechen; für nahezu ein Jahrzehnt *war* es ihr Leben, Punktum.

Doch wenn Serienmord mit diesen Lebensbedingungen in den Vereinigten Staaten zusammenhängt – Mobilität quer durch ungeheure Weiten, Frustration, Gesetzlosigkeit –, dann hängt er auch ganz besonders mit der Manifestation dieser Bedingungen und ihrer Verherrlichung in bestimmten Kulturerzeugnissen zusammen. Die ziellosen Odysseen eines Lucas oder Woodfield lassen an nichts so sehr denken wie an die »Road«-Erzählungen der *Beat Generation* der 50er Jahre, die ihre Anschauungen in Büchern, Filmen und Musik zum Ausdruck brachte, sich zu einer attraktiven alternativen Kultur entwickelte, einer Denkweise über das Leben im modernen Amerika. »Road«-Erzählungen verherrlichen die endlose Weite des Kontinents, das Unterwegssein ohne festes Ziel; sie verherrlichen auch ein maskulines Ethos der sexuellen Eroberung und willkürlichen Gewalt, durchaus verwandt mit der Ethik und Ästhetik der französischen Existentialisten, die wir im 2. Kapitel besprochen haben, jedoch mit einem eindeutigen, entschieden amerikanischen Beigeschmack.

Deswegen haben wir, in der Ära des Serienmörders, mit großem Interesse einen Essay von Norman Mailer aus dem Jahre 1957 wiedergelesen, »The White Negro«. Darin wird die quasi-existentialistische »Hip«-Philosophie formuliert, die den Mörder unverhüllt als Helden und sozialen Katalysator verherrlicht. Im letzten Teil unserer Erläuterung des Serienmordes wollen wir Mailers Essay im einzelnen untersuchen.

In »The White Negro« geht es um »Hip«, eine Subkultur der 50er Jahre, die ihre Wurzeln und wichtigsten Charakteristika (Jazz, Sprache, Marihuana) in der schwarzamerikanischen Kultur hat, jedoch von weißen Jugendlichen als Stil und Anschauung adoptiert wurde; genau diese Rebellion dessen, was er »The White Negro« nennt, ist es, wofür Mailer in seinem polemischen Essay eintritt.

Mailer fordert dazu auf, Hip wegen seiner Kombination von Transzendenz und Grenzüberschreitung zu bewundern. Er behauptet, der »Hipster« (Beatnik) sei zusamen mit der erstickenden Konformität der Nachkriegszeit in den Vereinigten Staaten entstanden, und aus demselben Grund: weil der doppelte Holocaust der Nazi-Vernichtungslager und von Hiroshima die Sicherheit des weißen Amerika unterhöhlt und ihm bewußt gemacht hatte, daß es am Rande des Todes lebte. Aber während sich die Kultur meistenteils in die Angst zurückzog und eine dumpfe, unselbständige Masse wurde, adoptierte der Hipster die Art der Schwarzen und machte sich Todesmöglichkeiten zu eigen, indem er die Gefahr suchte, in der Gegenwart lebte, Wurzeln ausriß, die Moral herausforderte. Mit anderen Worten, er beschloß zu *sein* in dem Sinne, der dem Wort durch den Existentialismus verliehen worden war. Um Existentialist zu sein, bemerkte Mailer, »muß man seine Wünsche, seine Wut, seinen Schmerz kennen, man muß sich des Wesens seiner Frustration bewußt sein und wissen, was sie befriedigen könnte«. (S. 273)

Der Hipster ist laut Mailer genau so ein Existentialist, aber er ist auch mit dem Psychopathen verwandt, dem Wahnsinnigen, dessen Störung gerade in der Tatsache besteht, daß er ganz in der Gegenwart lebt und seine Wünsche befriedigt, zu welch enormem Preis auch immer. In seiner »Suche nach einem Orgasmus, noch apokalyptischer als der vorangegangene« (ebd., S. 279), weiß der Psychopath »instinktiv, die aktive Äußerung eines verbotenen Impulses tut ihm viel wohler als seinen Wunsch nur in der Geborgenheit des Sprechzimmers eines Arztes zu gestehen«. (ebd., S. 278) Er ist wie der Existentialist, aber er verwirklicht seine Wünsche.

In seiner Behauptung verbindet Mailer unsere zwei Erörterungen des Helden und Abweichenden, und das nicht nur durch die Verwendung einer Metapher. Er stellt zwei zusammenhängende Behauptungen auf. Die erste ist, wir sollen den psychopathischen Abweichenden als Helden betrachten, weil er sich in die wirkliche Welt hineinwagt. Mailer geht sogar so weit, »die Ermordung eines Süßwarenladenbesitzers durch zwei Rowdys« mit folgender Begründung zu verteidigen:

Man ermordet nicht nur einen schwachen 50jährigen Mann, sondern auch eine Institution, man beschädigt Privateigentum, man tritt in eine neue Beziehung zur Polizei und bringt ein Gefahrenelement in sein Leben. Der Rowdy wagt sich daher ins Unbekannte, und so brutal die Tat auch ist, sie ist im großen und ganzen nicht feige. (ebd., S. 279)

Offenbar müssen Gewaltakte an dem Kriterium Feigheit versus Wagnis gemessen werden.

Mailers zweite Behauptung ist, wenn eine Gesellschaft so konformistisch ist wie diejenige, in der Hip entstand, wird ein Held erklärtermaßen zum Abweichenden: Seine heroischen Qualitäten sind in einer Gesellschaft, die aus gesichtslosen, kriecherischen Objekten besteht, vollkommen abnormal. Nur der Psychopath/Existentialist, der Held, Abweichende und Rebell in einem, kann möglicherweise die nordamerikanische Gesellschaft retten, denn er »entwickelt aus seinem Zustand, aus der inneren Gewißheit, daß seine Rebellion gerecht ist, eine radikale Weltsicht, die ihn von der allgemeinen Ignoranz, von reaktionären Vorurteilen und den Selbstzweifeln des herkömmlichen Psychopathen trennt«. (ebd., S. 279)

Der Mensch, der in Mailers Essay verherrlicht wird – cool, hip und psychopathisch –, ist tatsächlich zum Prüfstein der amerikanischen Männlichkeit geworden. Er ist ein modernes Exemplar des traditionellen »Outlaw« (Außenseiter, Gesetzesbrecher), der in einer Vielfalt von Darstellungen Nordamerikas vorkommt. Der Serienmörder ist ebenfalls eine Abwandlung des traditionellen Einzelgängers auf seiner endlosen Reise, eine perverse Inkarnation vom »Mann ohne Namen«. Der traditionelle nordamerikanische Individualismus paßt gut zu dem existentialistischen Thema vom Recht des freien Mannes, gewöhnliche Verhaltenszwänge zu durchbrechen. Norman Collins, der in Michigan sieben Frauen ermordete, schrieb in einem Schulaufsatz:

»Wenn ein Mensch etwas will, ist er allein der entscheidende Faktor, ob er es sich nimmt oder nicht – ungeachtet dessen, was die Gesellschaft für richtig oder falsch hält... Genau so ist es, wenn ein Mensch eine Waffe auf jemand richtet – es ist an ihm, zu entscheiden, ob er dem anderen das Leben nimmt oder nicht. Dies ist der springende Punkt: Nicht das Urteil der Gesellschaft ist wichtig, sondern wie der einzelne über seinen Willen und seinen Verstand verfügt.« (zit. in Wilson und Seaman, S. 88)

Bezeichnend für die Verbreitung dieser Gesinnung ist, daß der Lehrer, der den Aufsatz benotete, in dem diese Worte standen, später sagte, Collins habe immer »ganz normal« gewirkt.

Lustmord wurde von erstaunlich vielen »ganz normalen« Männern verübt, aufgewachsen in einer westlichen Kultur, deren Betrachtungsweise, von der populären bis zur hochintellektuellen, ihnen aufzwingt, was Norman Mailer »die rebellischen Erfordernisse des Ich« nannte. Wie und warum ist es hierzu gekommen? Warum ist besagtes Ich immer ein männliches Ich? Worin würde eine feministische Kritik an den Behauptungen in Mailers Essay bestehen? Dies sind die Fragen, denen wir uns in unserem Schlußkapitel zuwenden wollen.

5

Der Mörder als Frauenfeind?

Die Macht der Männer ist zuallererst eine metaphysische Behauptung ihres Selbst, ein Ich bin, *das a priori existiert, unerschütterlich, absolut. Es bedarf keiner Beschönigung oder Rechtfertigung, ist gleichgültig gegenüber jeglichem Leugnen, jeglichem Zweifel... Dieses männliche Selbst wird nicht nur subjektiv empfunden. Es wird geschützt durch Gesetze und Konventionen, gepriesen in Kunst und Literatur, dokumentiert durch die Geschichte, aufrechterhalten durch die Verteilung von Reichtum und Besitz. Dieses männliche Selbst kann weder ausgelöscht werden noch sich in Nichts auflösen. Es ist. Wenn das subjektive Gefühl für das männliche Selbst brüchig wird, richten Institutionen, die sich ausschließlich seiner Pflege widmen, es schnell wieder auf. Der erste Grundsatz männlicher Vorherrschaftsideologie lautet: Männer besitzen dieses Selbst, Frauen fehlt es definitionsgemäß. Das männliche Selbst... [ist] berechtigt, sich alles zu nehmen, was seiner Festigung oder Verbesserung dient, alles zu haben, jedes Bedürfnis um jeden Preis zu befriedigen. Das Selbst ist die Überzeugung, jenseits von Vernunft und Analyse, daß eine Gleichung besteht zwischen dem, was man will, und der Tatsache, daß man ist.*

Andrea Dworkin, Pornographie 1987

Wir haben dargelegt, daß es zwei Betrachtungsweisen über den Lustmörder gibt, eine »kulturelle«, in der er ein Held im Mittelpunkt literarischer und philosophischer Verherrlichung ist, und eine »wissenschaftliche«, in der er ein Abweichender ist. Doch beide Darstellungen weisen einen Makel auf: Sie lassen den herausragenden Punkt außer acht, wie Lustmord durch die Geschlechtszugehörigkeit strukturiert ist. Lustmörder sind, wie sich erwiesen hat, Männer, die die Ojekte ihrer Begierde ermorden. Keine der von uns erörterten Betrachtungsweisen findet eine befriedigende Erklärung hierfür, und einige gehen überhaupt nicht darauf ein.

Für eine Feministin dagegen ist das männliche Geschlecht von Lustmördern auf Anhieb ersichtlich und von höchster Bedeutung.

Die letzten zwei Jahrzehnte feministischer Aktivitäten haben einen begrifflichen Rahmen verfügbar gemacht, in welchem diese Männlichkeit nahezu unvermeidlich erscheint. Im Mittelpunkt steht dabei die Idee von »männlicher Gewalt« oder »Gewalt gegen Frauen«.

Lustmord als Gewalt gegen Frauen

Männliche Gewalt gegen Frauen wird von Feministinnen weit definiert und umfaßt nicht nur den augenfälligsten Mißbrauch – zum Beispiel Vergewaltigung, das Verprügeln von Ehefrauen und Inzest –, sondern auch, und nicht weniger wichtig, eine Reihe männlicher Verhaltensweisen, die oft als übliche geringfügige Belästigungen abgetan werden, so etwa »Blitzen«, Unterwäsche stehlen und obszöne Anrufe. Die feministische Analyse vereinigt diese verschiedenen Dinge aus zwei Gründen.

Erstens, sie vertreten alle ganz ähnliche Ansichten über männliche Sexualität und das Verhältnis der Frauen dazu. Sie sagen, Männer brauchen und haben ein Anrecht auf unbeschränkten sexuellen Zugang zu Frauen, sogar – und manchmal erst recht – gegen den Willen der Frauen. Sie sagen, die männliche Sexualität ist aggressiv und räuberisch. Oberflächlich ist »Blitzen« etwas ganz anderes als Vergewaltigung, doch von ihrer Funktion her sind beide erstaunlich ähnlich: Beides sind Handlungen, die Männer begehen, um sich ihre Macht und Potenz zu bestätigen, bei beiden sind die Angst und Erniedrigung der weiblichen Opfer ein wesentlicher Faktor dieser Bestätigung.

Zweitens, die unzähligen Manifestationen männlicher Gewalt funktionieren allesamt als Bedrohung der weiblichen Autonomie. Sie unterhöhlen unsere Selbstachtung und schränken unsere Handlungsfreiheit ein – wir müssen nicht nur in der Furcht vor sexueller Gewalt leben, die Gesellschaft macht uns auch für die Verhinderung dieser Gewalt verantwortlich. Wenn es zum Schlimmsten kommt, werden wir womöglich beschuldigt, nicht beschützt; unser Leid wird bagatellisiert, in Frage gestellt oder ignoriert. Daher besteht bei uns ein starker Anreiz, unser Verhalten zu kontrollieren und uns mit dem Gedanken abzufinden, daß die Sexualität der Männer »natürlich« räuberisch ist und nur durch weibliche Umsicht gezügelt werden kann.

Diese Tatsachen haben Feministinnen dahin geführt, männliche Gewalt gegen Frauen im *politischen* Bereich anzusiedeln. Sie drückt nicht nur rein individuelle Wut und Frustration aus, sondern eine kollektive, kulturell sanktionierte Frauenfeindlichkeit, die wichtig ist zur Behauptung der kollektiven Macht der Männer. Wir können die Formulierung, die oft speziell bei Vergewaltigung angewendet wird, auf jede Form von männlicher Gewalt ausdehnen: »Ein Akt von Sexualterror.«

Ist Lustmord also eine Form von Sexualterror? Sicher, wir halten eine Teilanalyse anhand dieser Formulierung für möglich. Es ist relativ leicht, Mord als ins Extreme gesteigerte männliche Gewalt anzusehen, wo Erniedrigung Vernichtung wird. Der Tod ist die äußerste Verneinung der Autonomie, und die von vielen Lustmördern zugefügte Todesart – aufgeschlitzte Brüste und Geschlechtsteile, herausgerissene Gebärmutter – ist die äußerste Schändung des weiblichen Geschlechts und Körpers.

»Sexualterror« ist zudem eine sehr zutreffende Beschreibung der Wirkung von Lustmord auf die weibliche Bevölkerung. Von Kindheit an wird den Frauen eine allgemeine Angst vor dem lauernden Sexungeheuer eingeflößt; wir fürchten den Tod ebenso wie Vergewaltigung, und sadistische Mörder geistern durch unsere schlimmsten Alpträume. Wenn ein Massenmörder sich in unserer Umgebung herumtreibt, leben wir am Ende oft in einem Belagerungszustand.

Nicole Ward Jouve beschreibt ihre Heimat Yorkshire in der Zeit von Peter Sutcliffes »Schreckensherrschaft«: »Die Universitäten von Yorkshire organisierten Bus- und Autodienste, um alle Studentinnen abends nach Hause zu bringen, und niemand wagte es, seine Tochter zur Kirmes oder auch nur im Dunkeln über die Dorfstraße gehen zu lassen.« (Ward Jouve, S. 17) Sie beschreibt auch ihre Gefühle als Frau:

Zum Schlimmsten an der Panik, die eingesetzt hatte, gehörte, daß du, statt dich rechtschaffen zu fühlen, wie es hätte sein sollen, wenn der Ton höchster Entrüstung in den Zeitungen irgend etwas bedeutete, ein schlechtes Gewissen hattest. Du glaubtest dich entschuldigen zu müssen. Weil du im Dunkeln ausgegangen warst. Weil du hübsch angezogen warst. Beinahe, weil du eine Frau warst. Eine Frau sein hieß, du warst ermordbar, und das zu sein, war unrecht von dir. Um es gutzumachen, mußtest du besonders brav sein. Im Haus bleiben. Nicht von der schutzbietenden Seite eines Mannes weichen, deines Mannes. Denn kein anderer war ungefährlich, und vielleicht nicht mal er. (ebd., S. 25)

Diese Schilderung erinnert an die Worte von Susan Brownmiller in *Gegen unseren Willen* (1978), ihre Vergewaltigungsstudie, wo sie Vergewaltigung als Einschüchterungsprozeß bezeichnet, durch den alle Männer alle Frauen in einem Zustand der Angst halten: eine Institution. Alle Männer, weil jeder Mann der Mörder hätte sein können. Eine Institution, weil nicht nur Sutcliffe, sondern das ganze Gewicht der Kultur sich im Einverständnis mit dem Entsetzen befand, das sich auf das Dasein der Frauen im Norden Englands auswirkte; die Polizei, die verlangte, daß wir von der Straße blieben, die Reporter, die das Leben von Prostituierten so gefühllos abwerteten, die Fußballmassen, die Lieder und Witze über den Ripper machten, die Männer, die unter dem Deckmantel, ängstliche Frauen zu beschützen, eine glänzende Gelegenheit fanden, uns zu bedrohen und anzugreifen. Der Mörder drang sogar in unsere Gedanken und Träume ein, wie Nicole Ward Jouve in der Schilderung ihrer Alpträume deutlich macht:

»Einige Nächte später sah ich ihn wieder. Er war bei einer Gruppe von Leuten, zu denen ich mich fröhlich gesellen wollte. Er konnte sich nicht bewegen, das heißt, er konnte nicht von ihnen fort. Sobald ich ihn dort sah, versuchte ich zurückzugehen, unbemerkt hinauszuschleichen, aber bevor ich weit genug gekommen war, wandte er den Blick und sah mich an. Seine Augen waren erschreckend blau. Ich wachte schweißgebadet auf.« (ebd., S. 27)

Terror: die Herrschaft der Angst. Gewalt gegen Frauen: das Gesetz der Frauenfeindlichkeit. Keine Darstellung von Lustmord wäre vollständig, die nicht darauf hinwiese, wie vollendet die Lust zu töten für beides als Beispiel dient.

Doch ebenso wahr ist, keine Darstellung von Lustmord wäre vollständig, wenn sie hier endete. Lustmord ist mehr als Frauenfeindlichkeit und Angst und Schrecken, und wenn dies wie eine unorthodoxe Schlußfolgerung anmutet, können wir nur erwidern, wir waren im Verlauf unserer Untersuchung trotz anfänglichen Widerstandes gezwungen, sie zu ziehen.

Lustmord als maskuline Transzendenz

Feministinnen haben wenig speziell über Lustmord geschrieben, und was sie geschrieben haben, konzentriert sich meist auf bestimmte Fälle; unseres Wissens gibt es keine andere Untersuchung über Lustmord als generelles Phänomen. Und dies ist vermutlich ein wichtiger Grund, warum Feministinnen Lustmord als eine andere extreme Form von Gewalt gegen Frauen definieren, die (wie Vergewaltigung, nur noch stärker) durch Frauenfeindlichkeit motiviert ist. Wie wir bereits erklärt haben, stimmen wir mit dieser Ansicht überein – aber nur bis zu einem bestimmten Punkt. Eine solche Darstellung muß unvollständig sein, denn wenn wir Lustmörder *als Gruppe* untersuchen, wird offenbar, daß Frauenfeindlichkeit nicht ihr einziges Motiv ist, und tatsächlich verüben nicht alle Gewalt *gegen Frauen*. Wir wollen diese zwei Punkte nacheinander erörtern.

Punkt eins, viele Lustmörder haben Begierden und Motive, die nicht als bloß oder ausschließlich frauenfeindlich definiert werden können. Das führt uns zurück zum Streben nach Transzendenz und zu der Art und Weise, wie Mord als Akt der Selbstbestätigung diente. Dies mag sicherlich mit Haß auf das Opfer vermischt sein, doch oft ist »Transzendenz« das beherrschende Thema. Wir haben bereits eine Reihe Fälle angeführt: den »Napoleonkomplex« von Ian Brady, die Identitätssuche von Ronald Frank Cooper, das bewußte Experimentieren von Kürten, den Wunsch des Serienmörders nach Berühmtheit. Keines dieser Beispiele kann überzeugend schlicht und einfach als Ausdruck von Frauenhaß analysiert werden.

Einige lassen sich darüber hinaus nicht einfach als Ausdruck von Frauenfeindlichkeit definieren, aus dem einfachen Grunde, weil ihre Opfer keine Frauen waren. Von Anfang an mußten wir die Existenz von Mördern, deren Opfer *Männer* sind, in unsere Untersuchung einbeziehen. Wir erwogen anfangs die Möglichkeit, solche Mörder seien ganz anders geartet, aber diese Idee hielt einer genaueren Prüfung nicht stand, da wir feststellten, daß Männer, die Männer oder Knaben ermordeten, denen, die Frauen ermordeten, auffallend ähnlich waren. Ferner entsprachen sie genau unserer Definition von Lustmördern als Männer, die die Objekte ihrer Begierde ermorden – mit dem einzigen Unterschied, daß ihre Begierden homosexueller Natur waren.

Bringt Homosexuellenmord besondere Probleme für unsere These mit sich? Bestimmt läßt er keinen Zweifel an der allgemeinen Feststellung, Lustmörder sind Männer (wie andere Frauen haben lesbische Frauen aus Eifersuchts- oder Rachemotiven gemordet, aber nie hat es lesbische Nilsens oder Coopers gegeben). Doch er läßt an jeglicher simplen Gleichstellung von Lustmord und Gewalt gegen Frauen zweifeln.

Wenn wir mit dieser letzten Bemerkung scheinbar das Offensichtliche bestätigen, müssen wir uns vergegenwärtigen, daß für viele psychoanalytisch orientierte Autoren Lustmord von Homosexuellen gegen eine Frau gerichtet *ist*. Wie alle Lustmorde handelt es sich in Wahrheit um einen Racheakt gegen die Mutter, und männliche Opfer müssen daher als symbolischer Frauen-Ersatz analysiert werden. Wir finden diese Argumentation alles andere als zwingend, erwächst sie doch aus der Annahme, Homosexualität sei nichts anderes als eine verzerrte oder pathologische Heterosexualität, und alle Sexualobjekte seien *per definitionem* »weiblich«.

Wir können die auffallende Ähnlichkeit zwischen heterosexuellen und homosexuellen Lustmördern durchaus anerkennen, ohne vorzugeben, sie seien ein und dasselbe. Was wir brauchen, ist vielmehr ein »gemeinsamer Nenner«, der Lustmorde an Frauen und an Männern verbindet. Statt uns auf das Geschlecht des Opfers zu konzentrieren, müssen wir das betrachten, was nicht variabel ist – das Geschlecht des *Mörders*. Der gemeinsame Nenner ist nicht Frauenfeindlichkeit, sondern die maskuline Sexualität, oder, umfassender, die Maskulinität im allgemeinen. Unter dem Banner der Maskulinität kommen alle Hauptthemen des Lustmordes zusammen: Frauenfeindlichkeit, Transzendenz, sadistische Sexualität, die Grundbestandteile der Lust zu töten.

Was ist es nun an der Maskulinität, das diese verhängnisvollen Themen aufwirft? Wir glauben, die Antwort liegt in der Kombination zweier Faktoren: erstens an der Art und Weise, wie Männer historisch als Gesellschafts- und Sexualsubjekte definiert wurden, und zweitens an dem speziellen Subjektivitätsbegriff, der in der westlichen Kultur entwickelt wurde. Wir wollen diese Faktoren der Reihe nach betrachten. Daß das westliche Denken Männer als Subjekte definiert, wird oft behauptet, bedarf aber der Erklärung. Ein philosophisch denkender Skeptiker könnte immerhin fragen, sind nicht alle Menschen *per definitionem* Subjekte? Ist das nicht der Maßstab dafür, was Menschsein *ist*? Wenn ja, dann verfügen gewiß auch Frauen über Subjektivität; sie kann nicht Teil der Maskulinität *per se* sein. In einem Sinne hätte der Skeptiker vollkommen recht, denn Frauen wie Männer sind bewußt Handelnde in der Welt. Dennoch ist das Geschlecht erheblich. Obwohl Männer und Frauen kraft ihres Menschseins Subjekte sind, sind es kulturell die Männer, die im Zentrum des Universums stehen. Wie Andrea Dworkin feststellt, wird das männliche Subjekt »geschützt durch Gesetze und Konventionen, gepriesen in Kunst und Literatur, dokumentiert durch die Geschichte, aufrechterhalten durch die Verteilung von Reichtum und Besitz... Wenn das subjektive Gefühl für das männliche Selbst brüchig wird, richten Institutionen, die sich ausschließlich seiner Pflege widmen, es schnell wieder auf.« (a.a.O., S. 21) In Ermangelung dieser Stützen durch gesellschaftliche Institutionen und Darstellungen kann den Frauen die Subjektivität leicht entgleiten. Überdies werden, um die zentrale Bedeutung des männlichen Subjekts zu schützen, die nichtmännlichen, also weiblichen Menschen von der Kultur als die anderen definiert, als Objekte. So ist Subjektivität das Wesentliche der Existenz der Männer, wohingegen der subjektive Status der Frauen ständig negiert wird. Als Objekt behandelt zu werden ist eine Bedrohung für das männliche Sein, wie es sie für das weibliche niemals sein kann.

Andrea Dworkin weist auch auf die Bedeutung des männlichen Selbst als Teil der männlichen Macht hin. Ihrem »*Ich bin*, das a priori besteht, absolut, unerschütterlich« (ebd.), und das jedem Winkel, jedem Aspekt der Kultur aufgeprägt ist, ist kaum etwas entgegenzusetzen.

Wenn das Subjekt der westlichen Kultur männlich ist, wie wurde diese männliche Subjektivität definiert? Im 2. Kapitel, »Der Mörder als Held«, haben wir einige Konstruktionen männlicher Subjektivität in Philosophie und Literatur seit dem 18. Jahrhundert untersucht. Wir haben uns inbesondere das Thema von der *Transzendenz* des Mannes vorgenommen, dem Kampf, sich durch einen bewußten Willensakt von den stofflichen Zwängen zu befreien, die normalerweise das Geschick des Menschen bestimmen.

Dieses Thema ist in der westlichen Philosophie von jeher wichtig gewesen. Der Mann wurde als Subjekt in dem Kampf gesehen, die Natur, sein Objekt, zu beherrschen und sie sich zu unterwerfen, sie kennenzulernen und zu formen. Dieser Gesichtspunkt spiegelt sich in vielen alten Mythen wider: der Geschichte von Prometheus, der den Göttern das Feuer stahl, von Faust und Mephisto, in Erzählungen vom Suchen wie etwa der Suche nach dem Heiligen Gral. Interessanterweise haben Mythen von weiblichen Suchern nach Erkenntnis, etwa Eva und Pandora, eine andere Bedeutung. Statt als tragische Heldinnen bewundert und in die Kategorie der transzendenten Subjekte aufgenommen zu werden, werden diese Frauen als boshafte oder dumme Geschöpfe geschildert, denen ihre weibliche Neugierde nichts als Ärger bringt.

Im 18. Jahrhundert jedoch, der Zeit der »Aufklärung«, verstand die westliche Philosophie den Menschen insgesamt als Objekt, als Teil der Natur und geeignetes Objekt für die wissenschaftliche Forschung. Doch diese Erkenntnis des Objektstatus des Menschen rückte sein Streben nach dem Subjektstatus schärfer ins Blickfeld. Viele Philosophen kämpften mit dem Problem der Subjektivität.

David Hume, der Empirist und Skeptiker, zog den Schluß, das »Selbst« sei nur eine Sinnestäuschung. (»A Treatise on Human Nature«, 1962) Immanuel Kant beharrte in der *Kritik der reinen Vernunft* auf dem Selbst mit der Begründung, Objektivität ohne Subjektivität könne es nicht geben und umgekehrt. Bei Hegel und Nietzsche dienen Transzendenz des Körpers und Körperbewußtsein zur Überwindung des »Anderen«, der Objektivität und zur Erlangung von Freiheit und Macht. Doch eines ist diesen Denkern gemeinsam, die Verschmelzung des Subjekts mit dem maskulinen Subjekt »Mann«. Somit wird Transzendenz als Projekt des Maskulinen wie auch als Zeichen von Maskulinität gesehen. (s. Lloyd, 1984)

Da die Sexualität nicht abseits von der übrigen Kultur steht, findet sich ein Widerhall dieser Themen in erotischen Praktiken und in der Definition der maskulinen Sexualität. Die Motive dieser Sexualität sind *Selbstdarstellung, Penetration, Eroberung.* In den Schriften de Sades und seiner späteren Anhänger wird die Suche nach Transzendenz ausdrücklich erotisiert. Sexuelle Handlungen und Gelüste, die gesellschaftliche oder religiöse Normen überschreiten, werden als inhärente Formen der Transzendenz definiert; somit werden sie zum Ursprung von Macht und Vergnügen und ebnen den Weg für den männlichen Sexualsadismus, der im Extremfall zur Lust zum Töten wird.

Dieser Argumentation zufolge entstand die Lust zu töten als Teil eines besonderen historischen Prozesses, einer Transformation des sexuellen Begehrens. Im letzten Teil dieses Schlußkapitels wollen wir uns den Möglichkeiten weiterer Transformation der Sexualpraktiken unserer Kultur zuwenden. Lustmord hat in früheren Zeiten nicht existiert; wird einst eine Zeit kommen, wo es ihn nicht mehr gibt? Wie können Feministinnen sich wirksam für ein anderes, weniger zerstörerisches Begehren einsetzen? Soll dies tatsächlich ein Ziel des Feminismus sein?

Wir stellen diese Fragen zu einer Zeit, da Sexualpraktiken ein heiß umstrittenes Thema unter Feministinnen sind, zu einer Zeit, da die von uns erörterten Ideen von transzendenter Subjektivität und Sexualität in eine neue Phase treten, indem sie mit feministischen Analysen und feministischen Praktiken zusammentreffen.

Feminismus, Subjekt und Sexualität

Wie wir bereits an anderer Stelle betont haben, lautet eine der wesentlichen Feststellungen des modernen Feminismus, unter dem Patriarchat werde den Frauen ihre Subjektivität verweigert. Männer sind die Subjekte, Frauen die Objekte. In ihrem bahnbrechenden Buch *Das andere Geschlecht* (1948) erklärte Simone de Beauvoir, um vollgültige Menschen zu werden, müßten wir Frauen die transzendente Subjektivität erlangen, die das historische Privileg der Männer gewesen sei. Ihre Analyse findet großen Anklang bei heutigen Feministinnen, insbesondere der einflußreichen Lacanischen Richtung. Viele dieser Theoretikerinnen führen an, Transzendenz und Subjektivität seien keine von Natur aus männlichen Charakteristika; Sprache und Kultur führten uns zu solchem Denken, aber dieser Irrtum des »Essentialismus« müsse »dekonstruiert« werden. Dann könnten wir uns zu der tranzendenten Subjektivität erheben, die uns den Männern als vollgültige Menschen gleichstelle.

Der Kampf um die Subjektwerdung wird auf vielen Gebieten geführt, aber – und das wird unsere LeserInnen nicht überraschen – der wichtigste Schauplatz des Kampfes ist die Sexualität. Diese war von Anfang an ein Hauptthema der Frauenbewegungen und hat in jüngster Zeit eine neue Bedeutung und Dringlichkeit erhalten. Wir haben mehrmals auf die nunmehr seit über einem Jahrzehnt wohlbekannte feministische Kritik an männlicher sexueller Gewalt hingewiesen. Aber es muß auch gesagt werden, die Kritik in bestimmten Bereichen – die eklatanteste Kontroverse ist die über Pornographie – blieb von Feministinnen nicht unangefochten. Der Aussage, heterosexuelle Praktiken seien beleidigend und frauenfeindlich, haben gewisse Feministinnen die verlegene Frage entgegengehalten: »Ja schon, aber wenn es uns doch Spaß macht? Was ist mit unserer Lust auf Sex?« Diese Frage umfaßt das ganze Thema des Strebens der Frauen nach sexueller Subjektivität.

Wie sowohl lesbische als auch heterosexuelle Autorinnen aufgezeigt haben, läuft das Begehren der Frauen nicht automatisch auf gleichberechtigte »zärtliche« sexuelle Beziehungen hinaus; die weibliche Phantasie dreht sich keineswegs nur um sanfte Zärtlichkeit. Frauen sprechen neuerdings offen über den Zusammenhang, den viele zwischen »Lust und Gefahr« herstellen (dies ist auch der Titel der von C. Vance herausgegebenen Anthologie von einer Konferenz über Sexualität, die 1982 an der Barnard-Universität stattfand: *Pleasure and Danger*). Zu den besprochenen und umstrittenen Themen gehören Pornographie, Sadomasochismus (insbesondere lesbischer Sadomasochismus), KV/Femme-Rollen unter Lesben sowie Sex von Erwachsenen mit Kindern. Die Bereitschaft, diese Praktiken zu billigen und sich daran zu beteiligen, wird manchmal als »pro-Lust«-Einstellung bezeichnet, und wir wollen diesen Ausdruck für eine besondere Strömung des heutigen Feminismus verwenden (trotz unseres Widerstandes gegen die darin enthaltene Folgerung, diejenigen, die widersprechen, seien »anti-Lust« eingestellt).

»Pro-Lust«-Feministinnen behaupten, Frauen sei ihr »Recht« auf autonome Sexualität verwehrt worden. Wir müssen erneut betonen, diese Idee ist keinesfalls ausschließlich die ihre, sie ist vielmehr ein Grundsatz der Frauenbewegung, und das Recht, Sexualität frei auszudrücken, gehört zu den Forderungen der Frauenbewegungen. Die zugrundeliegende Analyse ist eine Variante von Simone de Beauvoirs genereller These; unter dem Patriarchat wurde der Sexualität der Frauen nur ein sehr eingeschränkter Ausdruck im Einklang mit der männlichen Begierde und nicht mit dem Begehren der Frauen gestattet. Statt autonome *Subjekte* zu sein, wurden Frauen als Sexual*objekte* definiert und behandelt; insoweit unser Begehren überhaupt Beachtung fand, wurde es als im wesentlichen masochistisch und passiv hingestellt. Daher ist es ein Anliegen des Feminismus, eine *aktive* Sexualität für Frauen zu proklamieren, die autonom nach ihren Wünschen definiert wird und Frauen zu Sexualsubjekten macht. Ein Ergebnis davon in unserer Kultur ist das Aufkommen weiblicher *Sadisten*, und dies verlangt von uns, das »pro-Lust«-Argument weiter zu verfolgen.

Sexuelle Subjektivität und Freiheit für Frauen bedeuten für »pro-Lust«-Feministinnen gewöhnlich nicht die Entstehung neuer Wünsche, sondern die Entdeckung von Wünschen, die bereits vorhanden sind und nur von patriarchalischen Geboten unterdrückt oder in entsprechende Formen (wie Masochismus und Passivität) gebracht worden waren. Dies verleiht dem Argument, Erscheinungen wie Pornographie und Sadomasochismus seien berechtigt, eine zusätzliche Dimension; sie streben nicht nur nach Erlangung von Transzendenz, sondern sind letztlich *natürlich*.

In den Schriften der nachdenklicheren »pro-Lust«-Theoretikerinnen ist das Grundprinzip dieser Behauptung von der Natürlichkeit oft in psychoanalytische Formulierungen gekleidet. Ein vielzitiertes Beispiel ist Jessica Benjamins Aufsatz »Herrschaft – Knechtschaft: Die Phantasie von der erotischen Unterwerfung«, eine Analyse des pornographischen Romans *Die Geschichte der O*. Benjamin meint, dieser Roman sei für beide Geschlechter erotisch, weil hier sadomasochistische Phantasien anklingen, die in der Kindheit entstehen und uns allen geläufig sind. Wir haben alle eine erotische Beziehung zu unserem ersten Liebesobjekt, der Mutter, eine Beziehung, die zwei widersprüchliche Elemente enthält, deren jedes Gegenstand der Phantasie ist. Rosalind Coward erklärt dazu:

> Das eine ist die Phantasievorstellung von der allmächtigen Mutter, die alles für das Kind tut, es beherrscht und niemals losläßt. Sollte dies »wirklich« geschehen, so würde das Kind infolgedessen vernichtet, da es nie autonom werden würde. Die andere Phantasievorstellung handelt von der Allmacht des Kindes. Es kann alles von der Mutter verlangen, alles von ihr bekommen, die Trennung zwischen ihnen aufheben. Auch dies wäre, sollte es tatsächlich erfolgen, zerstörerisch, da die Mutter metaphorisch verschwinden und das Kind sich verlassen fühlen würde. (Coward, 1986)

Demnach ist das Kind wütend auf die Mutter, phantasiert davon, sie zu vernichten und wünscht gleichzeitig, von der Mutter beherrscht zu werden bis zu dem Punkt, wo die Identität des Kindes zerstört ist. Bei Erwachsenen schlagen sich diese in Sexualpraktiken umgesetzten Phantasien in Sadismus und Masochismus nieder. Männer können mittels Pornographie und anderer Praktiken diese Elemente in ihrer Psyche ausleben, Frauen dürfen nur ihren

Masochismus ausleben, aber wenn weibliche Sexualität »losgelassen« ist, treten auch sadistische Neigungen zutage – und in einem »einvernehmlichen« sexuellen Szenarium ausgelebt, werden sie für die Frauenbefreiung gewiß von großer Bedeutung sein.

In ihrem Aufsatz »Daring to Speak its Name: The Relationship of Women to Pornography« gibt Marion Bower Benjamins Argumentation eine Kleinsche Deutung und stellt die Behauptung auf: »Weiblicher Sexualsadismus existiert aus eigenem Recht.« (Bower, 1986) Melanie Klein glaubte, frühkindliche sadistische Phantasien seien Produkte des Todesinstinkts, der sich abwehrend gegen das »andere Ich« (in der Kindheit daher unweigerlich gegen die Mutter) wendet. Bei Kleins kleinen PatientInnen nahmen diese Phantasien orale, anale wie auch genitale Formen an; untersuchte Kinder phantasierten davon, in die Brüste der Mütter zu beißen oder sie auszukratzen, oder die Mutter mit ätzendem Urin oder explodierenden Fäkalien anzugreifen. Bower bemerkt, diese frühkindlichen Phantasien wiederholten sich mit außerordentlicher Genauigkeit in der Pornographie; nicht nur Exkremente und Brustbeißen sind hier verbreitete Themen, es gibt auch viele Fälle, wo Frauen mit ätzenden Flüssigkeiten gequält werden oder ihnen das Innere aus dem Leib gekratzt wird. Bower behauptet, Frauen, die Pornographie lesen, würden diese Szenen *wiedererkennen* und von ihnen erregt, weil sie auf ein eingeschlechtiges frühkindliches Erbe zurückgreifen.

Bislang haben wir also zwei zusammenhängende Aussagen, beide von wachsender Bedeutung in der feministischen Debatte: Erstens, wir Frauen sollen zu einer autonomen sexuellen Subjektivität als Bestandteil unserer Befreiung gelangen, und zweitens, dies hat das Erkennen und Ausleben des unterdrückten Sadomasochismus, der in uns allen präsent ist, zur Folge.

Wir werden zu jeder dieser Behauptungen noch mehr zu sagen haben, denn sie scheinen uns schwerwiegende Fehler aufzuweisen, da sie nicht mit der gebotenen Gründlichkeit auf die kulturell bedingten Aspekte der sexuellen Wünsche und Praktiken eingehen. Doch bevor wir eine Kritik der »pro-Lust«-Einstellung vornehmen, möchten wir darauf hinweisen, wie stark diese sich einer anderen sehr einflußreichen Strömung unserer Zeit annähert. Wir meinen die »sexuelle Befreiung«, die angeführt wird von libertären und (zumeist männlichen) homosexuellen Befreiungsaktivisten und sich neuerdings unter dem Banner des »Neuen Pluralismus« versammelt. Dieser »Pluralismus« ist eine Verherrlichung aller Möglichkeiten zur Erlangung individueller Lust, und wie der »pro-Lust«-Feminismus hält er sexuelles Begehren und das Streben nach ungehinderter Transzendenz für natürlich und befreiend. Seine Anhänger bezeichneten die rasche Ausbreitung sexueller Subkulturen als »Weigerung, dem Körper noch mehr zu verweigern« (Weeks, 1985, S. 241), was bedeutet, ihr Körper hat unveränderliche Begierden, die lange vergebens versuchten, sich bemerkbar zu machen.

Die Annäherung dieser Strömungen, »pro-Lust«-Feminismus und sexueller Befreiungs-»Pluralismus«, hat der Sexualität eine ungeheure Lobby beschert. Doch wir beharren darauf, ihr Doppelmotiv Pluralismus und Transzendenz und das sich daraus ergebende Ziel der sexuellen Befreiung sind äußerst problematisch, weil sie »Begehren« zugrunde legen – die Analyse beginnt mit vorhandenen Wünschen und hält sie deswegen für »natürlich«, unwandelbar und überaus berechtigt. Dies ist besonders für Feministinnen ein sehr seltsamer Standpunkt – keine Feministin würde auch nur im *Traum* behaupten, der Wunsch der Frauen nach romantischer heterosexueller Liebe sei natürlich und gerechtfertigt. Im Gegenteil, der Feminismus hält die sexuellen und anderen Begierden des Individuums für gesellschaftlich bedingt und somit tauglich für eine gesellschaftliche Revolution.

In der modernen westlichen Kultur sind sexuelle Begierden und Praktiken gesellschaftlich bedingt, entsprechend den Geboten, die Feministinnen als *erzwungene Heterosexualität* bezeichnen. Radikalfeministinnen greifen die Institution Heterosexualität aus zwei zusammenhängenden Gründen an. Erstens kritisieren wir die Art, wie sie erzwungen wird, die Belohnungen, die den Heterosexuellen zufallen – haufenweise Geld, Jobs, Status, öffentliche Ehrungen und religiöse Feiern und vielleicht vor allem das Wissen, »normal« zu sein. Dagegen sind die Sanktionen, um weibliche und männliche Homosexualität zu verhindern, drakonisch – Entzug alles obigen, dazu Körperverletzung, gesetzliche Bestrafung und sogar der Tod. Zweitens weisen Radikalfeministinnen darauf hin, wie Heterosexualität eine eigene, auf der sexuellen Arbeitsteilung gegründete Gesellschaftsform errichtet, die den Männern mehr zugute kommt als den Frauen. Die Schwierigkeit, aus der heterosexistischen Norm auszubrechen, kann wohl in dem »maskulin / femininen« Rollenspiel gesehen werden, das homosexuelle Subkulturen oft aufzeigen, das heißt, alle Formen der Sexualität stehen unter dem Druck, sich heterosexuelle Formen anzueignen.

Wie wir beobachtet haben, behauptet die Psychoanalyse, bestimmte Gelüste (sadistische und masochistische, die Lust zu zerstören und zerstört zu werden) seien dem Menschen *angeboren*. Theoretikerinnen wie Jessica Benjamin und Marion Bower weisen auf die Spannung in der Psyche des Babys hin, wenn es gegen die Mutter wütet, weil sie nicht da ist, und gleichzeitig eine überwältigende Abhängigkeit von ihr und Liebe zu ihr empfindet. Beiden Autorinnen dient dieser frühkindliche Zustand zur Erklärung von Sadomasochismus und des Vorherrschens sadistischer und masochistischer Bilder in der Pornographie sowie zur Begründung, warum Pornographie Männer wie Frauen »anspricht« und tief bewegt.

Uns scheint diese Analyse jedoch zwei schwerwiegende Fehler aufzuweisen. Der erste betrifft die offenkundige Unnatürlichkeit aller von Erwachsenen betriebenen Sexualpraktiken. »Sadismus« und »Masochismus« sind Schöpfungen unserer *Sprache*; wie alle linguistischen Zeichen können sie nicht als unproblematische Reflexionen der Erfahrung und vor allem nichts des Chaos von frühkindlichen Emotionen vor Erlernung der Sprache herhalten. Eine schwere kulturelle Transformation ist zu bewältigen, bevor diese Emotionen als »Liebe«, »Haß«, »Zorn« und so weiter bezeichnet, geschweige denn in die klare Symbolik sadomasochistischen Zubehörs (Leder, Fesseln, Gummifetischismus usw.) übersetzt werden können. Wie wird die Transformation erreicht? Wir meinen, mittels Darstellungen. Und hier möchten wir wiederum Bower widersprechen, die behauptet, Männer und Frauen *identifizieren* sich beim Lesen von Pornographie mit der (männlichen) sadistisch handelnden Person. Wir glauben mit Susanne Kappeler, eine Hauptkomponente bei der Reaktion auf Pornographie ist die

Freude am *Sehen*. Das ist etwas anderes als sich *identifizieren*. Anstatt sich selbst in das Bild zu projizieren, *beherrschen* die Sehenden das Bild von außen. Infolgedessen wird der Status der Betrachtenden als Subjekt bestätigt, und dies ist für sich ein erfreuliches (wenngleich kaum ein natürliches, frühkindliches) Erlebnis. Die Natürlichkeit und Unvermeidlichkeit von Sadomasochismus gehört zu den Stereotypen, die einer gründlichen Prüfung nicht standhalten; in einer anderen Kultur könnten frühkindliche Erfahrungen zu etwas ganz anderem geformt werden.

Das führt uns zu unserem zweiten Einwand. Die Psychoanalyse übersieht offenkundig, in welchem Maße Kindererziehung kulturell und historisch geprägt ist. Die kindliche Psyche – von ihrer Interpretation durch die Gesellschaft gar nicht zu reden – ist womöglich in einer Kultur mit anderen Erziehungsmethoden (wenn das Baby beispielsweise von mehr als einer Person gefüttert und gehütet wurde) eine ganz andere.

Feministinnen müssen den Freudschen Begriff von der Formbarkeit des Sexualtriebs gutheißen, auch wenn wir Freud kritisieren, weil er es unterließ zu untersuchen, welche Folgen dies für die Gesellschaft hatte. Aber wenn der Wunsch nach »Transzendenz« und »Pluralismus« nicht natürlich und unvermeidlich ist, müssen wir die Frage stellen, in welchem Sinne sind sie *wünschenswert*? Gegen die Befürworter der sexuellen Befreiung möchten wir diese Frage aus zwei Gründen ganz entschieden mit »*in keinem Sinne*« beantworten. Erstens, transzendente Sexualität erfordert *per se* ungleiche Beziehungen. Das Subjekt braucht ein Objekt, das Selbst braucht ein anderes Ich, der Herr braucht eine Sklavin. Es ließe sich natürlich behaupten (und ist auch immer wieder behauptet worden), dies seien lediglich Rollen, die von den PartnerInnen in einer einvernehmlichen erotischen Situation übernommen werden können. Doch diese Behauptung übersieht eine zweite Schwierigkeit. Da wir in einer Machtstruktur leben, wo die Männer dominant und die Frauen unterlegen sind, und die seit 2000 Jahren Darstellungen hervorbringt, in denen uns dieser Punkt eingetrichtert wird, ist es kaum wahrscheinlich, daß die Wahl der Rollen freiwillig von gleichgestellten PartnerInnen getroffen wird. Im Gegenteil, wer unter dem neuen Pluralismus wem was antun wird, läßt sich auf deprimierende Weise voraussagen. Viele an der gegenwärtigen sadomasochistischen Szene Beteiligte beklagen den großen Mangel an weiblichen Sadisten; einem klassischen Aufsatz von Paul Gebhart (1969) zufolge sind solche Frauen in der sado-masochistischen Kultur »hochgeschätzt«. Wir halten dies nicht für einen bloßen Zufall! Ohne weitreichende Veränderungen in der Machtstruktur und neue, in die Kultur einzubringende Möglichkeiten kann »Pluralismus« nur ein Mehr an Gehabtem bedeuten.

Dafür, daß wir die Folgerungen aus der Ungleichheit nicht beachten, zahlen wir einen hohen Preis. Susanne Kappeler (1988) widerspricht Frauen und Männern, die behaupten, was Frauen, brauchten, sei, Männer auch als Sexualobjekte zu behandeln. Sie zitiert Gloria Leonard, die Herausgeberin des Soft-Pornomagazins *High Society*: »Ich tu sehr viel für den Feminismus. Ich zeige Frauen, und auch Männern, daß es ganz in Ordnung ist, ein Sexual-Objekt zu sein. Um ein vollständiger Mensch zu sein, gehört das dazu.« (S. 58) Kappeler kommentiert dies so:

> Unter dem gloriosen Banner der »Gleichberechtigung« laufen wir nun Gefahr, endgültig aus den Augen zu verlieren, worum es bei der Kritik des Patriarchats, des Sexismus und der Darstellung, die Frauen zu Objekten macht, eigentlich geht… und nun zeigt uns Gloria Leonard von *High Society* (offenbar ein Arbeitgeber mit Frauenquotierung), daß es in Ordnung sei, Sexualobjekt zu sein, denn schaut, die Männer dort drüben lernen auch, Sexualobjekte zu werden. Inmitten dieser Fortschrittswelle scheint es angemessen, sich noch einmal zu überlegen, was es eigentlich heißt, einen Menschen zu einem Objekt zu machen. (ebd.)

In unserer Kultur bedeutet die Verwandlung von Menschen in Objekte zunächst einmal, sie zu töten. Wenn Frauen zu dieser Art von Subjektivität gelangen, wird dieses Buch vielleicht in wenigen Jahren hoffnungslos überholt sein. Dann wird es vielleicht die Lustmörderin geben. Sie hat womöglich ein männliches Sexualobjekt getötet – obwohl wir eher wetten möchten, sie wird eine

Frau getötet haben, da wir nicht glauben, daß 2000 Jahre männliche Subjektivität sich so einfach aufheben lassen, wie Gloria Leonard sich das vorstellt.

Den Pluralistinnen und Möchtegern-Transzendentinnen, die sagen: »Ich habe diese Gelüste in mir entdeckt; ihr könnt nicht von mir verlangen, sie zu unterdrücken«, antworten wir deshalb: »Unterdrücken nicht, aber in Frage stellen.« Elizabeth Carola, Mitglied der Vereinigung »Lesben gegen Sadomasochismus«, beharrt darauf, wir alle müssen den Sadomasochismus in uns in Frage stellen (Griffith u. a., 1986). Sie gibt nicht vor, wie einige der »pro-Lust«-Lobby über feminstische Gegnerinnen von Pornographie und Sadomasochismus fälschlicherweise behaupten, es gebe einige »aufrechte« Feministinnen, die von sadistischen oder masochistischen Gelüsten *unberührt* seien. Aber sie verlangt von uns, die gesellschaftlichen Konsequenzen des Auslebens solcher Gelüste zu bedenken.

Wir behaupten, es kann eine Zukunftsvision geben, in der Begehren vollkommen neu gestaltet wird. Dazu gehört, daß wir unseren sadomasochistischen Neigungen kritisch begegnen. Wir müssen gegenüber »Pluralismen« mißtrauisch sein, die Sadismus und Masochismus unverändert lassen; vor allem müssen wir dem gesamten Streben nach Transzendenz und den daraus sich ergebenden Zweiteilungen Subjekt – Objekt, Selbst – anderes Ich kritisch gegenüberstehen. Dazu gehört ferner, wie wir bereits angedeutet haben, darum zu kämpfen, daß die Strukturen männlicher Macht und der Maskulinität, auf denen Transzendenz in Wirklichkeit stets basierte, ein für allemal über Bord geworfen werden. Mit anderen Worten, der Kampf muß weitergehen, aber wir müssen die einfallsreiche Beschäftigung mit der Zukunft der Frauen und Männer in unserer Kultur in ihn integrieren. Wir müssen eine gleichberechtigte, feministische Zukunft anstreben, in der Mord keine Metapher für Freiheit mehr ist, in der Transzendenz nicht die einzig mögliche Selbstbestätigung ist und in der die Lust am Töten keinen Platz hat.

Anhang 1:
Lustmörder, auf die im Text Bezug genommen wird

Vorbemerkung

Wir haben diesen Anhang aus zwei Gründen zusammengestellt. Erstens finden wir, die Realität muß hier verzeichnet sein, so schmerzlich sie auch ist; einerseits ist es leicht für eine akademische Schrift, die es sich angelegen lassen sein soll, theoretisch und unaufregend zu sein, über die Einzelheiten des tatsächlichen Geschehens hinwegzugehen, während andererseits die allgemeine Erinnerung *causes célèbres* in allen Einzelheiten auszuschmücken pflegt, bis sie groteske Karikaturen werden. Die folgenden Schilderungen wollen lediglich die bekannten Fakten über den Werdegang einer Reihe von Mördern aufführen. Die Zusammenstellung dieser Fakten hat außer der bloßen Vermeidung von Übertreibungen und Halbwahrheiten eine Funktion für Feministinnen: Sie bewahrt uns davor, die Opfer, die Tatsache ihres Leidens und die Art ihres Leidens zu vergessen.

Natürlich mußten wir eine Auswahl treffen. So wünschenswert es sein mag, jeden Fall von Lustmord aufzuzeichnen – dazu wäre ein Buch von doppeltem Umfang wie das vorliegende vonnöten. Wir haben uns deshalb auf die Fälle beschränkt, auf die im Text Bezug genommen wird. Und dies gibt unserem Anhang eine zweite Funktion als Leitfaden, der präzise Details auch über weniger bekannte Morde liefert.

Bei den folgenden Schilderungen bezieht sich das in Klammern angegebene Datum auf das Jahr der Verurteilung des Mörders.

Brady, Ian (1966)

Einer der zwei »Moormörder«; des Mordes an zwei Kindern und eines Jugendlichen für schuldig befunden. Die Kinder wurden im Saddleworth-Moor verscharrt. Man fand pornographische Fotografien und eine Bandaufnahme von einem Mädchen, das Brady und Hindley anflehte, sie laufen zu lassen. Über den Tod der Kinder sind wenig Einzelheiten bekannt, da die Mörder nie alle Tatsachen offengelegt haben. Brady wurde zu »lebenslänglich« verurteilt und zur Zeit, als dies geschrieben wurde, wegen schwerer geistiger Störungen in ein Nervenkrankenhaus verlegt.

Bundy, Theodore (»Ted«) (1979)

Berühmter amerikanischer Serienmörder, der zwischen 1974 und 1979 mindestens 36 Frauen getötet haben soll. Seine Opfer wurden geschlagen, gebissen, vergewaltigt und erdrosselt. Bevor er seine Laufbahn als Mörder antrat, las Bundy besessen harte, gewaltverherrlichende Pornographie und trieb sein Unwesen als »Spanner«. Er lehnte es ab, Verantwortung für die Morde zu übernehmen und behauptete, eine »Wesenheit« in seinem Innern habe sie begangen; dennoch wurde er zum Tode verurteilt, aber inzwischen hat er einen unbegrenzten Aufschub der Hinrichtung erreicht.

Christie, John Reginald Halliday (1953)

Mörder und Nekrophiler, der Ende der 40er und Anfang der 50er Jahre in seiner Wohnung in Notting Hill, London, sieben Frauen umbrachte, einschließlich seiner eigenen. Er erfand einen Vorwand, um seine Opfer Kohlenmonoxid einatmen zu lassen, dann erdrosselte er sie und hatte gleich danach Geschlechtsverkehr mit ihnen. Er wurde 1953 hingerichtet.

Collins, Norman (1969)

Ermordete sieben Frauen in Michigan, USA. Seine Opfer, zumeist Studentinnen, wurden gefesselt, vergewaltigt, ausgepeitscht, erstochen und verstümmelt. Collins, der zur Zeit der Morde selber Student war, wurde zu zwanzig Jahren Gefängnis mit Schwerstarbeit verurteilt.

Collop, Anthony (1961)

Homosexueller Mörder, der einen 13jährigen Jungen umbrachte, erwähnt in Morris und Blom-Coopers umfassendem *Calendar of Murder*. Callop sagte aus, der Junge habe seine sexuellen Annäherungen zurückgewiesen, und deshalb habe er ihn erdrosselt. Er wurde aufgrund verminderter Zurechnungsfähigkeit des Totschlags für schuldig befunden und zu lebenslänglich verurteilt.

Cooper, Ronald Frank (1977)

Homosexueller südafrikanischer Kindermörder, der in mehreren Tagebüchern von der Ermordung von Knaben und Frauen phantasierte. Er erwürgte einen zwölfjährigen Jungen und versuchte erfolglos, ihn zu vergewaltigen. Er wurde gefaßt, als ein anderer Junge, den er zuvor mit vorgehaltener Pistole bedroht hatte, dann aber laufen ließ, ihn im Kino wiedererkannte und die Polizei alarmierte. Er wurde 1978 hingerichtet.

De Salvo, Albert (1967)

Der »Würger von Boston«, der dreizehn Frauen ermordete und sich außerdem zu rund 1000 Sexualdelikten und Vergewaltigungen in seinen Verkleidungen als »Maßnehmer« (der vorgab, von einer Modellagentur zu kommen, damit er die Körper der Frauen messen und berühren konnte) bekannte, und »Der Grüne«, der in die Wohnungen von Frauen einbrach und sie vergewaltigte oder attackierte. Sein Markenzeichen als Würger war es, dem Opfer ein Band in einer großen Schleife um den Hals zu binden; er ließ auch Opfer mit ausgebreiteten Beinen liegen und steckte ihnen manchmal Gegenstände wie etwa Besenstiele in die Scheide. Er wurde 1967 zu »lebenslänglich« verurteilt und 1973 von einem Mitgefangenen umgebracht.

»Green River Killer«

Bislang nicht gefaßter Prostituiertenmörder in und um Seattle, USA. Sein Treiben wurde erstmals 1982 wahrgenommen, als im Green River mehrere Leichen gefunden wurden, und er soll seither zwischen 13 und 21 Frauen ermordet haben, die meisten von ihnen unter zwanzig Jahre alt. Die charakteristische Methode, die dieser Mörder in einigen Fällen anwandte, wurde geheimgehalten, um die Chancen seiner Festnahme zu erhöhen und Nachahmungstäter abzuhalten.

Heath, Neville (1946)

Sadistischer Mörder, der zwei Frauen tötete. Eine wurde gepeitscht (die Peitschenmale waren so klar und eindeutig, daß Health schließlich aufgrund der in seinem Besitz gefundenen Peitsche verhaftet wurde), ihre Brüste waren zerbissen, und am Ende wurde sie erstickt; die andere war auf den Kopf geschlagen und mit einem Messer aufgeschlitzt worden; ihre Brustwarzen waren abgebissen und die Kehle durchgeschnitten. Beiden Frauen war die Scheide mit einem stumpfen Gegenstand aufgerissen worden. Heath hatte eine Reihe sadistischer Taten verübt, die weit über das hinausgingen, was üblicherweise unter Sadomasochismus verstanden wird. Er wurde 1946 hingerichtet.

Hindley, Myra (1966)

Verübte mit ihrem Geliebten Ian Brady die »Moormorde« und wurde mit ihm der Ermordung zweier Kinder sowie der Mittäterschaft bei der Ermordung eines Jugendlichen durch Brady für schuldig befunden. Sie wurde 1966 zu »lebenslänglich« verurteilt, und bis zu dem Zeitpunkt, da wir dies schreiben – 20 Jahre später –, wurde ihr eine bedingte Haftentlassung verweigert. 1986 nahm die Polizei eine erneute Duchsuchung des Saddleworth-Moores nach zwei weiteren jungen Leuten vor, die laut Hindleys Geständnis von Brady ermordet worden waren.

»Jack the Ripper«

Nicht identifizierter Mörder, der im Herbst 1888 im Londoner East End sechs Prostituierte umbrachte. Der Mörder schickte zwei Briefe an die Polizei, in denen er verkündete, sich »Huren vorzuknöpfen«, aber seine Identität war (trotz vieler Mutmaßungen) bis zu der Zeit, als die Morde aufhörten, nicht ermittelt worden. »Jack« war nicht der erste »Ripper«, noch der erste Massenmörder, der es auf Prostituierte abgesehen hatte (in den 1880er Jahren gab es massenhaft solche Fälle, darunter zwei, die Jack vorausgingen – in Paris und Moskau), aber er wird oft als »Vater« einer grausigen Tradition betrachtet. Etliche spätere Mörder sind nach ihm benannt worden, so zum Beispiel der »Black-out-Ripper«, der während des Zweiten Weltkrieges mehrere Londoner Prostituierte ermordete, »Jack the Stripper«, der nie gefaßt wurde (so genannt, weil er seine Opfer nackt mit Spuren von Sprühfarbe liegen ließ) und natürlich der »Yorkshire Ripper« Peter Sutcliffe.

Jones, Arthur Albert (1961)

Kindervergewaltiger und Mörder mit einer besonderen Vorliebe für Pfadfinderinnen. Nachdem er eine vergewaltigt hatte und dann laufen ließ, vergewaltigte und erdrosselte er eine zweite. Er wurde zu »lebenslänglich« verurteilt.

Kallinger, Joseph (1975)

Nordamerikanischer psychotischer Mörder, der eine Frau erstach, als sie sich weigerte, einem Mann den Penis abzubeißen, der ebenfalls von Kallinger mit vorgehaltener Waffe festgehalten wurde. Er glaubte sich entsendet, durch die Entfernung von Geschlechtsteilen zu töten; außer Mord beging er mehrere Sexualdelikte und phantasierte davon, Frauen zu verstümmeln und ihnen den Leib aufzuschneiden. Er wurde zu 80 Jahren Gefängnis verurteilt.

Kemper, Edmund (1973)

Der »Co-ed Killer« (Studentinnenmörder), der zwischen 1971 und 1973 den Campus der Universität von Kalifornien in Santa Cruz terrorisierte und mindestens ein halbes Dutzend Studentinnen ermordete. Als Kind hatte er sadistische Phantasien von Folter und Tod und quälte Tiere. Im Jahre 1964, mit sechzehn, ermordete er beide Großeltern und stach mehrmals mit einem Messer auf die Leiche seiner Großmutter ein. Er verbrachte fünf Jahre in einer psychiatrischen Klinik, aber kurz nach der Heimkehr zu seiner Mutter begann er Studentinnen zu ermorden (meistens nahm er sie mit, wenn sie trampten). Kemper war nekrophil und verging sich sexuell an den Leichen seiner Opfer, er enthauptete sie und bekannte sich auch zu Kannibalismus. Schließlich tötete, enthauptete und mißbrauchte er seine Mutter; danach stellte er sich und wurde zu »lebenslänglich« verurteilt.

Kinley, Charles (1961)

Kinley wurde als psychopathisch diagnostiziert und wegen Totschlags zu »lebenslänglich« verurteilt. Ihm wurden mindestens sieben Überfälle zur Last gelegt, darunter ein Versuch, seine Frau zu erdrosseln. Er erwürgte eine Frau in ihrer Wohnung und zog sie anschließend nackt aus.

Kürten, Peter (1930)

Der »Sadist von Düsseldorf«. Kürten erging sich schon in jungen Jahren in sexuellen »Experimenten«, als er entdeckte, daß es ihn sexuell erregte, wenn er Frauen würgte und ihnen den Bauch aufschnitt, so daß sich daraus ein Blutstrom ergoß. Er beging mehrere Überfälle, bei denen er Frauen zu erwürgen versuchte, und ermordete neun Menschen (darunter einen Mann und mehrere Kinder). Er stach wild auf seine Opfer ein. Er wurde 1930 in neun Fällen des Mordes für schuldig befunden und neunmal zum Tode verurteilt. Vor seiner Hinrichtung 1931 soll er den Scharfrichter gefragt haben, ob er den Blutstrom erleben könne, wenn ihm der Kopf abgetrennt würde.

Lucas, Henry Lee (1984)

Nordamerikanischer Serienmörder, der mit einem Partner, Otis Toole, die Vereinigten Staaten durchstreifte und behauptet, in einem Zeitraum von acht Jahren bis zu 360 Menschen umgebracht zu haben, die meisten Frauen und Kinder. Lucas ermordete auch seine Mutter, wofür er eine Gefängnisstrafe verbüßte, und erwürgte außerdem das erste Mädchen, mit dem er Geschlechtsverkehr hatte, als er vierzehn Jahre alt war.

Nilsen, Dennis (1983)

Homosexueller Nekrophiler, der 16 junge Männer ermordete. Er verwahrte die Leichen in seiner Londoner Wohnung, wo er sich mit ihnen in verschiedenen Ritualen sexueller und ästhetischer Art erging. Er wurde 1983 zu »lebenslänglich« verurteilt.

Rais, Gilles de (1440)

Frühes Beispiel eines Mannes, der zum Vergnügen tötete; Lustmord an sich war zu seiner Zeit keine eigene Kategorie. Er soll 200 Knaben ermordet haben, angeregt durch seine Kenntnis der Taten der römischen Kaiser. Er wurde 1440 hingerichtet, und das Interesse für ihn wurde durch de Sade und dann ab 1886 durch eine Reihe von »biographischen Essays« wiederbelebt.

Rix, Peter (1963)

Fünfzehn Jahre alter Mörder, der ein zwölfjähriges Mädchen umbrachte. Fiel durch unbeherrschtes Verhalten auf und wird von Craft als typischer Psychopath angeführt.

Sims, Edwin (1961)

»Liebespaarmörder«, der eine Frau und einen Mann tötete und ihre Leichen zerstückelte. Er wurde nach Absatz 2 des Homicide Act von 1957 wegen Totschlags verurteilt.

Steed, John (1986)

Der »M4-Killer« oder »M4-Vergewaltiger«. Er drängte das Auto einer Frau von der Straße ab, fuhr sie nach London und vergewaltigte sie mehrmals. Ein paar Tage später erschoß er mitten in London eine Prostituierte, die mit ihm fuhr, und stieß sie aus dem Wagen. Bei seiner Gerichtsverhandlung erklärte die Verteidigung, er sei als Kind gezwungen worden, die Vergewaltigung seiner Mutter mitanzusehen, daher seine verzerrte Einstellung zu Frauen.

Straffen, John (1951)

Kindermörder, der drei kleine Mädchen erwürgte und ein weiteres bedrohte. Er war zu der Zeit noch ein Heranwachsender. Er wurde als schwer geistesgestört bezeichnet und nach Broadmoor (engl. Gefängnisklinik für geistig behinderte Straftäter, Anm. d. Übers.) geschickt.

Sutcliffe, Peter (1981)

Der »Yorkshire Ripper« ermordete zwischen 1975 und 1981 in Nordengland dreizehn Frauen. Die meisten Opfer waren Prostituierte. Sutcliffe schlug seinen Opfern mit einem Hammer auf den Kopf und stach sie mehrmals mit einem spitzen Schraubenzieher in Brüste und Bauch. In einem Fall vergewaltigte er die Frau, als sie bewußtlos und im Sterben war; in einem anderen Fall kehrte er nach einiger Zeit zu der Leiche zurück und versuchte, ihr den Kopf abzusägen. Sutcliffe behauptete, einen göttlichen Auftrag zur Säuberung der Straßen von Prostituierten zu haben, doch das Gericht lehnte es ab, auf verminderte Zurechnungsfähigkeit zu erkennen und befand ihn des Mordes für schuldig. Er wurde zu 30 Jahren Gefängnis verurteilt und ist seither dermaßen verstört, daß er in eine Nervenklinik verlegt werden mußte.

Sutton, George (1961)

Prostituiertenmörder.

Verzeni, Vincent (1873)

Italienischer Lustmörder und »Vampir« im 19. Jahrhundert, von dem Lombroso und Krafft-Ebing berichten. Er strangulierte und verstümmelte mehrere Frauen und schlitzte ihnen die Bäuche auf; er soll auch Teile ihrer Körper gegessen haben. Verzeni schilderte die Lust beim Töten als »viel größer als beim Masturbieren«.

Wills, Alan (1961)

Überfiel, vergewaltigte und ermordete ein sechsjähriges Mädchen.

Anhang 2:
Auszüge aus dem Deutschen Strafgesetzbuch

§ 20. Schuldunfähigkeit wegen seelischer Störungen.
Ohne Schuld handelt, wer bei Begehung der Tat wegen einer krankhaften seelischen Störung, wegen einer tiefgreifenden Bewußtseinsstörung oder wegen Schwachsinns oder einer schweren anderen seelischen Abartigkeit unfähig ist, das Unrecht der Tat einzusehen oder nach dieser Einsicht zu handeln.

§ 21. Verminderte Schuldfähigkeit.
Ist die Fähigkeit des Täters, das Unrecht der Tat einzusehen oder nach dieser Einsicht zu handeln, aus einem der in § 20 bezeichneten Gründe bei Begehung der Tat erheblich vermindert, so kann die Strafe nach § 49 Abs. 1 gemildert werden.

§ 211. Mord.
(1) Der Mörder wird mit lebenslanger Freiheitsstrafe bestraft.
(2) Mörder ist, wer aus Mordlust zur Befriedigung des Geschlechtstriebes, aus Habgier oder sonst aus niedrigen Beweggründen, heimtückisch oder grausam oder mit gemeingefährlichen Mitteln oder um eine andere Straftat zu ermöglichen oder zu verdecken, einen Menschen tötet.

§ 212. Totschlag.
(1) Wer einen Menschen tötet, ohne Mörder zu sein, wird als Totschläger mit Freiheitsstrafe nicht unter fünf Jahren bestraft.
(2) In besonders schweren Fällen ist auf lebenslange Freiheitsstrafe zu erkennen.

§ 213. Minder schwerer Fall des Toschlags.
War der Totschläger ohne eigene Schuld durch eine ihm oder einem Angehörigen zugefügte Mißhandlung oder schwere Beleidigung von dem Getöteten zum Zorn gereizt und hierdurch auf der Stelle zur Tat hingerissen worden oder liegt sonst ein minder schwerer Fall vor, so ist die Strafe Freiheitsstrafe von sechs Monaten bis zu fünf Jahren.

§ 217. Kindestötung.

(1) Eine Mutter, welche ihr nichteheliches Kind in oder gleich nach der Geburt tötet, wird mit Freiheitsstrafe nicht unter drei Jahren bestraft.

(2) In minder schweren Fällen ist die Strafe Freiheitsstrafe von sechs Monaten bis zu fünf Jahren.

Anmerkungen

1
Die Suche nach dem Mörder

1 Zum Beispiel Ann Jones, *Women Who Kill*, New York 1980; Mary S. Hartman, *Victorian Murderesses*, London 1985.

2 *Criminal Statistics, England und Wales* (HMSO, ersch. jährl.); E. Gibson und S. Klein, *Murder 1957–1968*, London 1969; E. Gibson, *Homicide in England and Wales 1967–1971*, London 1975.

3 C. Wilson und D. Seaman, *Encyclopaedia of Modern Murder*, London 1983; S. Dell, *Murder into Manslaughter*, Oxford 1984, zusammengestellt dank Zugang zu den Home-Office-Berichten.

4 Nörgelei wurde im Fall von Nicholas Boyce (1985), der zu fünf Jahren verurteilt wurde, als Einrede anerkannt; Untreue stand im Fall von Peter Hogg (1985) zur Debatte, der sechs Jahre bekam, und sexuelle Abweichung galt als mildernder Umstand im Fall von Peter Wood, der seine feministische Geliebte Mary Bristow umgebracht hatte. Anmerkungen zu diesem Fall s. E. Wilson, *What is to be Done About Violence Against Women?*, Harmondsworth 1981, sowie A. Karpf, »Crimes of Passion«, *Cosmopolitan*, März 1985.

5 Siehe Colin Wilson, Einführung zu D. Rumbelow, *The Complete Jack the Ripper*, London 1975.

6 Sujata Gothaskat – Interview über feministische Aktionen gegen Gewalt in Indien, *Trouble and Strife* 8, Frühjahr 1986.

7 M. Wolfgang, *Patterns in Criminal Homicide*, Philadelphia 1958; Lundsgaarde, *Murder in Space City*, New York 1977. Beispiele für feministische Kriminologie s. F. Heidensohn, *Women and Crime*, London 1985.

2
Der Mörder als Held

1 Alle hier zitierten Flugschriften stammen aus der Bodleian Law Library und der John Johnson Collection. Sehr viele sind undatiert, doch die überwiegende Mehrzahl stammt eindeutig aus dem 19. Jahr-

hundert. Wir geben die Daten im Text an, soweit sie uns bekannt sind.

2 Zitiert in Michèle Barrett und Rosalind Coward, »Don't Talk to Strangers«, *New Socialist*, November 1985. Vgl. auch die Bemerkung des Vaters eines Opfers aus jüngster Zeit über den Mann, der seine Tochter in ihrem eigenen Bett erwürgte: »Er ist ein Tier, das sich als Mensch verkleidet hat.«

3 Dies ist eine grundlegende Veränderung in der Kriminalliteratur, in welcher ursprünglich der Verbrecher der Held war, der aber später durch den Detektiv ersetzt wurde. Eine dialektische Untersuchung des Wechsels findet sich in Ernest Mandel, *Ein schöner Mord. Sozialgeschichte des Kriminalromans*, Frankfurt 1988.

4 Siehe Ann Rule, *The Stranger Beside Me*, New York 1980 über Ted Bundy und Sandy Fawkes, *Killing Time*, London 1977 über Paul John Knowles.

5 Unsere Analyse von mit Verbrechen befaßten Monatsheften wurde gefördert vom Herausgeber der englischen Zeitschrift *True Detective*, der uns freundlicherweise Zugang zum Archiv gestattete und unsere Fragen über die Produktion der Titel beantwortete. Wir sind außerdem Argus Publication Ltd. für Informationen über Verbreitung und Leserschaft der Zeitschriften zu Dank verpflichtet.

6 Zitiert von Mario Praz in: *The Romantic Agony*, 2. Aufl., London 1960, S. 44.

7 E. A. Poe, »Philosophy of Composition« in: *Literary Criticism of Edgar Allan Poe*, hg. v. R. Hough, Lincoln 1965.

8 C. Maturin, *Melmoth the Wanderer* (1820), zitiert in: Praz, *The Romantic Agony*, S. 138.

9 E. Burke, *Philosophical Enquiry* (1757), zitiert in: Mario Praz' Einführung zu *Three Gothic Novels*, hg. v. P. Fairclough (1968), S. 10.

10 Dies ist die Ansicht von Clifford Allen. In *A Textbook of Psychosexual Disorders*, 2. Aufl., London 1969, S. 118, schreibt er: »Sadistisches Verhalten ist Mord *en miniature*... Mord ist Sadismus in höchster Vollendung.«

11 de Sade, *Justine*, zitiert in: Praz, *The Romantic Agony*, S. 122.

12 de Sade, *Juliette*, zitiert in: Praz, ebd., S. 116f.

13 Ebd., S. 124.

14 Eine Erörterung der Ästhetik des Mordes im Surrealismus findet sich bei D. Macey, »Fragments of an Analysis – Lacan in Context«, in: *Radical Philosophy*, 37 / 1984.

15 Dies illustrieren zwei Bestseller aus jüngerer Zeit: *Hawksmoor* von Peter Ackroyd, London 1985, und *Das Parfüm* von Patrick Süskind,

Zürich 1985. (Der Protagonist in *Hawksmoor* ist kein Sexualmörder –
das Buch spielt in der Zeit des Übergangs zur aufklärerischen Denkweise – doch der Held in *Das Parfüm* ist eine Variante des Lustmörders.)
Wir können auch viele Verfasser von »modernen Schauerromanen«
anführen, die einen Mörder zu ihrer Hauptfigur gemacht haben.

3

Der Mörder als »Abweichung«

1 Foucault zitiert den Kriminologen Garofolo aus dem 19. Jahrhundert:
»Das Strafgesetz kennt nur zwei Begriffe, die Straftat und die Bestrafung. Die neue Kriminologie kennt drei, die Straftat, den Täter und die
Mittel der Unterdrückung.« Siehe Michel Foucault, »About the Concept of the Dangerous Individual in Nineteenth-Century Legal Psychiatry«, *International Journal of Law and Psychiatry*, 1/1978,
S. 5 f.

2 Sue Titus Reid, *Crime and Criminology*, 3. Aufl., New York 1982. Zur
ausführlichen Erörterung der Entwicklung von wissenschaftlichen
Untersuchungen über das Verbrechen siehe 4. Kapitel.

3 Siehe z. B. Rom Harré, *Personal Being*, Oxford 1983, Kapitel 4 und 5,
das eine Bibliographie zu dem Thema enthält.

4 Eine eingehende Erörterung findet sich in David R. Owen, »The
47 XYY Male: A Review«, *Psychological Bulletin* 78, 1972.

5 Z. B. Moyer, »Potential of Biological Violence Control«, S. 28 ff., und
A. Mednick Sarnoff u. a., »Biology and Violence«, in: *Criminal Vio-
lence*, hg. v. M. E. Wolfgang und Neil Alan Weiner, London 1982,
S. 30 f.

6 J. A. Gray und A. W. Baffery, »Sex Differences in Emotional Behaviour in Mammals including Man – Adaptive and neural Basis«, *Acta
Psychologica* 35, 1971; J. A. Gray, »Sex Differences in Mammals including Man – Endocrine Basis«, ebd.

7 Dieses Beispiel findet sich bei Philip Feldman, *Criminal Behavior – A
Psychological Analysis*, London 1977, S. 172.

8 Ein hervorragender Leitfaden zur einschlägigen Literatur ist David
Downes und Paul Rock, *Understanding Deviance: A Guide to the
Sociology of Crime and Rule-Breaking*, Oxford 1982.

9 Siehe z. B. die Arbeiten von Erving Goffman, insbesondere *The Presentation of Self in Everyday Life*, Edinburgh 1956.

10 Wir staunen über Autoren wie Brittain, Krafft-Ebing, Masters und
Lea, die autoritär behaupten, daß Lustmörderinnen »selten« sind,

ohne einen einzigen Fall einer Lustmörderin aufzuführen. Nur Allen geht im *Textbook of Psychosexual Disorders* so weit zu sagen, daß solche Frauen einfach nicht existieren.

4
Der personifizierte Mörder

1 N. Ward Jouve: *The Streetcleaner*, London und New York 1986; ursprünglich in einer anderen Fassung unter dem Titel *Un Homme nommé Zapolski* veröffentlicht, Paris 1983.

2 Aufgrund dieser überaus detaillierten Beschreibung ist die *Gazette* unsere Hauptquelle für zeitgenössische Kommentare zu Jack the Ripper. Sie zeigte nicht nur besonderes Interesse an dem Fall, sie kommentierte auch die Darstellungen in den Morgenzeitungen und druckte sie in einigen Fällen sogar nach (die *Gazette* selbst war eine Londoner Abendzeitung, die für ihre kämpferische Haltung und ihre Opposition zur Tory-Regierung bekannt war).

3 Diesbezügliche Spekulationen s. (unter vielen anderen) T. A. Cullen, *Autumn of Terror*, London 1965; D. Rumbelow, *The Complete Jack the Ripper*, London 1975.

4 Siehe insbesondere Judith Walkowitz, *Prostitution and Victorian Society*, New York 1980 und »Male Vice and Female Virtue« in: *Desire*, hg. v. Snitow, Stansell und Thompson.

Literatur

Abrahamsen, David: *The Psychology of Crime*, New York 1960

Achinstein, Peter: *The Nature of Explanation*, Oxford und New York 1983

Ackroyd, Peter: *Hawksmoor*, London 1985

Allen, Clifford: *Textbook of Psychosexual Disorders*, London 1969

Avison, Neville H.: »Victims of Homicide«, *International Journal of Criminology and Penology*, 2/1974

Barak-Glantz, Israel und C. Ronald Huff: *The Mad, The Bad and The Different*, Lexington, MA, 1982

Barrett, Michèle und Rosalind Coward: »Don't Talk to Strangers«, *New Socialist*, November 1985

Beattie, John: *The Yorkshire Ripper Story*, London 1981

Beauvoir, Simone de: *The Second Sex*, London 1953 (dt.: *Das andere Geschlecht*, 1951)

Beauvoir, Simone de: *The Prime of Life*, London 1962 (dt.: *In den besten Jahren*, 1961)

Becker, Howard: *Outsiders*, London 1963

Benjamin, Jessica: »Herrschaft und Knechtschaft: Die Phantasie von der erotischen Unterwerfung«, in: *Die Politik des Begehrens*, hg. v. Ann Snitow, Christine Stansell und Sharon Thompson, Berlin 1985

Berg, Karl: *The Sadist*, London 1938

Berger, John: Ways of Seeing, London 1972

Blackburn, R.: »Personality Types among Abnormal Homicides«, *British Journal of Criminology*, 11/1971

Blackburn, R.: »Personality and the Classification of Psychopathic Disorders«, *Special Hospitals Research Report*, 10/1974

Blom-Cooper, Louis: *The A6 Murderer:* Regina V. James Hanratty, Harmondsworth 1963

Bluglass, Robert: »The Psychiatric Assessment of Homicide«, *British Journal of Hospital Medicine*, Oktober 1979

Bottomley, Keith: *Criminology in Focus*, Oxford 1979

Bower, Marion: »Daring to Speak its Name: The Relationship of Women to Pornography«, *Feminist Review*, 24/1986

Box, Stephen: *Deviance, Reality and Society*, London 1971

Box, Stephen: *Power, Crime and Mystification*, London 1983

Brittain, Robert P.: »The Sadistic Murderer«, *Medicine, Science and the Law*, 10/1970

Bromberg, Walter: *Crime and the Mind: A Psychiatric Analysis of Crime and Punishment*, New York 1965

Brownmiller, Susan: *Gegen unseren Willen. Vergewaltigung und Männerherrschaft*, Frankfurt 1978

Buchholz, Erich: *Socialist Criminology – Theoretical and Methodological Foundations*, Farnborough 1974

Burn, Gordon: *Somebody's Husband, Somebody's Son*, London 1984

Burton, Frank: »Questions of Violence in Party-Political Criminology«, *Radical Issues in Criminology*, hg. v. P. Carlen und M. Collison, Oxford 1980

Capote, Truman: *In Cold Blood: A True Account of Multiple Murder and its Consequences*, London 1966

Carlen, Pat u. a.: *Criminal Women*, Cambridge 1985

Carter, Angela: *The Sadeian Woman. An Exercise in Cultural History*, London 1979

Casey, M. D. u. a.: »Patients with Chromosome Abnormality in two Special Hospitals«, *Special Hospitals Research Report*, 2/1971

Chapman, Jane Roberts und Margaret Gates (Hg.): *The Victimisation of Women*, Beverly Hills 1978

Chesser, Eustace: *The Human Aspects of Sexual Deviation*, London 1971

Chiswick, Derek: »Sex Crimes«. *British Journal of Psychiatry*, September 1983

Clark, Tim und John Penycate: *Psychopath. The Case of Patrick MacKay*, London 1976

Clyne, Peter: *Guilty but Insane – Anglo-American Attitudes to Insanity and Criminal Guilt*, London 1973

Cockburn, J. S.: »The Nature and Incidence of Crime in England 1559–1625«, *Crime in England 1500 to 1800*, London 1977

Coe, Richard: *The Vision of Jean Genet*, London 1968

Coulter, Jeff: *Approaches to Insanity*, Oxford 1980

Cousins, Mark: »Men's Rea: A Note on Sexual Difference, Criminology and the Law«, in: Carlen und Collison, *Radical Issues in Criminology*

Coward, Rosalind: »What's in it for Women?«, *New Statesman*, 13. Juni 1986

Craft, Michael: *Ten Studies into Psychopathic Personality*, Bristol 1965

Craft, Michael: *Psychopathic Disorders*, Oxford 1966

Criminal Statistics, England and Wales, London, erscheint jährlich

Cross, J.: *The Yorkshire Ripper. The In-Depth Study of a Mass-Killer and His Methods*, London 1981

Cullen, T. A.: *Autumn of Terror*, London 1965

Dawkins, Richard: *The Selfish Gene*, London 1976

Dawkins, Richard: *The Extended Phenotype: The Gene as the Unit of Selection*, Oxford und San Francisco 1982

Dell, Susanne: *Murder into Manslaughter: The Diminished Responsibility Defence in Practice*, Oxford 1984

Delphy, Christine: *Close to Home*, London 1984

DeRivers, J. Paul: *The Sexual Criminal. A Psychoanalytic Study*, Springfield, Ill., 1956

Dicks, H. V.: *Licensed Mass-Murder: A Socio-Psychological Study of some SS Killers*, London 1972

Ditton, Jason: *Contrology: Beyond the new Criminology*, London 1979

Dostojewski, Fjodor M.: *Schuld und Sühne*, dt. v. Werner Bergengruen, München o. J.

Downes, David und Paul Rock: *Understanding Deviance: A Guide to the Sociology of Crime and Rule-Breaking*, Oxford 1982

Dworkin, Andrea: *Pornographie. Männer beherrschen Frauen*, Köln 1987

Edelman, Murray: »Law and Psychiatry as Political Symbolism«, *International Journal of Law and Psychiatry*, 1980

Ellis, H. Havelock: *The Criminal*, 3. Aufl., London 1901

Ellis, H. Havelock: *Studies in the Psychology of Sex*, 1. Bd., New York 1942

Ellis, Lee: »Genetics and Criminal Behaviour«, *Criminology* 20/1982

Estep, Rhoda: »Women's Roles in Crime as Depicted by Television and Newspapers«, *Journal of Popular Culture*, 16/1982

Eysenck, Hans J.: *Crime and Personality*, London 1964

Fairclough, P. (Hg.): *Three Gotic Novels*, Harmondsworth 1968

Farrington, David P. und John Gunn: *Aggression and Dangerousness*, Chichester 1985

Fawkes, Sandy: *Killing Time*, London 1977

Feldman, M. Philip: *Criminal Behaviour – A Psychological Analysis*, London 1977

Fenichel, Otto: *The Psychoanalytic Theory of Neurosis*, New York 1945

Foucault, Michel: *Madness and Civilisation*, übers. v. Richard Howard, New York und London 1965

Foucault, Michel: *Discipline and Punish*, London 1977

Foucault, Michel: »About the Concept of the Dangerous Individual in Nineteenth Century Legal Psychiatry«, *International Journal of Law and Psychiatry*, 1 / 1978

Frank, Gerold: *The Boston Strangler*, London 1967

Freud, Sigmund: *Drei Abhandlungen zur Sexualtheorie und verwandte Schriften*, Auswahl von Alexander Mitscherlich, Frankfurt 1961

Fulcher, J.: »Murder Reports: Formulaic Narrative and Cultural Context«, *Journal of Popular Culture*, 18 / 1985

Gagnon, J. H. und W. Simon: *Sexual Conduct: The Social Sources of Human Sexuality*, Chicago 1973

Gebhard, Paul: »Sadomasochism and Fetishism«, *Dynamics of Deviant Sexuality*, New York 1969

Gibbens, T. C. u. a.: »A Follow-Up Study of Criminal Psychopaths«, *Journal of Mental Sciences*, 1959

Gibson, Evelyn: *Homicide in England and Wales 1967–1971*, HMSO 1975

Gibson, Evelyn und S. Klein: *Murder 1957–1968*, HMSO 1969

Glueck, Eleanor und Sheldon Glueck: *Physique and Delinquency*, New York 1956

Goffman, Erving: *The Presentation of Self in Everyday Life*, Edinburgh 1956

Goffman, Erving: *Where the Action Is*, London 1969

Goodman, Jonathan: *The Trial of Ian Brady and Myra Hindley*, Newton Abbot 1973

Goodman, Jonathan: *The Pleasure of Murder*, London 1983

Goodman, Jonathan: »The Fictions of Murderous Fact«, *Encounter*, Januar 1984

Gothaskat, Sujata: Interview über feministische Aktionen gegen Gewalt in Indien, *Trouble and Strife*, Frühjahr 1986

Gray, J. A.: »Sex Differences in Emotional Behaviour in Mammals Including Man – Endocrine Basis«, *Acta Psychologica* 35 / 1971

Gray, J. A. und A. W. H. Baffery: »Sex Differences in Emotional Behaviour in Mammals Including Man – Adaptive and Neural Basis«, *Acta Psychologica* 35 / 1971

Griffith, Nicola u. a.: »Agreeing to differ? Lesbian Sadomasochism«, *Spare Rib*, September 1986

Guttmacher, Manfred S.: *The Mind of the Murderer*, New York 1960

Hall, Stuart u. a.: *Policing the Crisis: Mugging, the State and Law and Order*, London 1978

Haney, Craig, Curtis Banks und Phillip Zimbardo: »Interpersonal Dynamics in a Simulated Prison«, *International Journal of Criminology and Penology* 1 / 1971

Hare, R. D. (Hg.): *Psychopathic Behaviour: Approaches to Research*, London 1978

Harré, Rom: *Personal Being: A Theory of Individual Psychology*, Oxford 1983

Harrison, Fred: *Brady and Hindley: Genesis of the Moor Murders*, Bath 1986

Hartl, Emil M., Edward P. Monnelly und Roland P. Elderkin: *Physique and Delinquent Behaviour: A Thirty-Year-Follow-Up of William H. Sheldon's »Varietis of Delinquent Youth«*, New York 1982

Hartmann, Mary S.: *Victorian Murderesses: A True History of Thirteen Respectable French and English Women Accused of Unspeakable Crimes*, London 1985

Heidensohn, Frances: *Women and Crime*, London 1985

Hentig, Hans von: *The Criminal and His Victim*, New Haven 1948

Highsmith, Patricia: »Fallen Women«, *London Review of Books*, 21. Juni 1984

Hill, D. und D. A. Pond: »Reflections on 100 Capital Cases Submitted to Electroencephalography«, *Journal of Mental Science*, 1952

Hobbes, Thomas: *Leviathan*, London 1973

Hollway, Wendy: »›I Just Wanted to Kill a Women. Why?‹ The Ripper and Male Sexuality«, *Sweeping Statements: Writings from the Women's Liberation Movement 1981–1983*, hg. v. H. Kanter u. a., London 1984

Hooton, Earnest: *Crime and the Man*, Cambridge, MA, 1939

Houts, Marshall: *They Asked for Death*, New York 1970

Hume, David: *A Treatise on Human Nature*, hg. v. D. C. MacNabb, London 1962

Inciardi, James A. (Hg.): *Radical Criminology: The Coming Crisis*, Beverly Hills 1980

Jacobson, Philip: »Rise of the Random Killers«, *Sunday Times*, 2. September 1985

Jeffery, C. R. (Hg.): *Biology and Crime*, Beverly Hills 1979

Jeffreys, Sheila: *The Spinster and her Enemies*, London 1985

Johnson, Pamela Hansford: *On Iniquity: Some Personal Reflections Arising out of the Moors Murders Trial*, London 1967

Jones, Ann: *Women Who Kill*, New York 1980

Kant, Immanuel: *Critique of Pure Reason*, New York 1965 (dt.: *Kritik der reinen Vernunft*)

Kappeler, Susanne: *Pornographie. Die Macht der Darstellung*, München 1988

Karpf, Anne: »Crimes of Passion«, *Cosmopolitan*, März 1985

Karpf, Anne: »It's Still Safe to Go out to Work«, *Cosmopolitan*, Oktober 1986

Kelly, Alexander und Colin Wilson: *Jack the Ripper*, Association of Assistant Librarians, 1972

Kelly, J. und D. J. Vildman: »Delinquency and School Drop-Out Behaviour as a Function of Impulsivity and Non-Dominant Values«, *Journal of Abnormal Psychology*, 1964

Kennedy, Ludovic: *Ten Rillington Place*, London 1971

Kinsey, Alfred, W. B. Pomeroy und Clyde E. Martin: *Sexual Behaviour in the Human Male*, Philadelphia 1948

Kraepelin, Emil: *Lectures on Clinical Psychiatry*, 2. Aufl., London 1905

Krafft-Ebing, Richard von: *Psychopathica Sexualis*, 11. Aufl., Stuttgart 1901

Lane, Roger: *Violent Death in the City: Suicide, Accident and Murder in Nineteenth-Century Philadelphia*, Cambridge, MA, 1979

Langman, Lauren: »Law, Psychiatry and the Reproduction of Capitalist Ideology: A Critical View«, *International Journal of Law and Psychiatry*, 1980

Lemert, Edwin M.: *Human Deviance, Social Problems and Social Control*, Englewood Cliffs, NJ, 1967

Lloyd, Geneviève: *The Man of Reason: »Male« and »Female« in Western Philosophy*, London 1984

Lloyd, Georgina: *One Was Not Enough: True Stories of Multiple Murderers*, London 1986

Lloyd, R. und S. Williamson: *Born to Trouble: Portrait of a Psychopath*, London 1969

Lombroso, Cesare: *Crime, its Causes and Remedies*, London 1911

Lundsgaarde, Henry P.: *Murder in Space City: A Cultural History of Houston Homicide Patterns*, New York 1977

McCanless, Boyd R., W. Scott Persons III und Albert Roberts: »Perceived Opportunities: Delinquency, Race and Body Build Among Delinquent Youth«, *Journal of Cunsulting and Clinical Psychology*, 1972

McCord, William und Joan McCord, *The Psychopath: An Essay on the Criminal Mind*, Princeton, NJ, 1964

McGurk, B. J.: »Personality Types among ›Normal Homicides‹«, *British Journal of Criminology* 18 / 1978

MacNamara, D. E. J. und E. Sagarin: *Sex Crime and the Law*, New York 1977

McVicar, John: *McVicar by Himself*, London 1974

Macey, David: »Fragments of an Analysis: Lacan in Context«, *Radical Philosophy* 37 / 1984

Mailer, Norman: »The White Negro«, *Advertisements for Myself*, London 1968

Mandel, Ernest: *Ein schöner Mord. Sozialgeschichte des Kriminalromans*, Frankfurt 1988

Mannheim, H.: *Comparative Criminology*, Bd. 1 u. 2, London 1965

Marchbanks, David: *The Moor Murders*, London 1966

Masters, Brian: »Is Evil Contagious?«, *The Observer*, 3. März 1985

Masters, Brian: *Killing for Company*, London 1986

Masters, R. E. und Eduard Lea: *Sex Crimes in History: Evolving Concepts of Sadism. Lust Murder and Necrophilia from Ancient to Modern Times*, New York 1963

Matthews, Roger und Jock Young: *Confronting Crime*, London 1986

Matza, David: *Delinquency and Drift*, New York 1964

Matza, David: *Becoming Deviant*, Englewood Cliffs, NJ, 1969

Megargee, Edwin I.: »Psychological Determinants and Correlates of Criminal Violence«, *Criminal Violence*, hg. v. M. E. Wolfgang und N. A. Weiner, Beverly Hills und London 1982

Michaud, S. G. und Hugh Aynesworth: *The Only Living Witness*, New York 1983

Milgram, S.: *Obedience to Authority*, London 1974

Morris, Terence und Louis Blom-Cooper: *A Calendar of Murder*, London 1964

Mowat, R. R.: *Morbid Jealousy and Murder: A Psychiatric Study of Morbidly Jealous Murderers at Broadmoor*, London 1966

Neustatter, W. Lindesay: *Psychological Disorder and Crime*, London 1953

Nozick, Robert: *Anarchy State and Utopia*, Oxford 1980

Ortner, Sherry B. und Harriet Whitehead: *Sexual Meanings: The Cultural Construction of Gender and Sexuality*, Cambridge 1981

Orwell, George: »The Decline of the English Murder« (1946), *Collected Essays*, 4. Bd., Harmondsworth 1970

Owen, David R.: »The 47 XYY Male: A Review«, *Psychological Bulletin 78 / 1972*

Poe, Edgar Allan: »The Philosophy of Composition«, *Literary Criticism of Edgar Allan Poe*, hg. v. R. L. Hough, Lincoln, Nebraska, 1965

Potter, John Deane: *The Monsters of the Moors*, London 1966

Praz, Mario: *The Romantic Agony*, 2. Aufl., London 1960

Rayner, J. L. und G. T. Crook (Hg.): *The Complete Newgate Calendar*, Bd. 1–3, London 1926

Reid, Sue Titus: *Crime and Criminology*, 3. Aufl., New York 1982

Reuck, A. U. S. de und Ruth Porter: *The Mentally Abnormal Offender*, London 1968

Root, Jane: »The Image of Death«, *City Limits*, 25. November–1. Dezember 1983

Rose, Steven: »Can the Neurosciences Explain the Mind?«, *Trends in Neurosciences* 3/1980

Rosenberg, Alexander: *Sociobiology and the Preemption of Social Science*, Oxford 1980

Rousseau, Jean Jacques: *The Social Contract and Discourses*, London 1973

Ruggiero, Guido: *The Boundaries of Eros: Sex Crime and Sexuality in Renaissance Venice*, New York 1985

Rule, Ann: *The Stranger Beside Me*, New York 1980

Rumbelow, Donald: *The Complete Jack the Ripper*, London 1975

Ryan, Alan: *The Philosophy of the Social Sciences*, London 1970

Ryan, William: »The Art of Savage Discovery: How to Blame the Victim«, *Victimology*, hg. v. Israel Drapkin und Emilio Viano, Lexington, MA, 1974

Sartre, Jean-Paul: »On the Fine Arts Considered as Murder«, *Genet: A Collection of Critical Essays*, hg. v. Peter Brooks und Joseph Halpern, Englewood Cliffs, NJ, 1979

Schad-Somers, Susanne: *Sadomasochism, Ethiology and Treatment*, New York 1982

Schreiber, Flora Rheta: *Sybil, the True Story of a Woman Possessed by Sixteen Separate Personalities*, Harmondsworth 1975

Schreiber, Flora Rheta: *The Shoemaker: Anatomy of a Psychotic*, Harmondsworth 1984

Schröder, J. u. a.: »The Frequency of XYY and XXY Men among Criminal Offenders«, *Acta Psychiatrica Scandinavia*, 1981

Sereny, Gitta: *The Case of Mary Bell*, London 1972

Sheldon, William: *The Varieties of Human Physique: An Introduction to Constitutional Psychology*, New York 1940

Sheldon, William: *Varieties of Delinquent Youth: An Introduction to Constitutional Psychiatry*, New York 1949

Sheridan, Alan: *Foucault. The Will to Truth*, London 1980

Shoham, S. Giora: *Society and the Absurd*, Oxford 1974

Simpson, Keith: *Forty Years of Murder*, London 1978

Smart, Carol: *Women, Crime and Criminology*, London 1977

Snitow, Ann: Christine Stansell und Sharon Thompson (Hg.): *Desire. The Politics of Sexuality*, London 1984; dt.: *Die Politik des Begehrens. Sexualität, Pornographie und neuer Puritanismus in den USA*, Berlin 1985 (gekürzte Ausgabe)

Spatz Widom, Cathy: »A Methodology for Studying Non-Institutionalised Psychopaths«, in: Hare (Hg.), *Psychopathic Behaviour: Approaches to Research*

Stevenson, Robert Louis: *Dr. Jekyll and Mr. Hyde and Other Stories*, hg. v. Jenni Calder, Harmondsworth 1979

Stoller, Robert: *Perversion. The Erotic Form of Hatred*, Sussex 1976

Süskind, Patrick: *Das Parfüm*, Zürich 1985

Taussig, Michael J.: *Processes in Pathology*, Oxford 1979

Taylor, Ian, Paul Walton und Jock Young: *Critical Criminology*, London 1975

Toch, Hans: Violent Men: *An Inquiry into the Psychology of Violence*, Chicago 1969

Trasler, Gordon: *The Explanation of Criminality*, London 1962

Trigg, Roger: *The Shaping of Man: Philosophical Aspects of Sociobiology*, Oxford 1982

Vance, Carole (Hg.): *Pleasure and Danger: Exploring Female Sexuality*, London 1984

Verborne, T. J.: »Blackburn's Typology of Abnormal Homicides: Additional Data and a Critique«, *British Journal of Criminology*, 12 / 1972

Walkowitz, Judith: *Prostitution and Victorian Society*, New York 1980

Walkowitz, Judith: »Jack the Ripper and the Myth of Male Violence«, *Feminist Studies* 8 / 1982

Walkowitz, Judith: »Male Vice and Female Virtue: Feminism and the Politics of Prostitution in Nineteenth Century Britain«, in: Snitow, Stansell und Thompson (Hg.), *Desire*

Ward Jouve, Nicole: *The Streetcleaner: The Yoskshire Ripper Case on Trial*, London und New York 1986

Ward Jouve, Nicole: *Un Homme nommé Zapolski*, Paris 1983

Weeks, Jeffrey: *Sexuality and its Discontents: Meanings, Myths and Modern Sexualities*, London 1985

Weinberg, T. und G. W. Levi-Kamel: *S & M. Studies in Sadomasochism*, Buffalo, NY, 1983

Wertham, F.: *Dark Legend: A Study in Murder*, London 1947

West, D. J.: *Psychopathic Offenders*, Cambridge 1968

West, D. J.: *Criminological Implications of Chromosome Abnormalities*, Cambridge 1969

Whyte, William: *Street Corner Society*, Chicago 1965

Williams, Bernard: »Pornography and feminism«, *London Review of Books*, 17.–31. März 1983

Willis, Paul: *Profane Culture*, London 1978

Wilson, Colin: *Origins of the Sexual Impulse*, London 1963

Wilson, Colin: *Order of Assassins*, London 1972

Wilson, Colin: *The New Existentialism*, London 1980

Wilson, Colin: »The Ripper Revealed«, *Time Out*, 19.–25. April 1984

Wilson, Colin und Pat Pitman: *Encyclopaedia of Murder*, London 1961

Wilson, Colin und Donald Seaman: *Encyclopaedia of Modern Murder*, London 1983

Wilson, Elizabeth: *What Is to Be Done About Violence Against Women?*, Harmondsworth 1981

Wolfgang, Marvin E.: *Patterns in Criminal Homicide*, Philadelphia 1958

Wolfgang, Marvin E.: »Victim-Precipitated Homicide«, in: *The Sociology of Crime and Delinquency*, hg. v. Marvin E. Wolfgang, Leonard Savitz und Norman Johnson, New York 1970

Wolfgang, M. E. und Franco Ferracuti: *The Subculture of Violence*, Beverly Hills 1982

Wolfgang, M. E. und Neil Alan Weiner (Hg.): *Criminal Violence*, Beverly Hills und London 1982

Wright, E. und K. Howells: »The Sexual Attitudes of Aggressive Sexual Offenders«, *British Journal og Criminology* 18/1978

Yallop, David A.: *Deliver Us from Evil*, London 1981